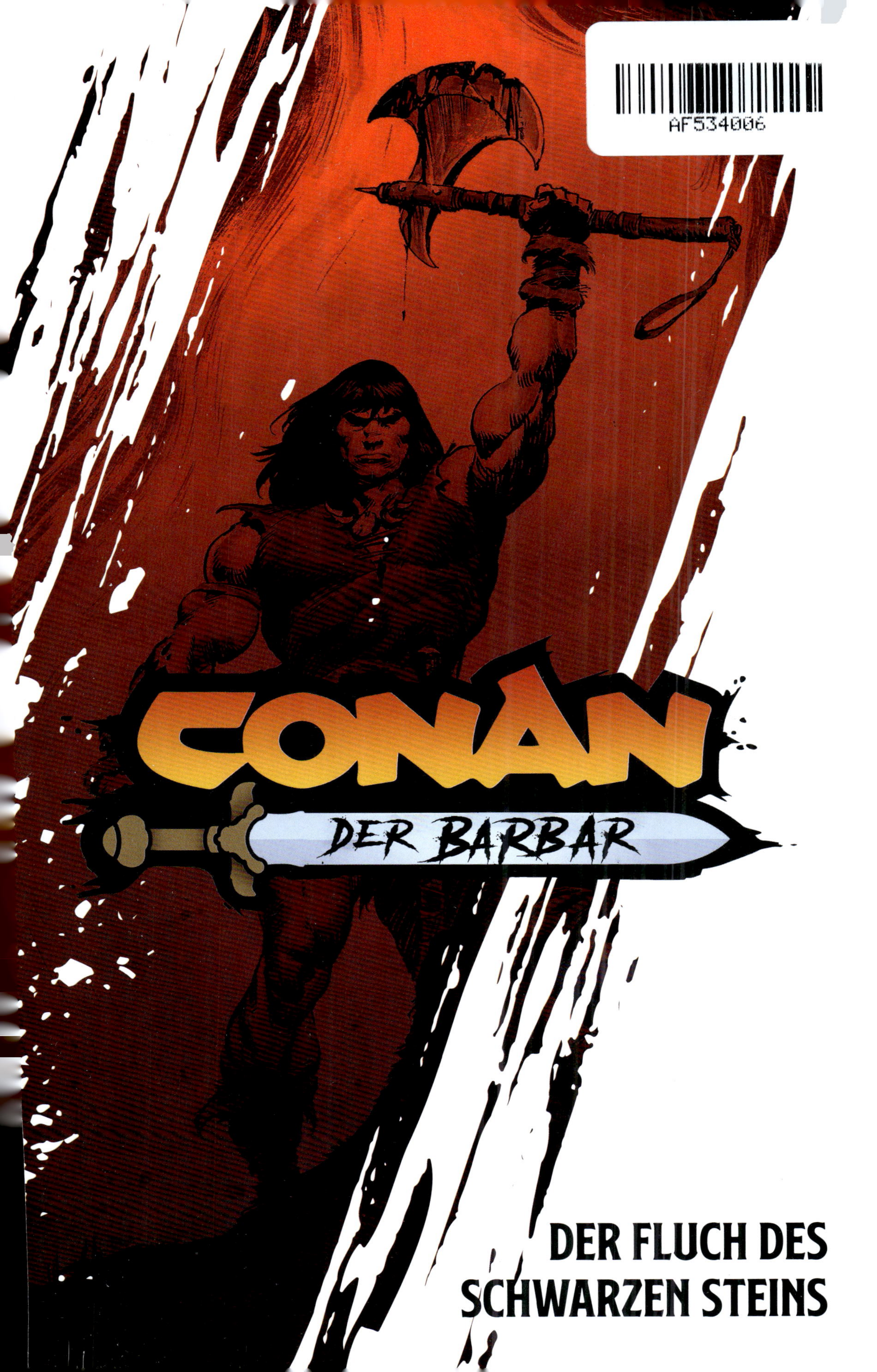

DER FLUCH DES SCHWARZEN STEINS

AUF DER SUCHE NACH FERNEN LÄNDERN

Looking for Lands Beyond
Conan: The Barbarian FCBD (2023) 1
Mai 2023

DER FLUCH DES SCHWARZEN STEINS, TEIL 1: GEISSEL DER TOTEN

Bound in Black Stone, Part I: Scourge of the Dead
Conan: The Barbarian (2023) 1
August 2023

DER FLUCH DES SCHWARZEN STEINS, TEIL 2: HEIMATLAND!

Bound in Black Stone, Part II: Homeland!
Conan: The Barbarian (2023) 2
September 2023

DER FLUCH DES SCHWARZEN STEINS, TEIL 3: DIE FESTUNG

Bound in Black Stone, Part III: The Fortress
Conan: The Barbarian (2023) 3
Oktober 2023

DER FLUCH DES SCHWARZEN STEINS, TEIL 4: RACHE DER VERLORENEN

Bound in Black Stone, Part IV: Vengeance of the Lost
Conan: The Barbarian (2023) 4
November 2023

JIM ZUB
STORY

ROBERTO DE LA TORRE
ZEICHNUNGEN & TUSCHE

JOSÉ VILLARRUBIA (FCBD, 1)
DEAN WHITE (2-4)
FARBEN

GIORGIO BARONI
LETTERING

BERND KRONSBEIN
ÜBERSETZUNG

MATT. MURRAY
REDAKTION USA

STEVE BOOTH
CONSIGLIERE & COO

JOAKIM ZETTERBERG
EDITOR-IN-CHIEF & EVP

FREDRIK MALMBERG
PRESIDENT

CONAN DER BARBAR erscheint bei **PANINI COMICS**, Schloßstraße 76, D-70176 Stuttgart. Druck: Lito Terrazzi S.r.l. – Prato. Pressevertrieb: Stella Distribution GmbH, D-22297 Hamburg. Direkt-Abos auf **www.paninicomics.de.** Anzeigenverkauf: BLAUFEUER VERLAGSVERTRETUNGEN GmbH, info@blaufeuer.com. Es gelten die Anzeigenpreise gemäß der Mediadaten 2024. Geschäftsführer **Hermann Paul**, Publishing Director Europe **Marco M. Lupoi**, Finanzen/Logistik **Felix Bauer**, Marketing Director **Holger Wiest**, Marketing **Fabio Cunetto**, Vertrieb **Alexander Bubenheimer**, PR/Presse **Steffen Volkmer**, Publishing Manager **Lisa Pancaldi**, Redaktion **Christian Endres**, **Harald Gantzberg**, **Aurelio Pasini**, **Anja Seiffert**, **Nicola Soressi**, **Kristina Starschinski**, **Daniela Uhlmann**, Übersetzung **Bernd Kronsbein**, Proofreading **Tomislav Subasic**, Lettering **Giorgio Baroni**, grafische Gestaltung **Marco Paroli** (coordinator), **Cinzia Morando**, Art Director **Alessandro Gucciardo**, Redaktion Panini Comics **Annalisa Califano**, **Beatrice Doti**, Prepress **Cristina Bedini**, **Daniela Guidetti**, **Andrea Lusoli**, Repro/Packager **Alessandro Nalli** (coordinator), **Anna Boselli**, **Mario Da Rin Zanco**, **Valentina Esposito**, **Luca Ficarelli**, **Linda Leporati**.

© 2023 Conan Properties International LLC ("CPI"). CONAN, CONAN THE BARBARIAN, CONAN THE CIMMERIAN, HYBORIA, THE SAVAGE SWORD OF CONAN, and related logos, characters, names, and distinctive likenesses thereof are trademarks or registered trademarks of CPI. Heroic Signatures is a trademark of Cabinet Licensing LLC. Based on the Conan character, property, and universe owned by Conan Properties International LLC. Zur deutschen Ausgabe © 2024 PANINI Verlags-GmbH.

Cover von **Dan Panosian**, *Conan: The Barbarian* (2023) 1; Variant-Cover von **Roberto De La Torre**, *Conan: The Barbarian FCBD* (2023) 1.

Die einführende Passage aus Robert E. Howards Conan – Band 1, Übersetzung von Lore Straßl, wurde mit freundlicher Genehmigung des Wilhelm Heyne Verlags, München, zitiert.

Digitale Ausgaben:
ISBN 978-3-7569-0923-0 (.pdf) / ISBN 978-3-7569-0921-6 (.epub) / ISBN 978-3-7569-0922-3 (.mobi)

Bibliografische Information der Deutschen Nationalbibliothek
Die Deutsche Nationalbibliothek verzeichnet diese Publikation in der Deutschen Nationalbibliografie; detaillierte bibliografische Daten sind im Internet über dnb.d-nb.de abrufbar.

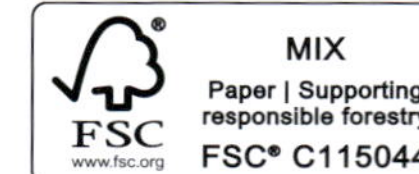

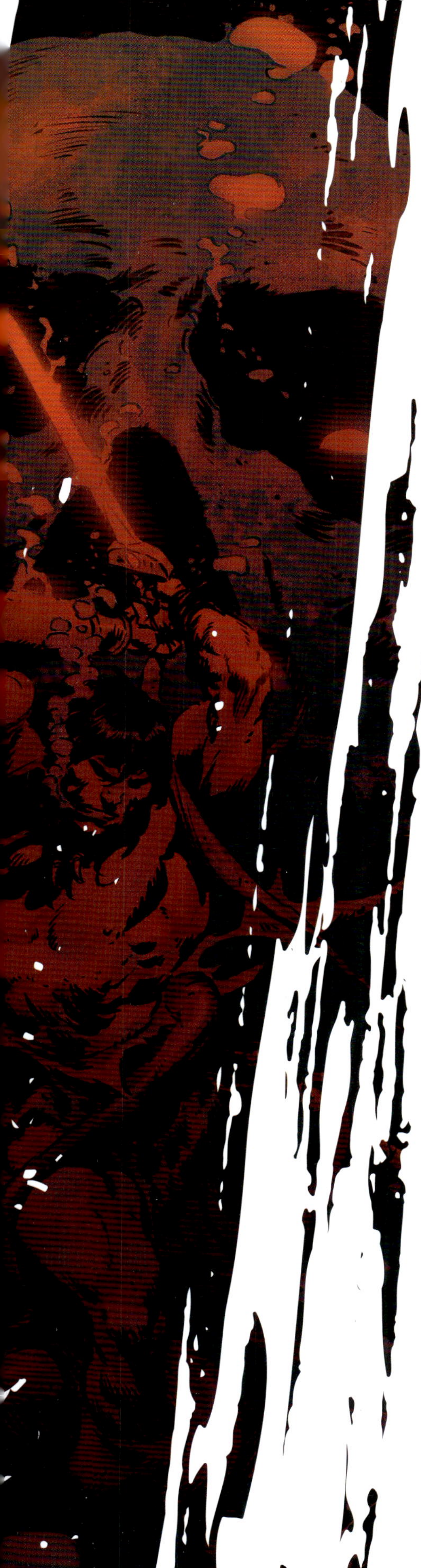

Conan wurde in den 1930ern von Prosa-Autor **Robert E. Howard** (1906–1936) für die amerikanischen Pulp-Magazine erschaffen. Dabei ist Conan nicht bloß einer der prägendsten Archetypen, sondern auch eine der größten Ikonen der Fantasy – und Comics spielen seit jeher eine wichtige Rolle für den Erfolg des Barbaren aus dem rauen Cimmeria! Denn noch bevor die **Schwarzenegger**-Filme der 1980er Conan zum popkulturellen Superstar machten, erschienen ab den frühen 1970ern bereits viele, viele Comics bei Marvel. Später dann bei Dark Horse, danach wieder bei Marvel, und jetzt neuerdings beim Verlag Titan Comics/Heroic Signatures. Mit diesem Band startet die neue Serie auch bei PANINI – und damit eine neue Ära! Der erfahrene Fantasy-Autor **Jim Zub** und Conan-Illustrator **Roberto De La Torre** beschwören den Geist der wohl klassischsten Conan-Comics überhaupt, nämlich der Epen von **Roy Thomas** und **John Buscema**. Sie verpassen der pulpig-fantastischen Legende trotz allen Traditionsbewusstseins jedoch auch ihren eigenen Dreh. Dieser Comic beginnt mit einer Kurzgeschichte, die zeigt, wie Conan seine von Kälte und Kampf geprägte Heimat Cimmeria ursprünglich verlässt – nur um in der ersten großen Storyline dieser neuen Serie erstmals in die schroffen Berge unter dem mitleidlosen Blick des Gottes **Crom** zurückzukehren. Sprich: Conan hat ein paar seiner ersten Original-Abenteuer nach **Robert E. Howard** (z. B. *Die Tochter des Frostriesen* alias *Ymirs Tochter*) hinter sich gebracht, und nun ist er Cimmeria so nahe wie nie seit seinem Aufbruch. Conans neuer Comic-Chronist Jim Zub geht sogar noch etwas weiter: Laut ihm müsse der kampferprobte Barbar sich entscheiden, was er wolle. Der Cimmerier mag die Zivilisation in der weiten Welt, die er bisher kennengelernt hat, nicht allzu sehr. Erkundet er sie also weiter, oder kehrt er nach Hause zurück? Doch dann mischen sich andere, finstere Mächte in sein Schicksal ein. Viel Vergnügen mit diesem ersten Kapitel der großen neuen Conan-Comic-Saga!

Christian Endres

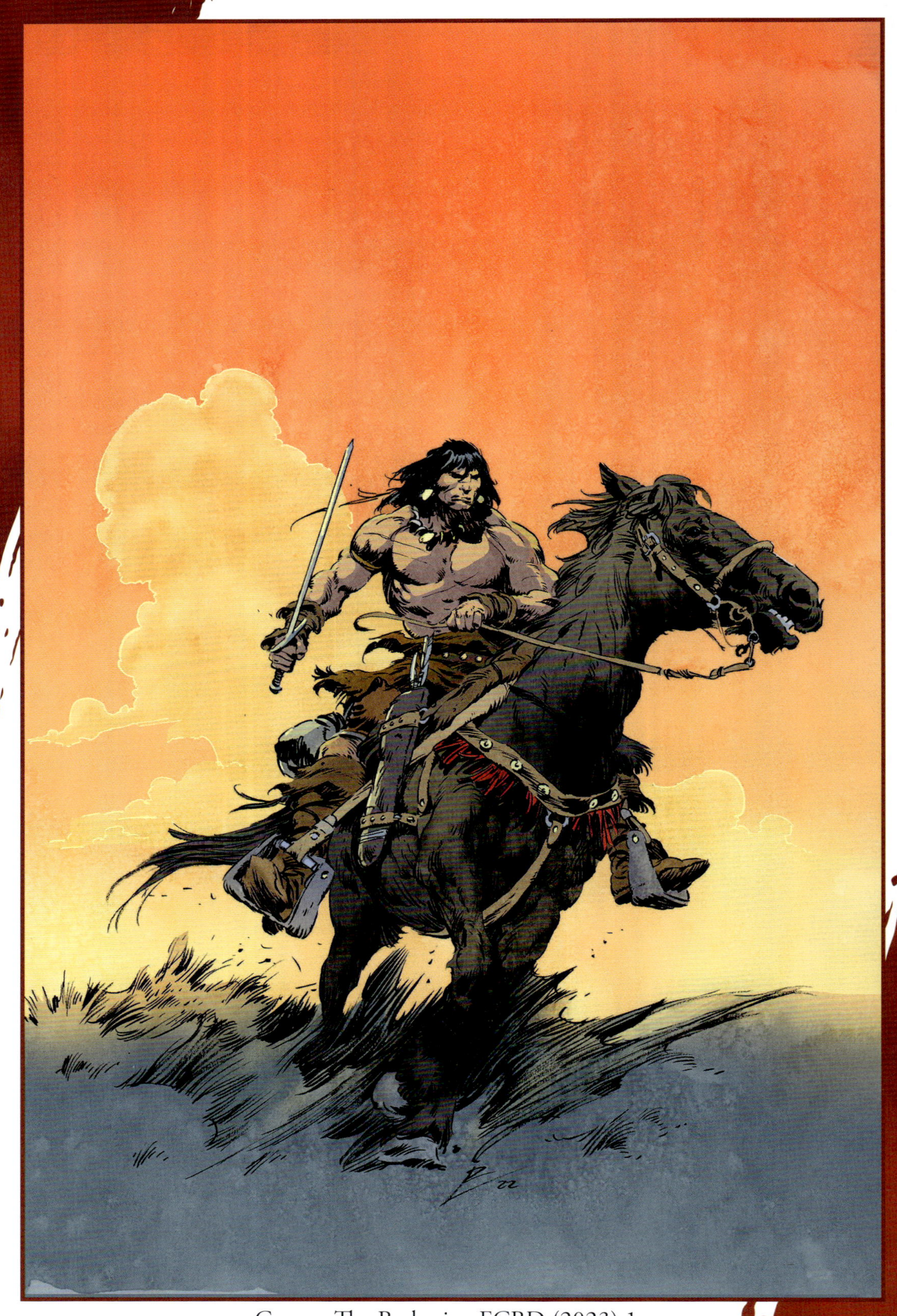

Conan: The Barbarian FCBD (2023) 1
Cover von **ROBERTO DE LA TORRE**

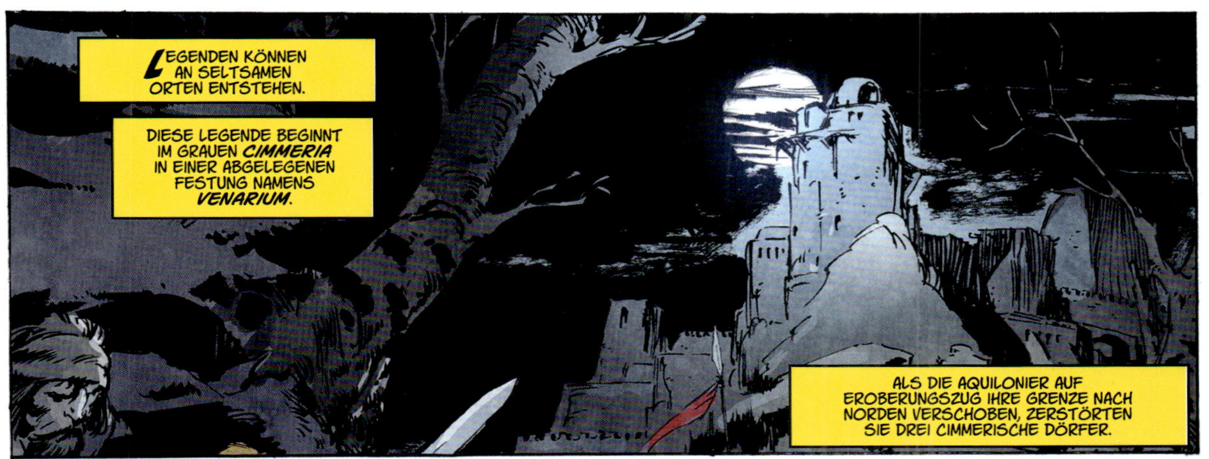
LEGENDEN KÖNNEN AN SELTSAMEN ORTEN ENTSTEHEN.
DIESE LEGENDE BEGINNT IM GRAUEN CIMMERIA IN EINER ABGELEGENEN FESTUNG NAMENS VENARIUM.
ALS DIE AQUILONIER AUF EROBERUNGSZUG IHRE GRENZE NACH NORDEN VERSCHOBEN, ZERSTÖRTEN SIE DREI CIMMERISCHE DÖRFER.

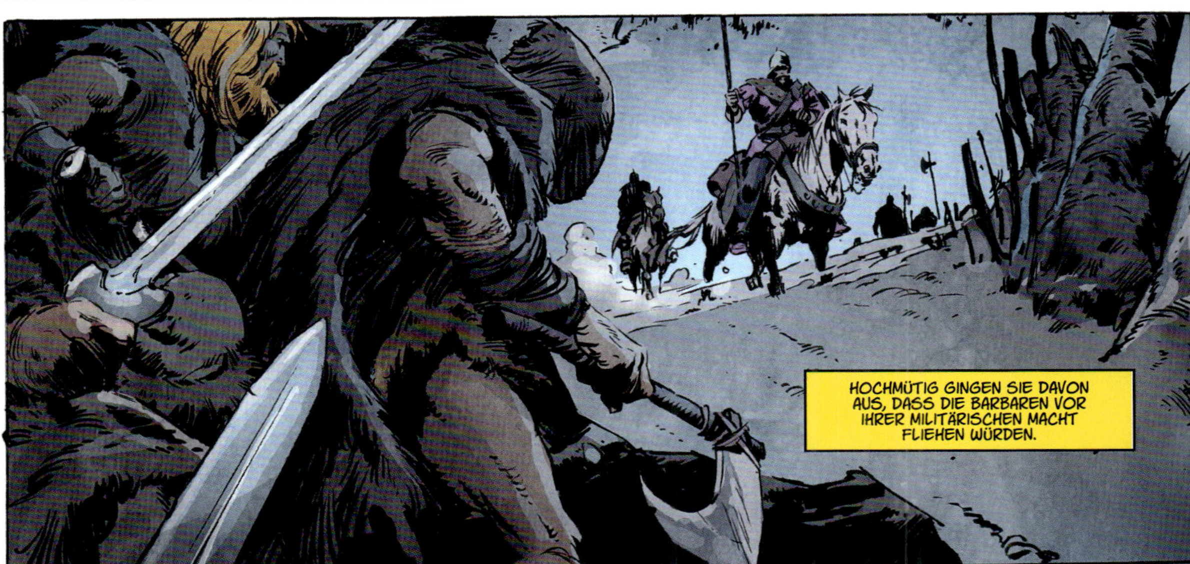
HOCHMÜTIG GINGEN SIE DAVON AUS, DASS DIE BARBAREN VOR IHRER MILITÄRISCHEN MACHT FLIEHEN WÜRDEN.

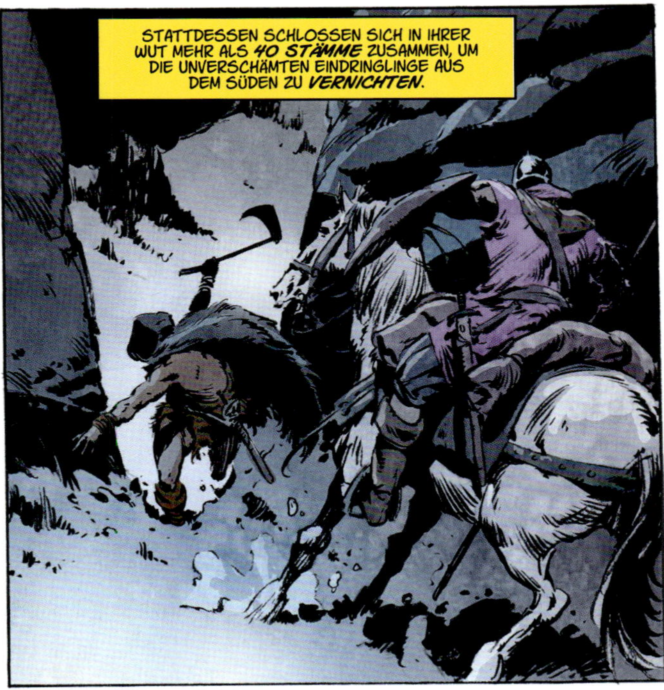
STATTDESSEN SCHLOSSEN SICH IN IHRER WUT MEHR ALS 40 STÄMME ZUSAMMEN, UM DIE UNVERSCHÄMTEN EINDRINGLINGE AUS DEM SÜDEN ZU VERNICHTEN.

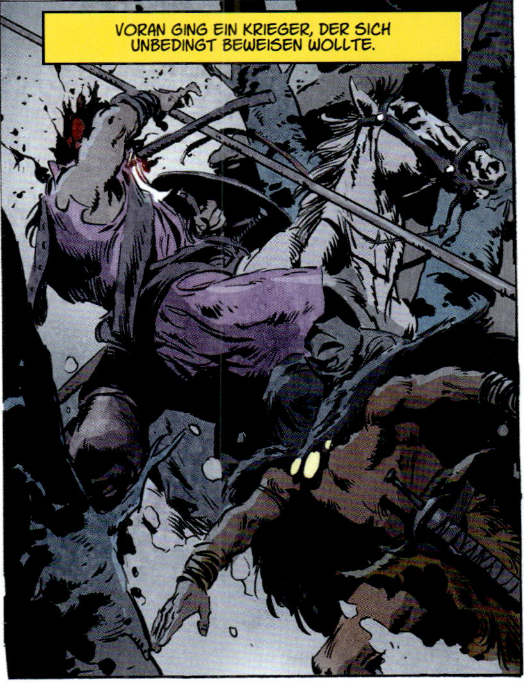
VORAN GING EIN KRIEGER, DER SICH UNBEDINGT BEWEISEN WOLLTE.

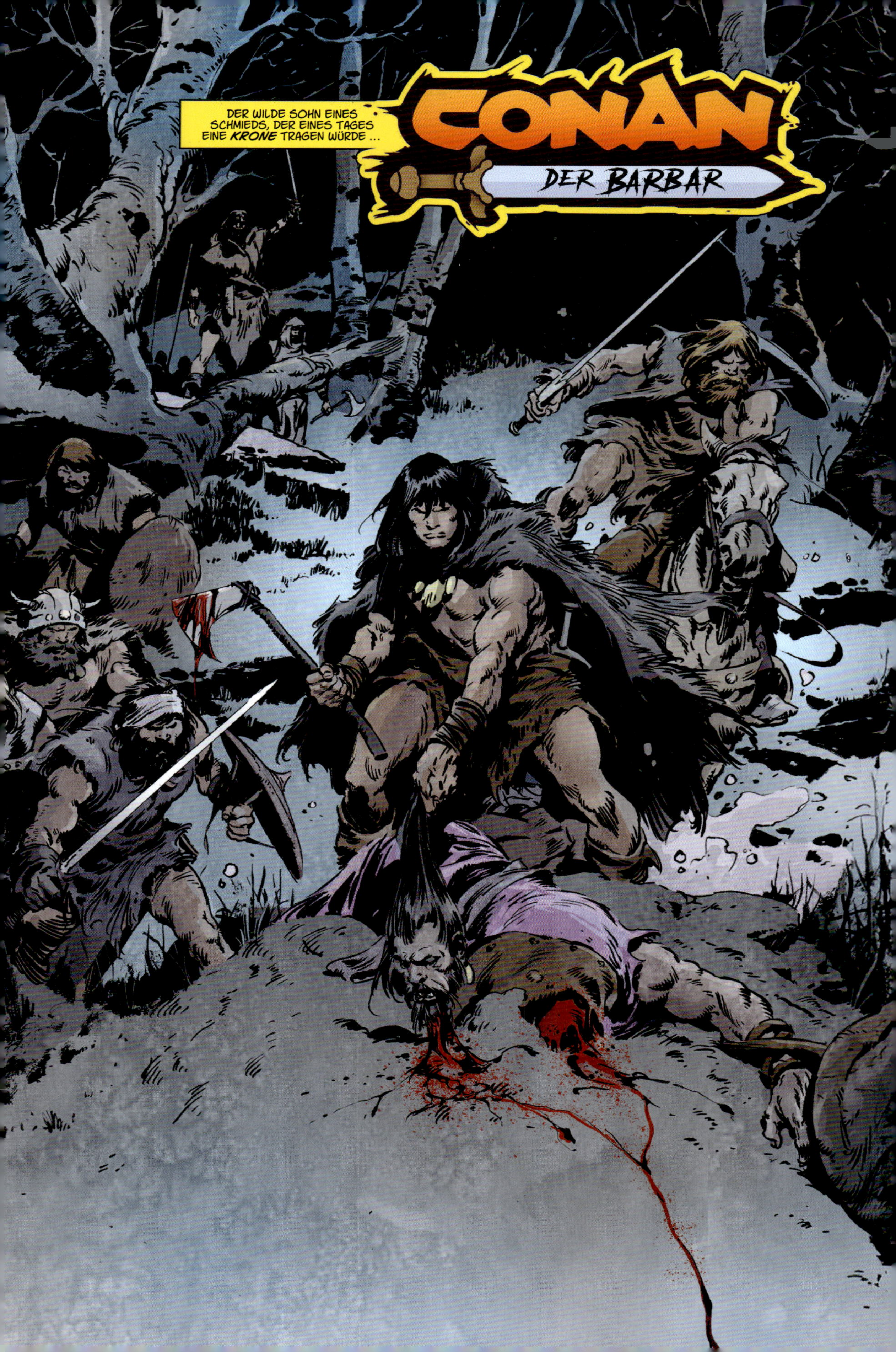
DER WILDE SOHN EINES SCHMIEDS, DER EINES TAGES EINE KRONE TRAGEN WÜRDE ...
CONAN
DER BARBAR

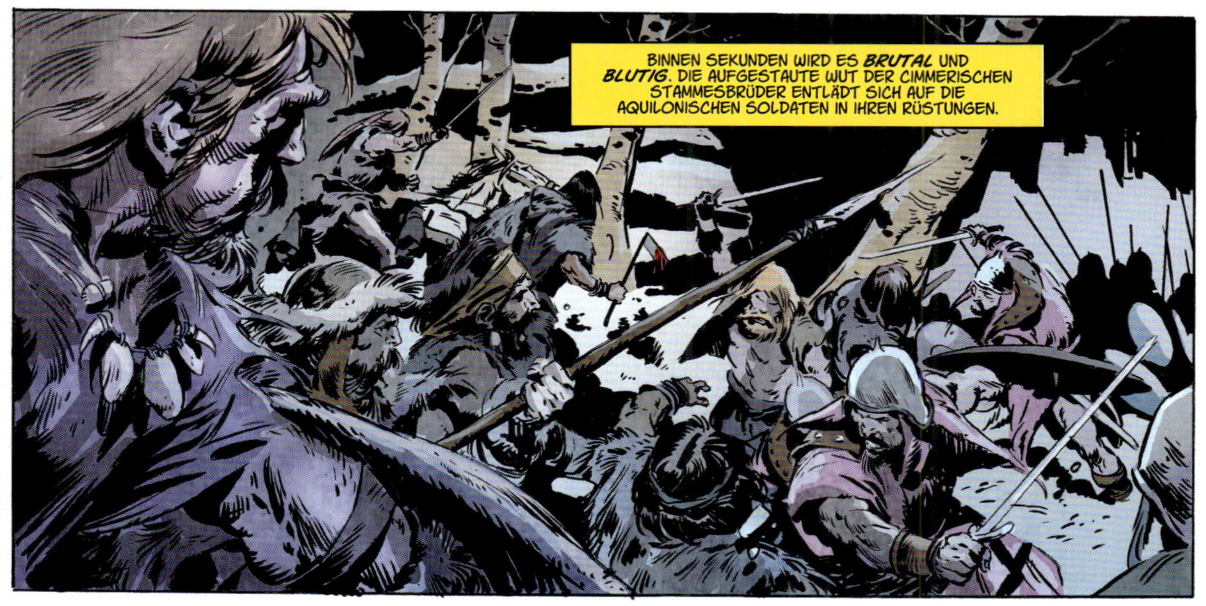

CONAN LÄSST SICH VON DEN SCHARFEN SCHWERTERN UND GLÄNZENDEN HELMEN NICHT EINSCHÜCHTERN.

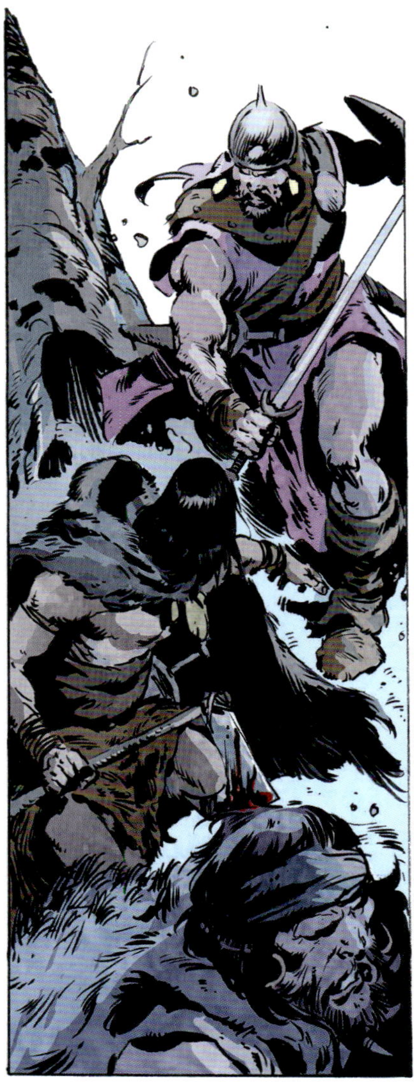

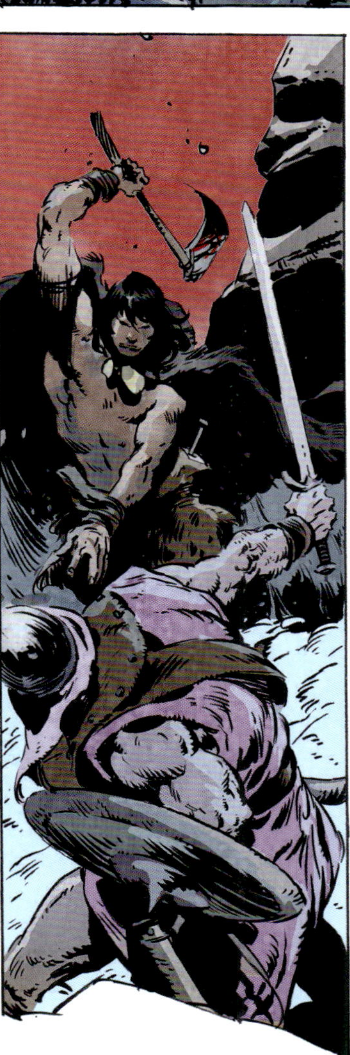

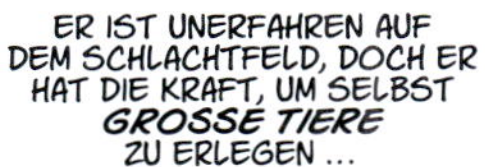

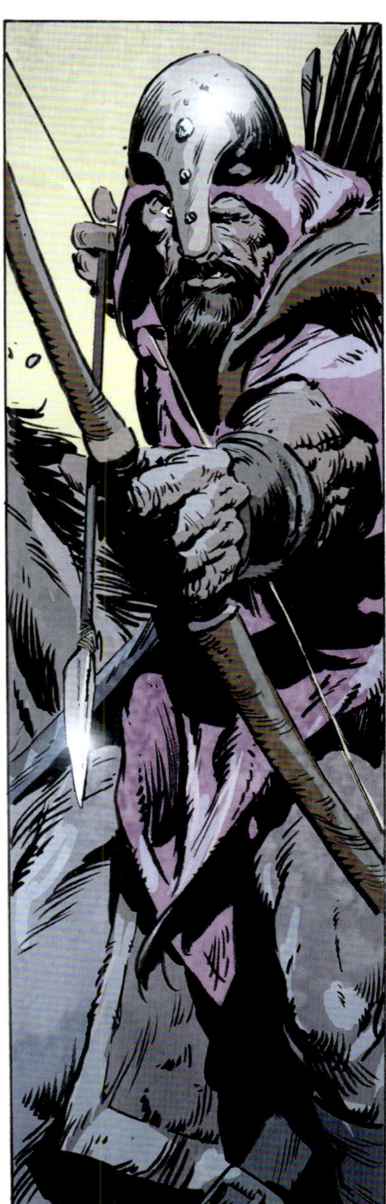

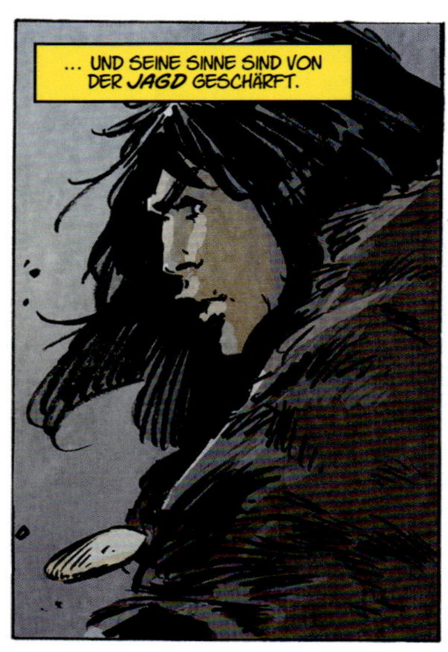
… UND SEINE SINNE SIND VON DER JAGD GESCHÄRFT.

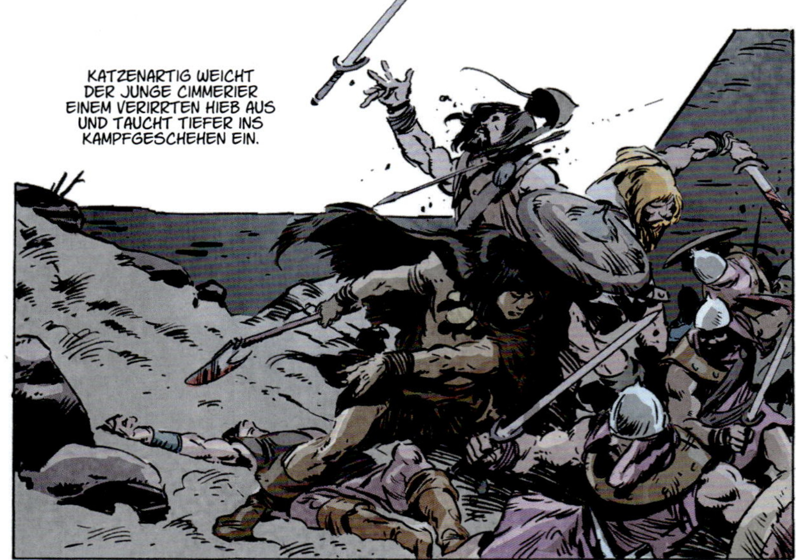
KATZENARTIG WEICHT DER JUNGE CIMMERIER EINEM VERIRRTEN HIEB AUS UND TAUCHT TIEFER INS KAMPFGESCHEHEN EIN.

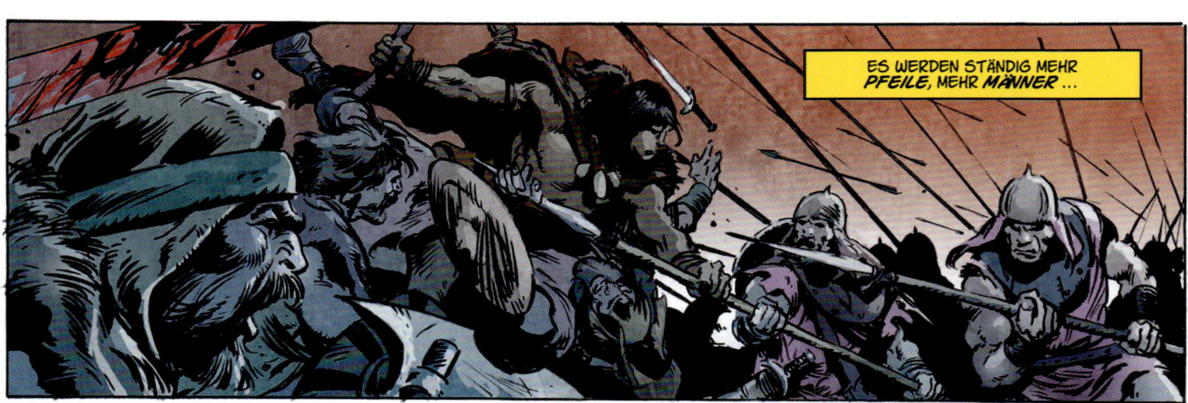
ES WERDEN STÄNDIG MEHR PFEILE, MEHR MÄNNER …

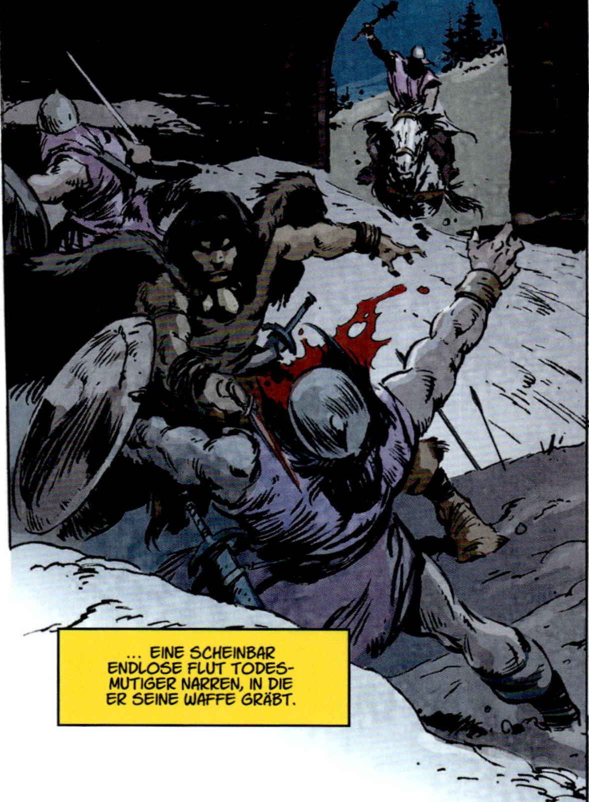
… EINE SCHEINBAR ENDLOSE FLUT TODES-MUTIGER NARREN, IN DIE ER SEINE WAFFE GRÄBT.

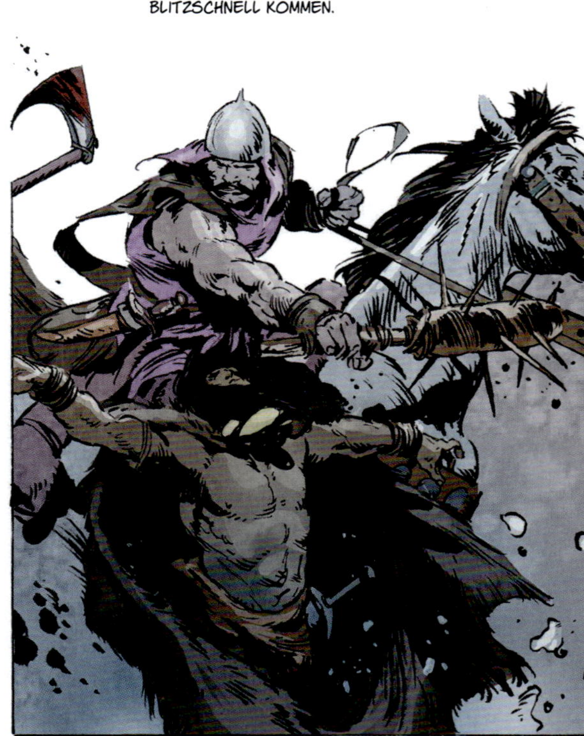
IN EINEM SOLCHEN CHAOS KANN DER TOD BLITZSCHNELL KOMMEN.

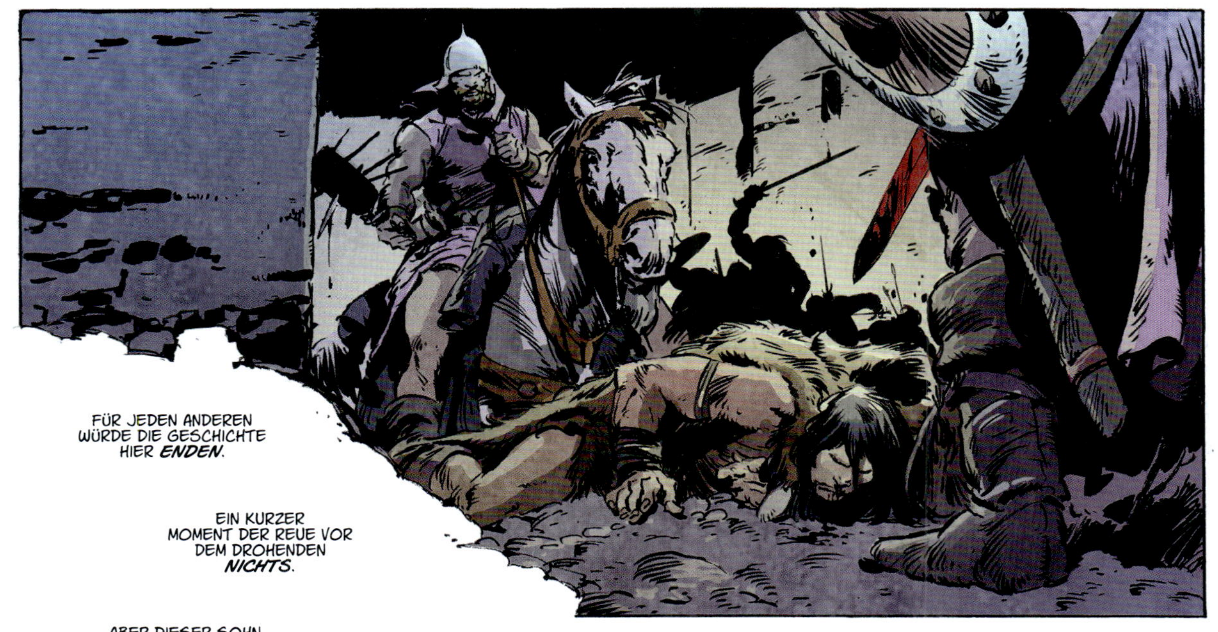
FÜR JEDEN ANDEREN WÜRDE DIE GESCHICHTE HIER ENDEN.
EIN KURZER MOMENT DER REUE VOR DEM DROHENDEN NICHTS.
ABER DIESER SOHN CROMS BLEIBT NICHT AM BODEN ...
HEUTE NICHT ...

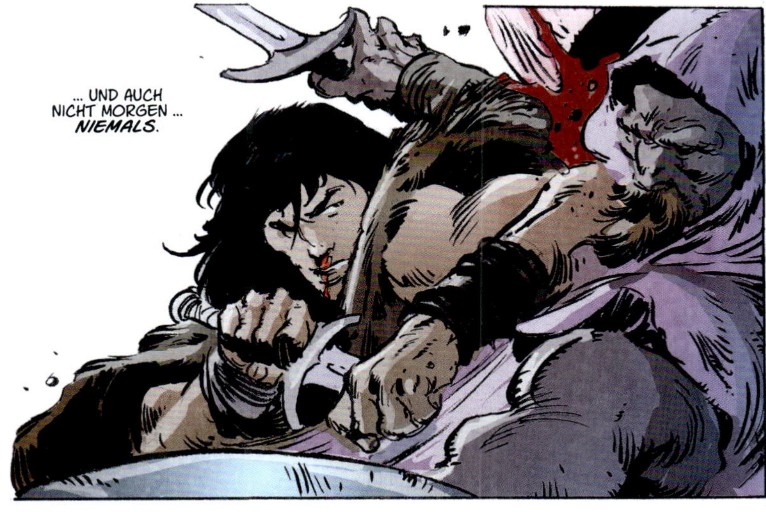
... UND AUCH NICHT MORGEN ... NIEMALS.

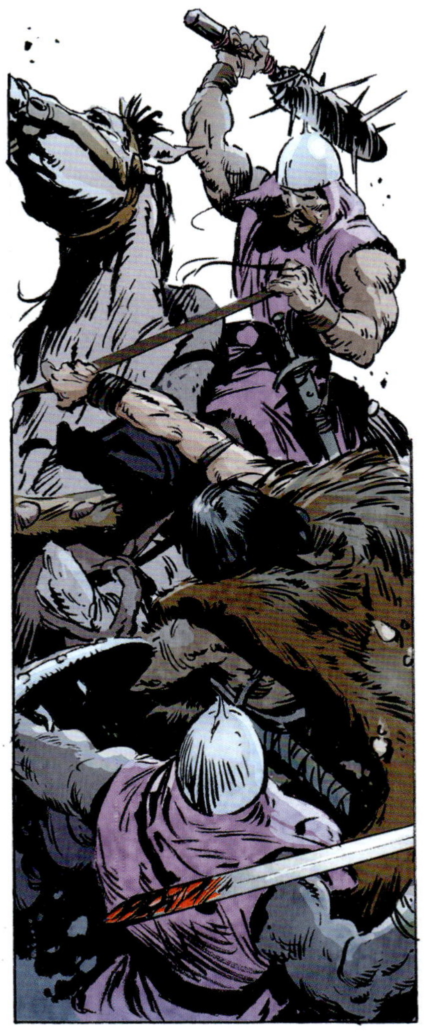

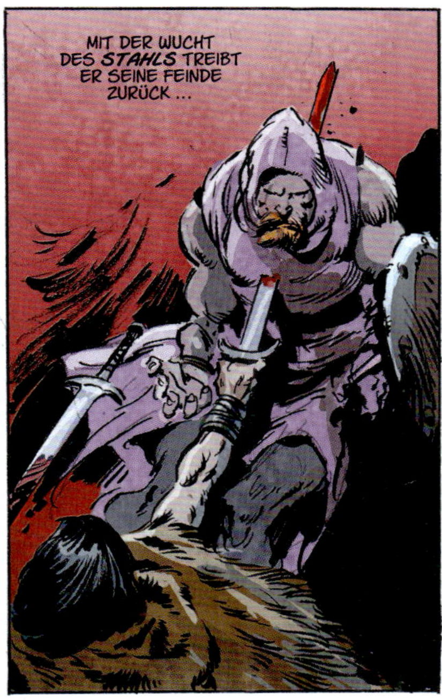
MIT DER WUCHT DES STAHLS TREIBT ER SEINE FEINDE ZURÜCK ...

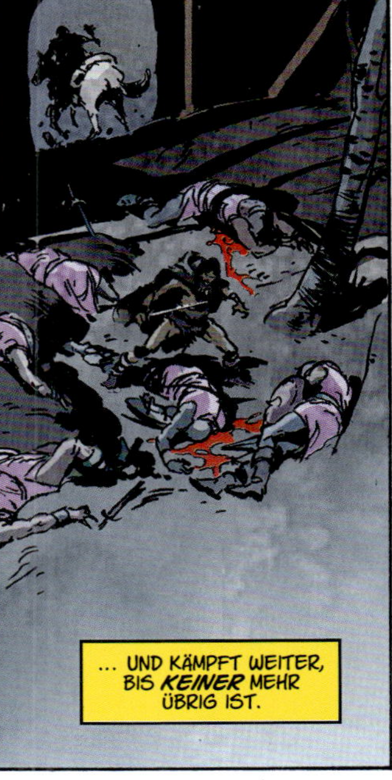
... UND KÄMPFT WEITER, BIS KEINER MEHR ÜBRIG IST.

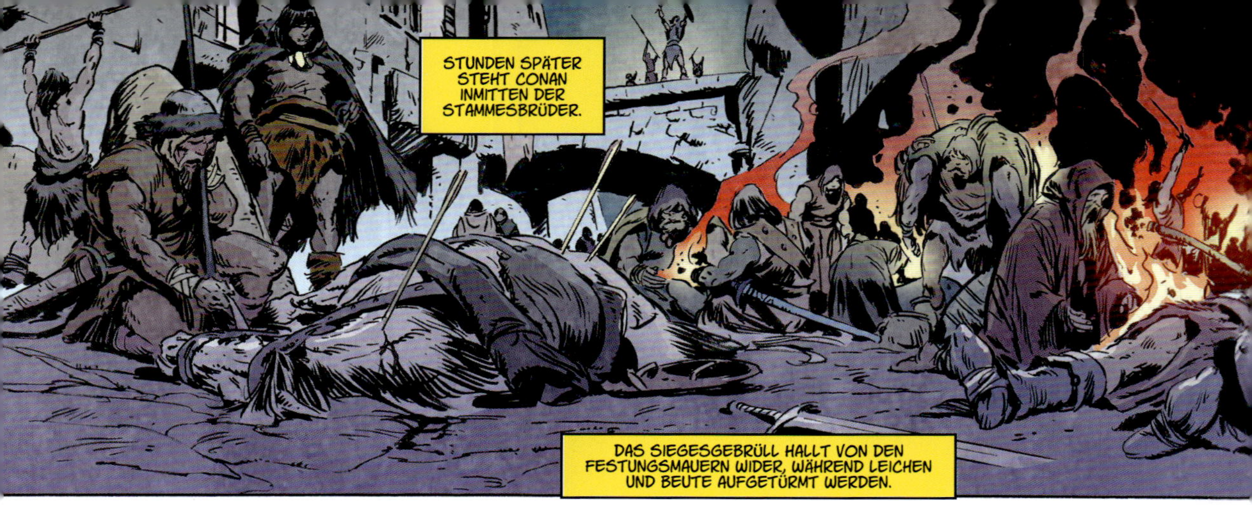
STUNDEN SPÄTER STEHT CONAN INMITTEN DER STAMMESBRÜDER.
DAS SIEGESGEBRÜLL HALLT VON DEN FESTUNGSMAUERN WIDER, WÄHREND LEICHEN UND BEUTE AUFGETÜRMT WERDEN.

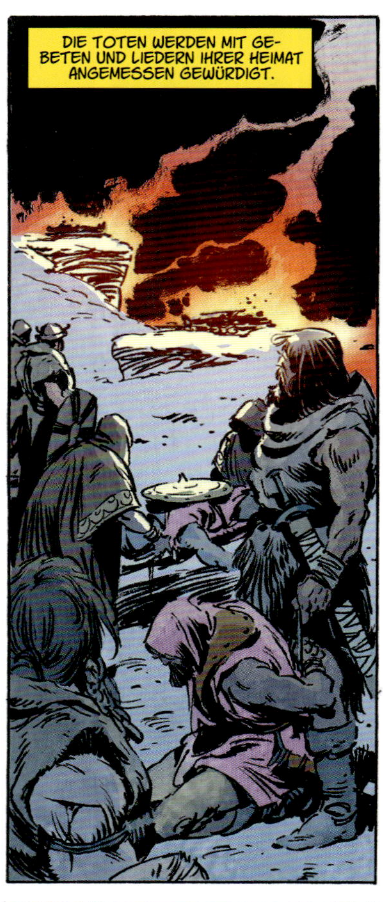
DIE TOTEN WERDEN MIT GEBETEN UND LIEDERN IHRER HEIMAT ANGEMESSEN GEWÜRDIGT.

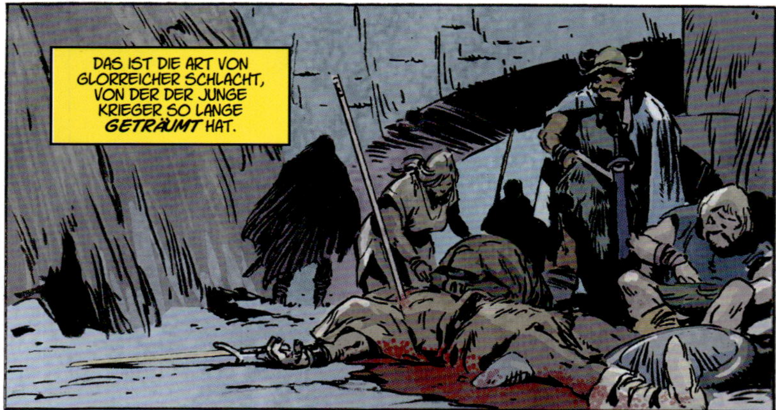
DAS IST DIE ART VON GLORREICHER SCHLACHT, VON DER DER JUNGE KRIEGER SO LANGE *GETRÄUMT* HAT.

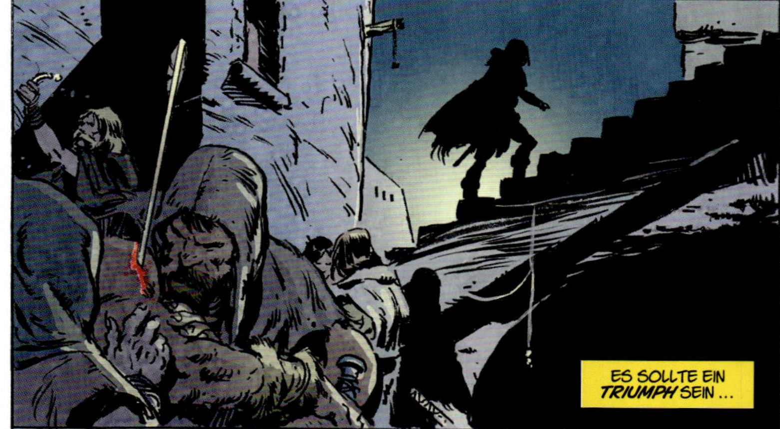
ES SOLLTE EIN *TRIUMPH* SEIN ...

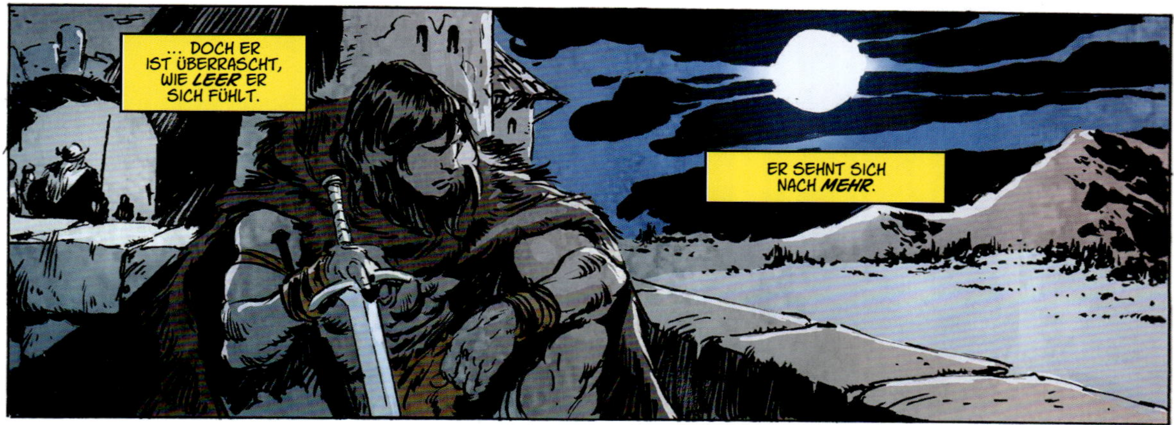
... DOCH ER IST ÜBERRASCHT, WIE *LEER* ER SICH FÜHLT.
ER SEHNT SICH NACH *MEHR*.

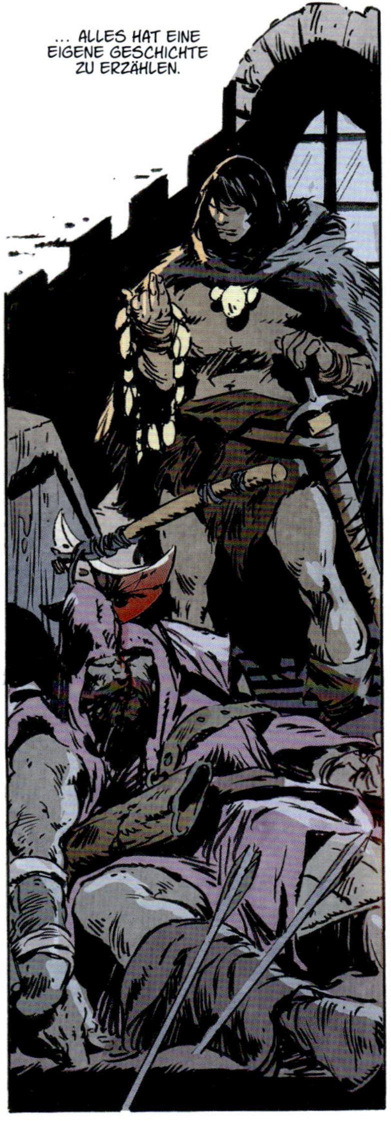
JEDER NEUE GEGENSTAND, JEDES JUWEL, JEDE WAFFE ...
... ALLES HAT EINE EIGENE GESCHICHTE ZU ERZÄHLEN.

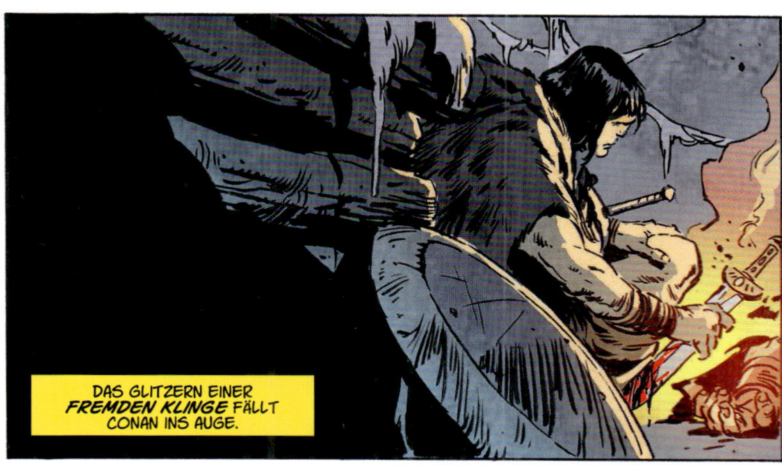
DAS GLITZERN EINER FREMDEN KLINGE FÄLLT CONAN INS AUGE.

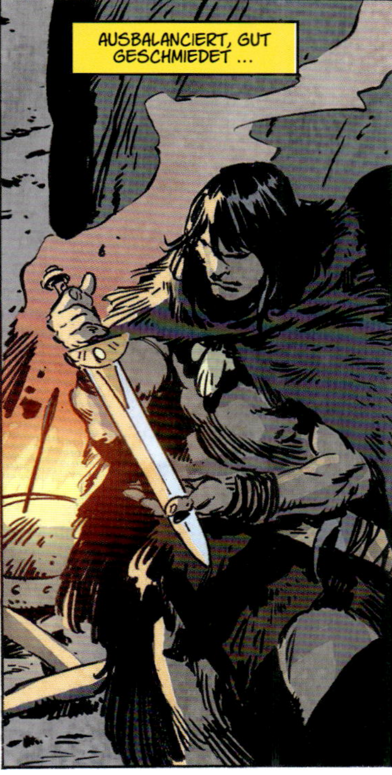
AUSBALANCIERT, GUT GESCHMIEDET ...

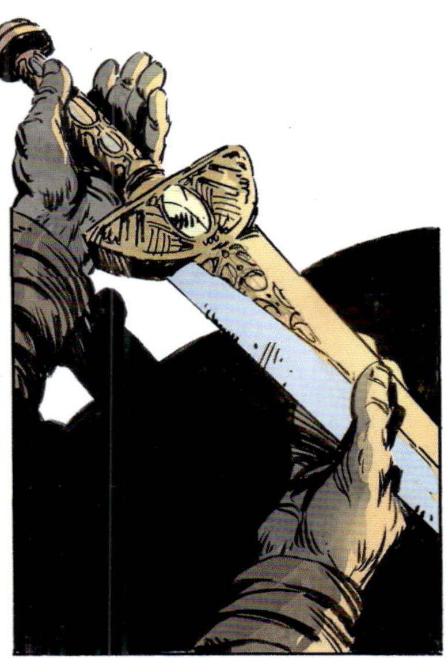
... DIE ZEICHEN SIND IHM UNBEKANNT, LASSEN JEDOCH AUF WERTE UND TRADITION SCHLIESSEN ...

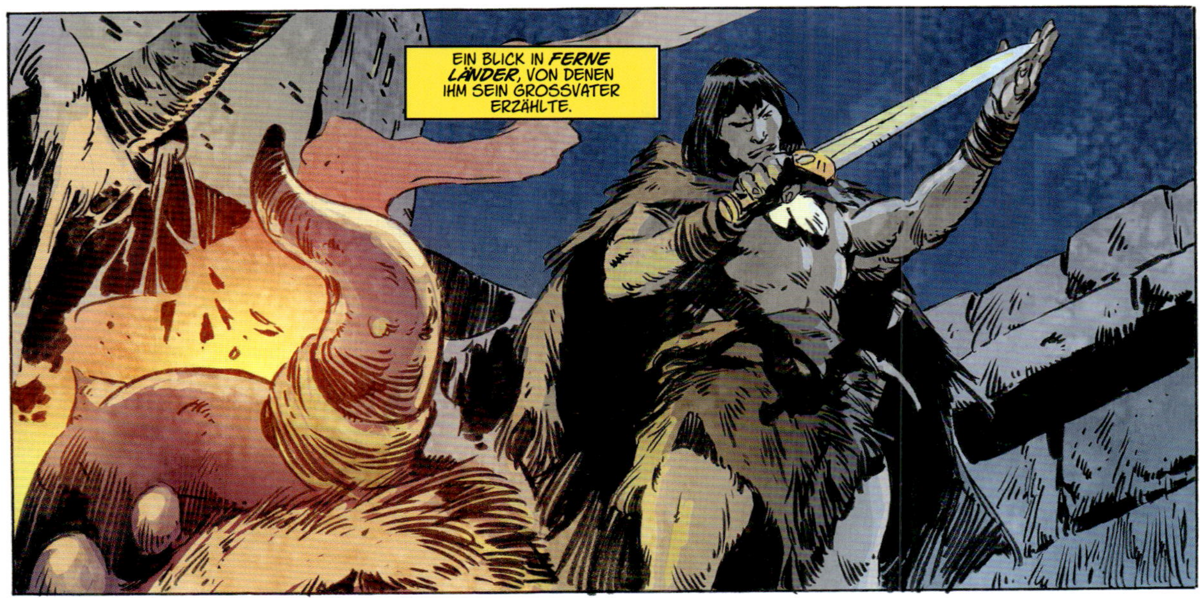
EIN BLICK IN FERNE LÄNDER, VON DENEN IHM SEIN GROSSVATER ERZÄHLTE.

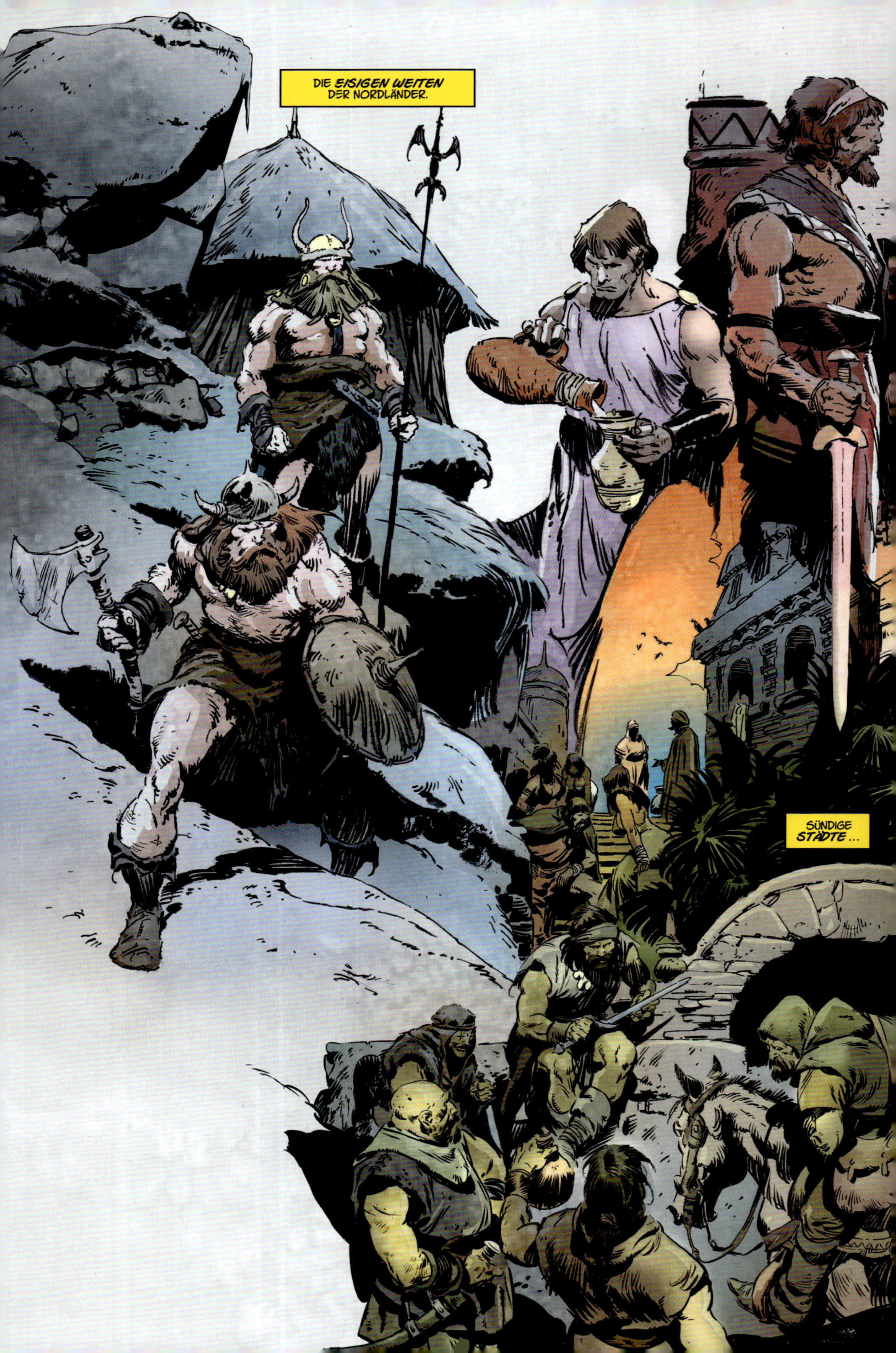
DIE EISIGEN WEITEN DER NORDLÄNDER.
SÜNDIGE STÄDTE ...

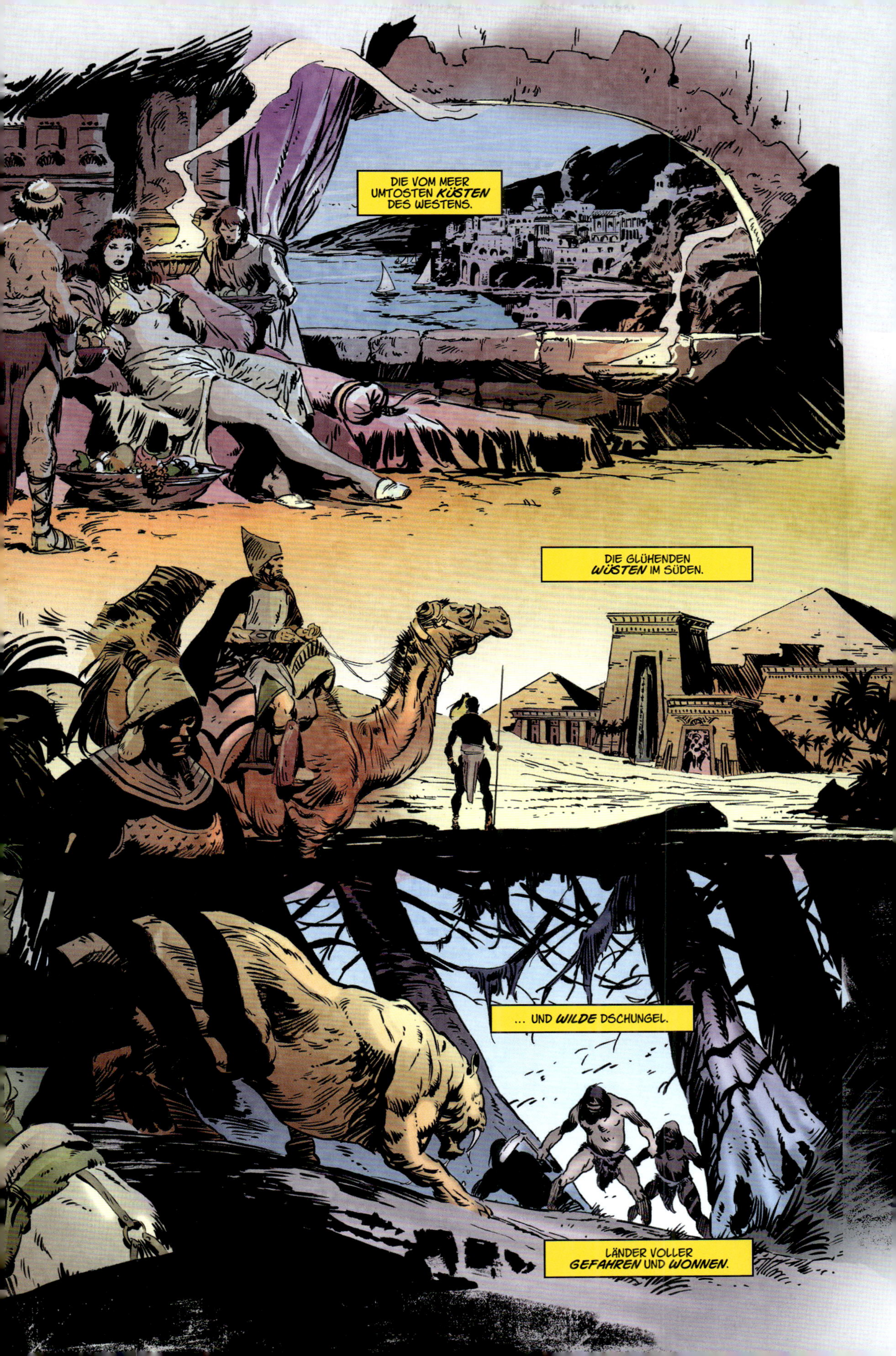
DIE VOM MEER UMTOSTEN KÜSTEN DES WESTENS.
DIE GLÜHENDEN WÜSTEN IM SÜDEN.
... UND WILDE DSCHUNGEL.
LÄNDER VOLLER GEFAHREN UND WONNEN.

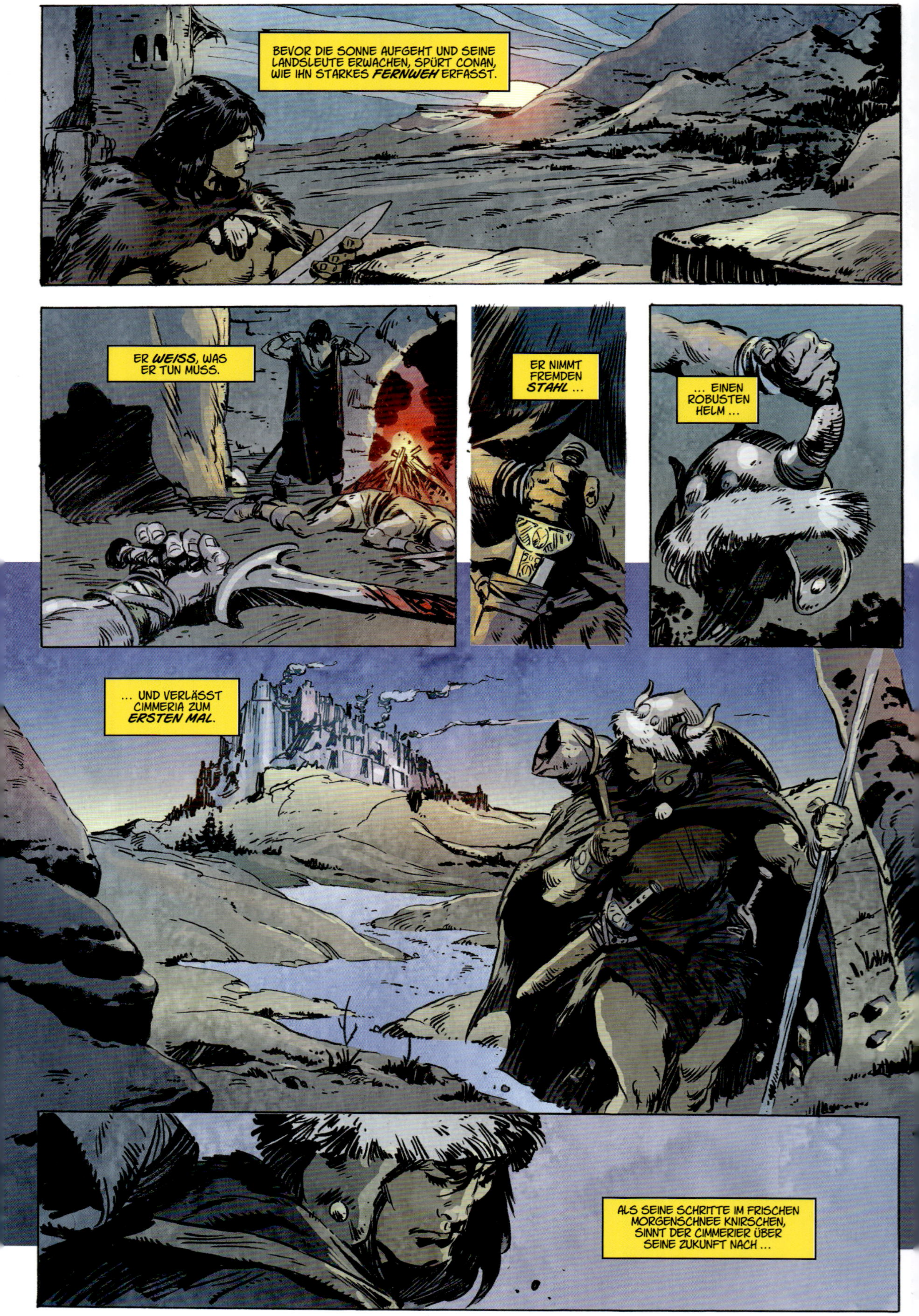

BEVOR DIE SONNE AUFGEHT UND SEINE LANDSLEUTE ERWACHEN, SPÜRT CONAN, WIE IHN STARKES *FERNWEH* ERFASST.

ER *WEISS*, WAS ER TUN MUSS.

ER NIMMT FREMDEN *STAHL* …

… EINEN ROBUSTEN HELM …

… UND VERLÄSST CIMMERIA ZUM *ERSTEN MAL*.

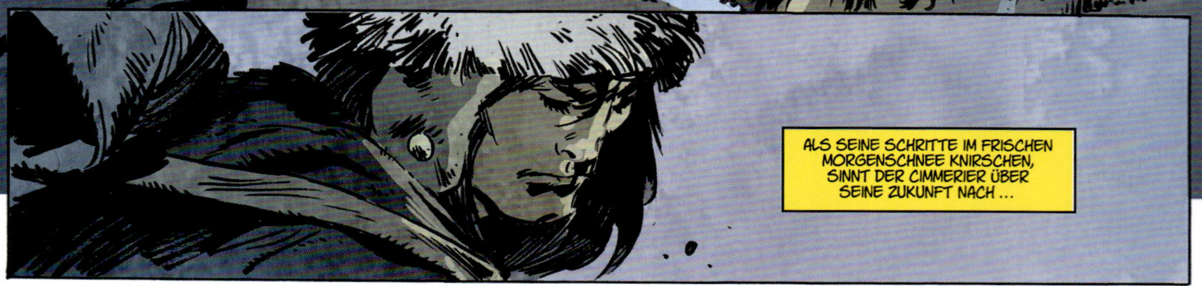

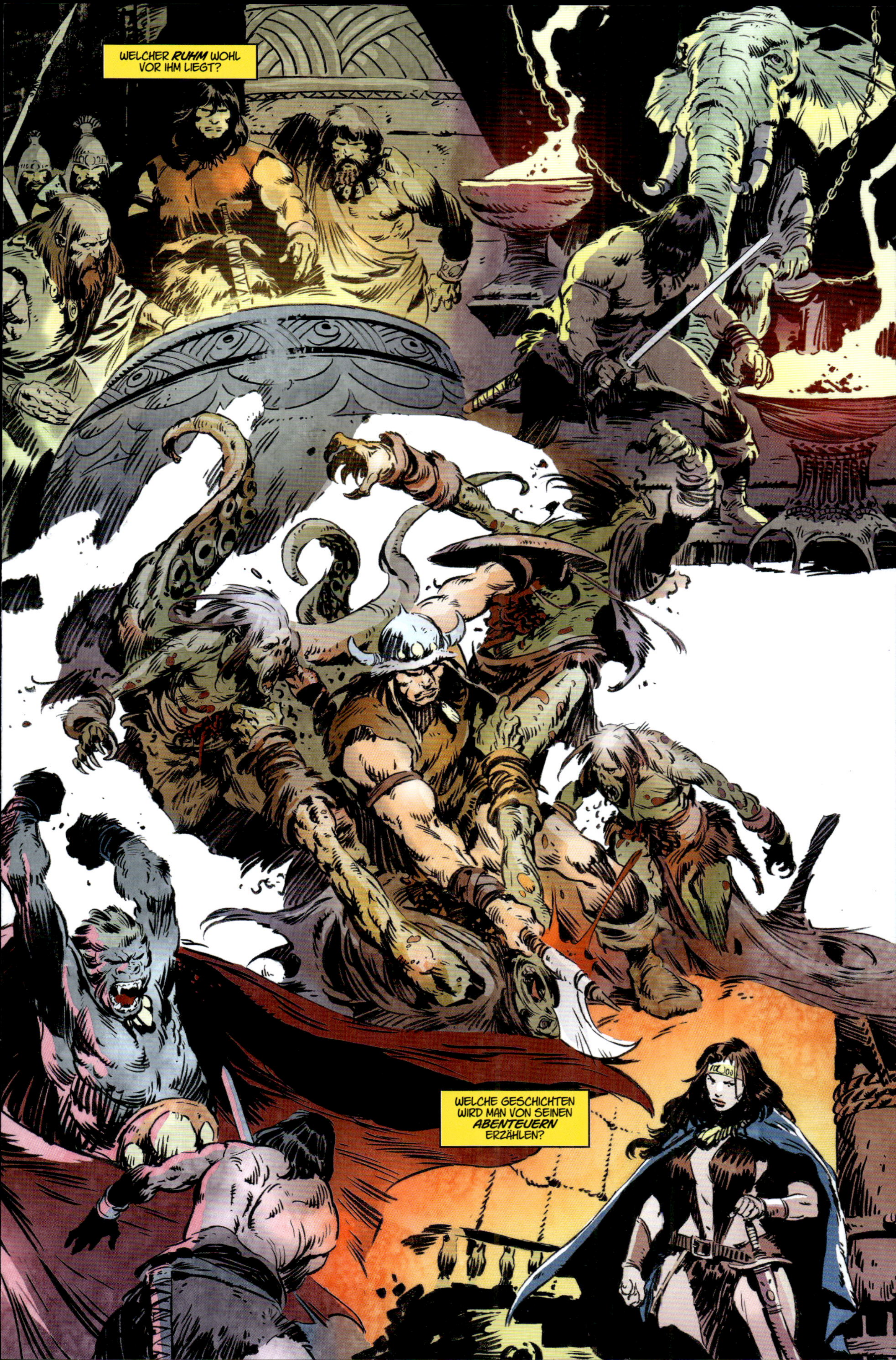
WELCHER RUHM WOHL VOR IHM LIEGT?
WELCHE GESCHICHTEN WIRD MAN VON SEINEN ABENTEUERN ERZÄHLEN?

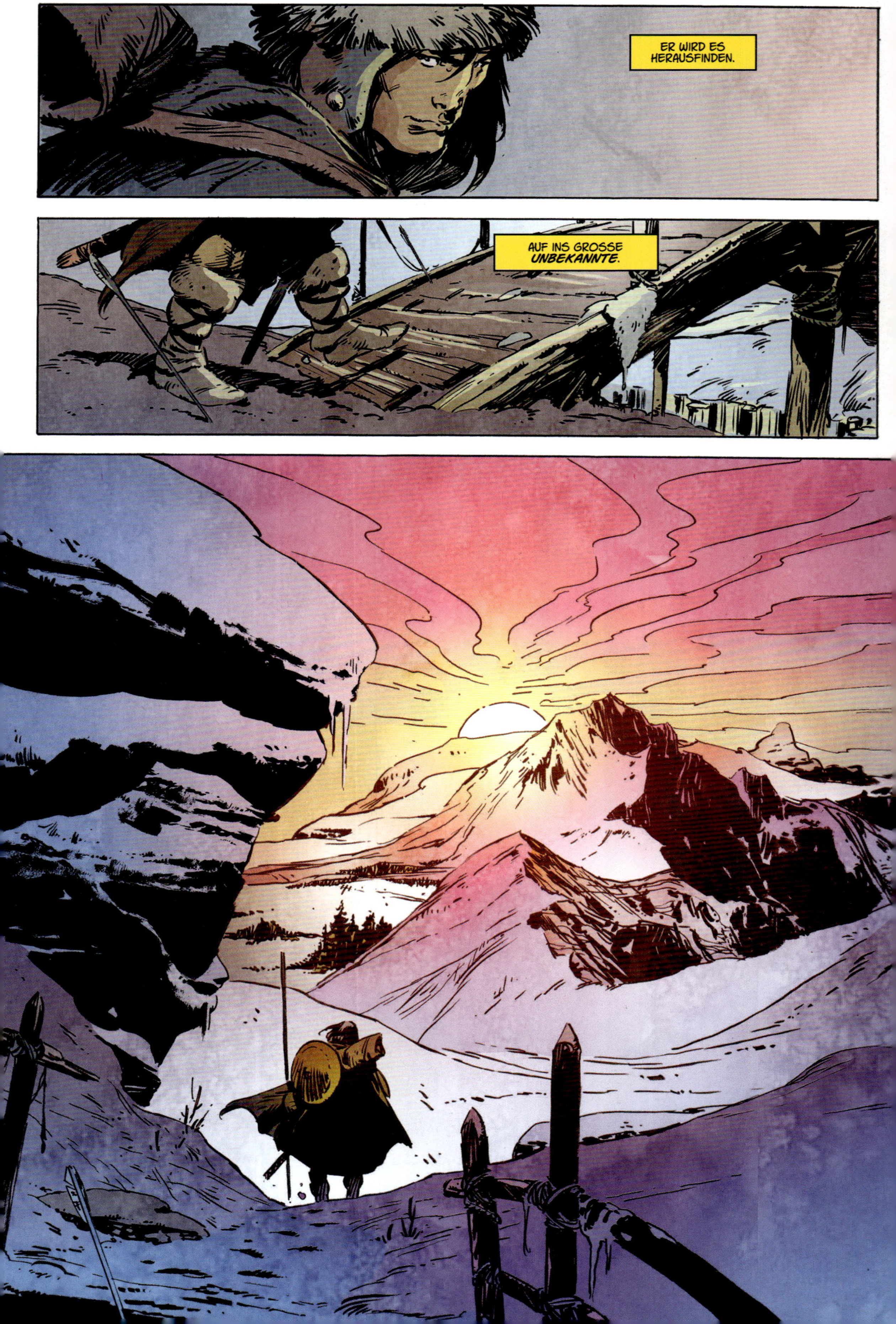

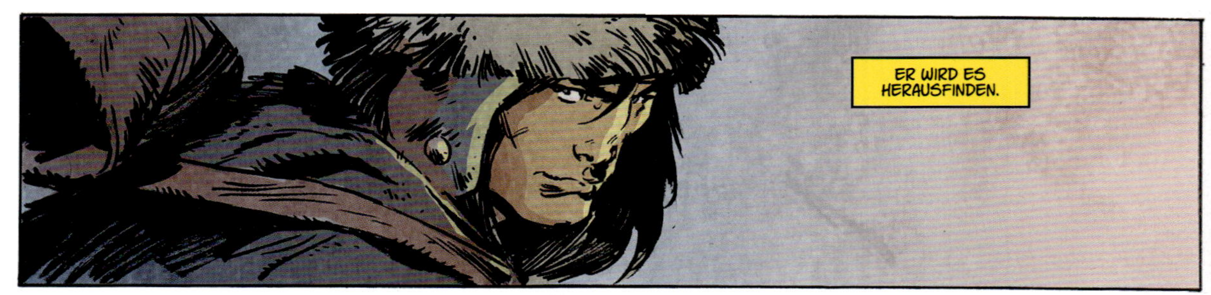
ER WIRD ES HERAUSFINDEN.

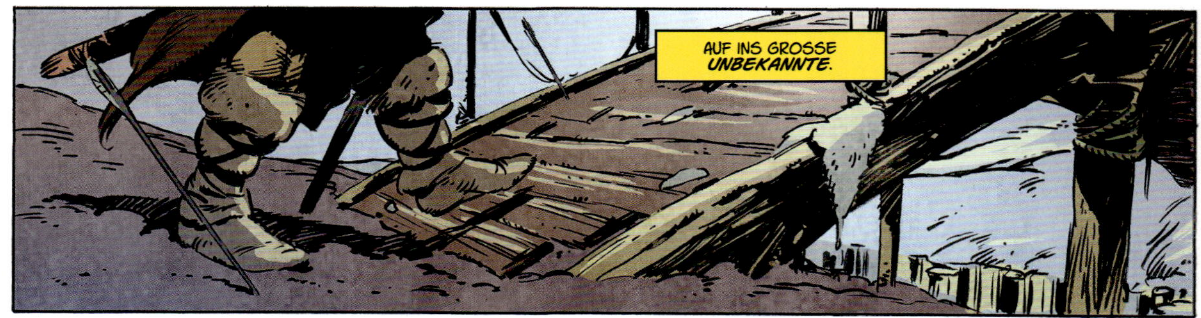
AUF INS GROSSE UNBEKANNTE.

DER FLUCH DES SCHWARZEN STEINS, TEIL 1:
GEISSEL DER TOTEN

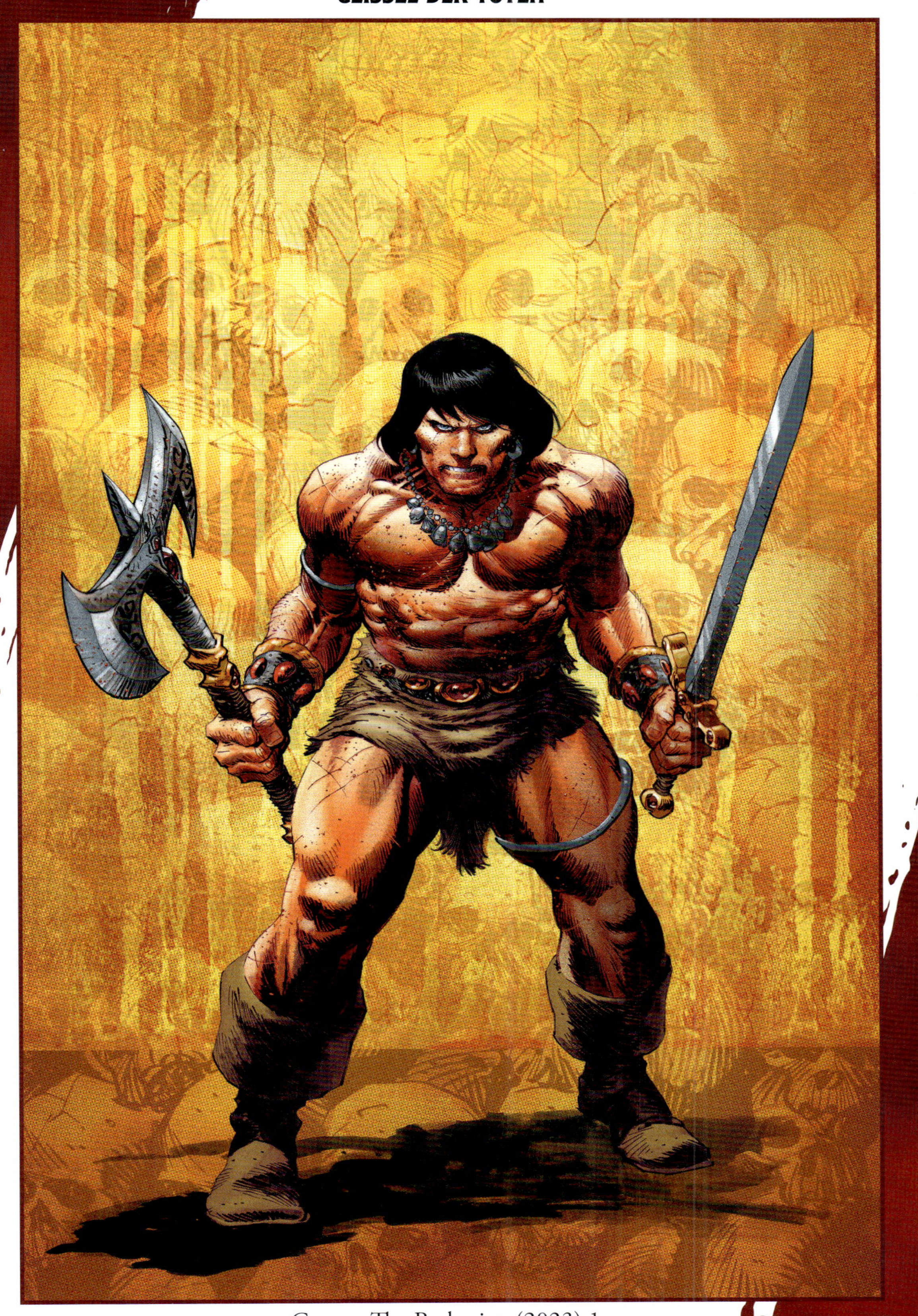

Conan: The Barbarian (2023) 1
Cover von **DAN PANOSIAN**

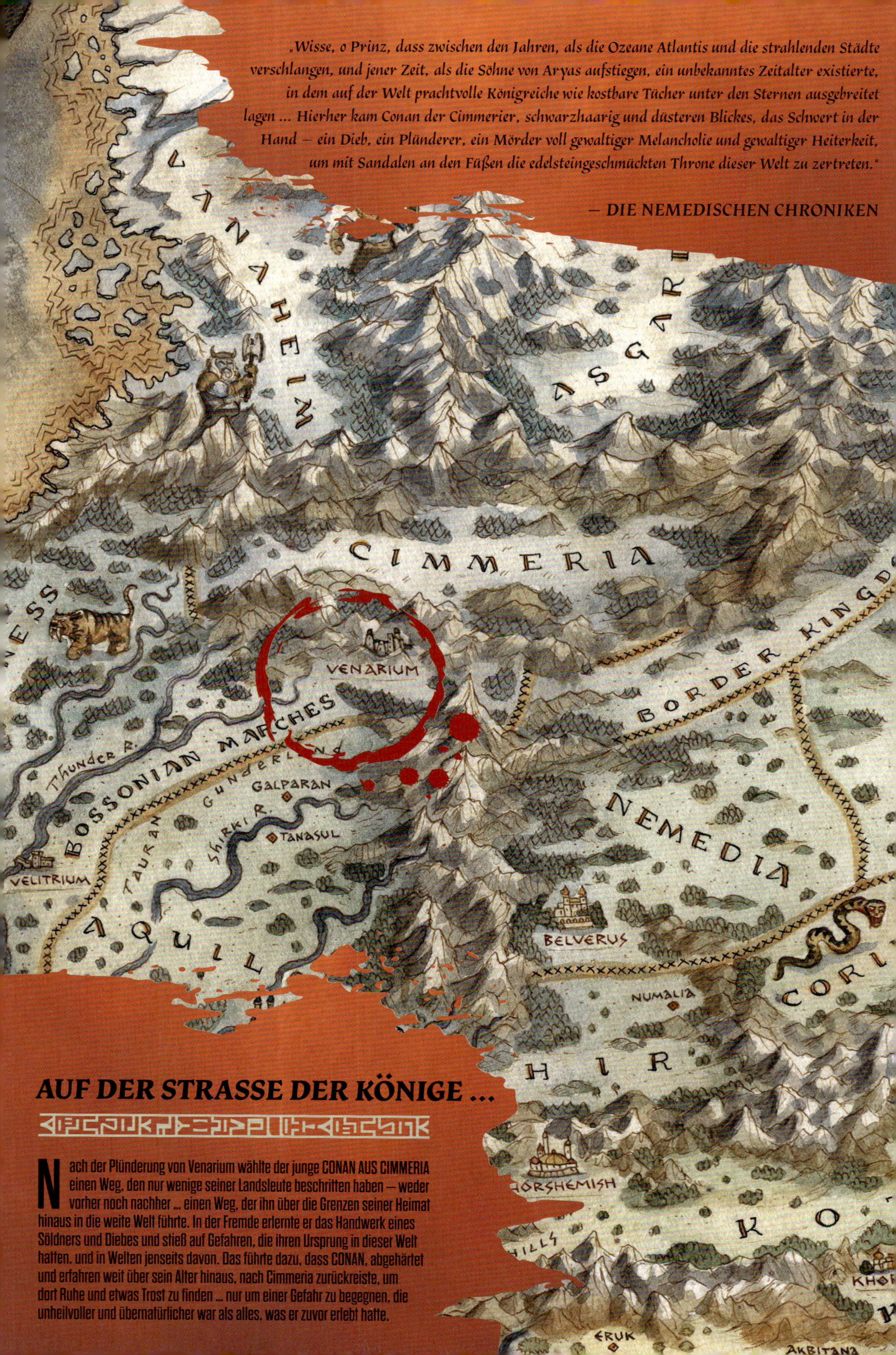

„Wisse, o Prinz, dass zwischen den Jahren, als die Ozeane Atlantis und die strahlenden Städte verschlangen, und jener Zeit, als die Söhne von Aryas aufstiegen, ein unbekanntes Zeitalter existierte, in dem auf der Welt prachtvolle Königreiche wie kostbare Tücher unter den Sternen ausgebreitet lagen … Hierher kam Conan der Cimmerier, schwarzhaarig und düsteren Blickes, das Schwert in der Hand – ein Dieb, ein Plünderer, ein Mörder voll gewaltiger Melancholie und gewaltiger Heiterkeit, um mit Sandalen an den Füßen die edelsteingeschmückten Throne dieser Welt zu zertreten."

— DIE NEMEDISCHEN CHRONIKEN

AUF DER STRASSE DER KÖNIGE …

Nach der Plünderung von Venarium wählte der junge **CONAN AUS CIMMERIA** einen Weg, den nur wenige seiner Landsleute beschritten haben – weder vorher noch nachher … einen Weg, der ihn über die Grenzen seiner Heimat hinaus in die weite Welt führte. In der Fremde erlernte er das Handwerk eines Söldners und Diebes und stieß auf Gefahren, die ihren Ursprung in dieser Welt hatten, und in Welten jenseits davon. Das führte dazu, dass **CONAN**, abgehärtet und erfahren weit über sein Alter hinaus, nach Cimmeria zurückreiste, um dort Ruhe und etwas Trost zu finden … nur um einer Gefahr zu begegnen, die unheilvoller und übernatürlicher war als alles, was er zuvor erlebt hatte.

IM NORDEN ***AQUILONIAS*** IST DAS LAND UNBERÜHRT.

DICHTE KIEFERN- UND EICHENWÄLDER BILDEN DIE GRENZE ZWISCHEN DIESEM LAND UND DEM NÖRDLICH DAVON GELEGENEN ***CIMMERIA***.

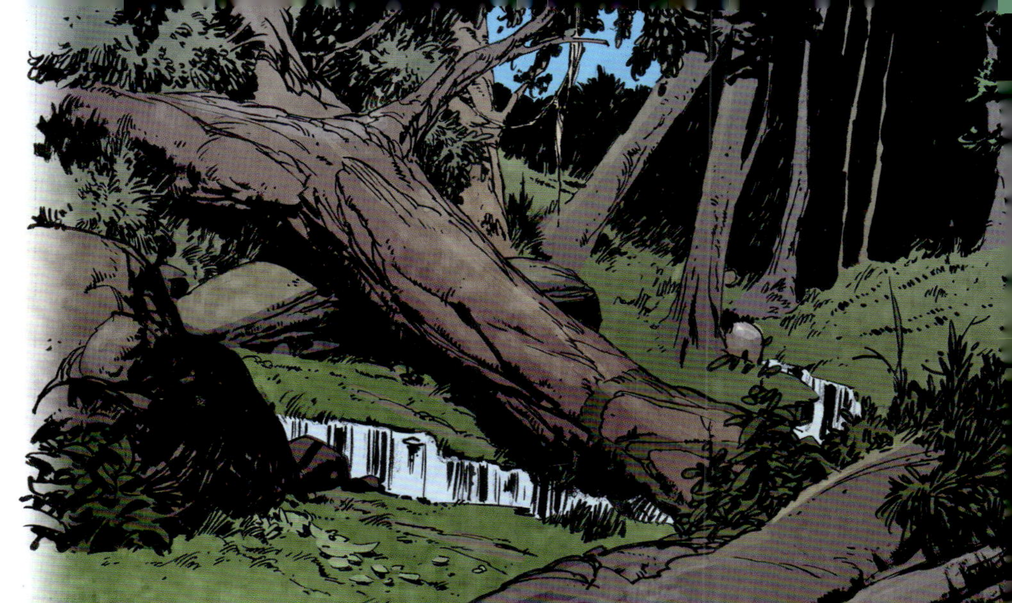

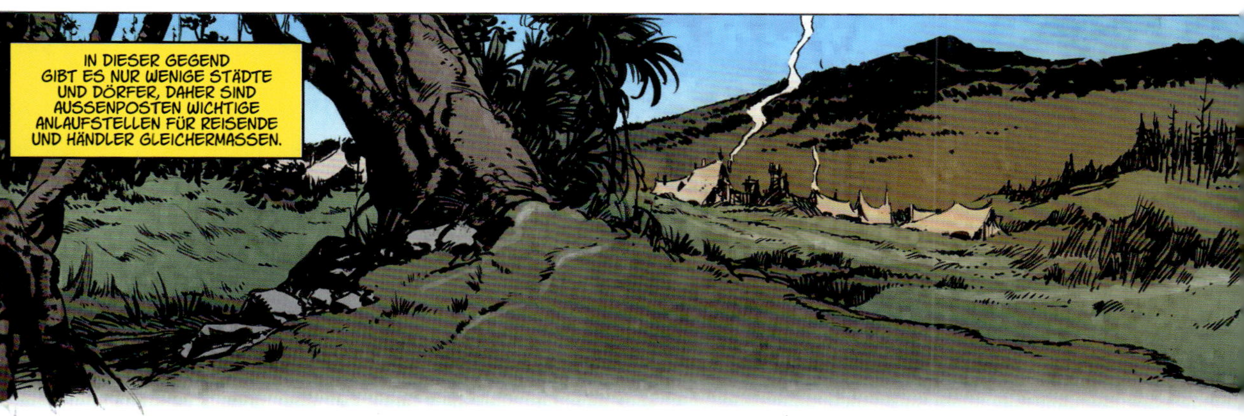

SÄUMERSRAST IST EINE DIESER SIEDLUNGEN, DIE VON NOMADEN GEGRÜNDET UND BESUCHT WIRD.

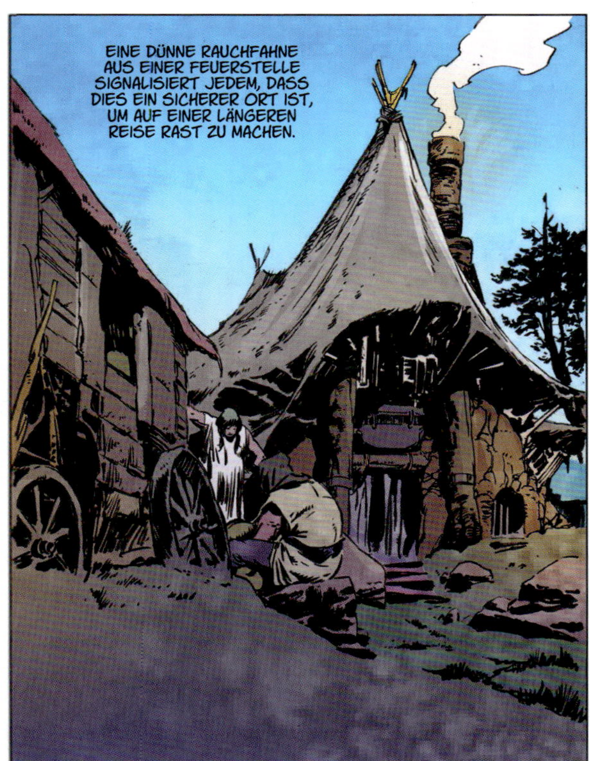

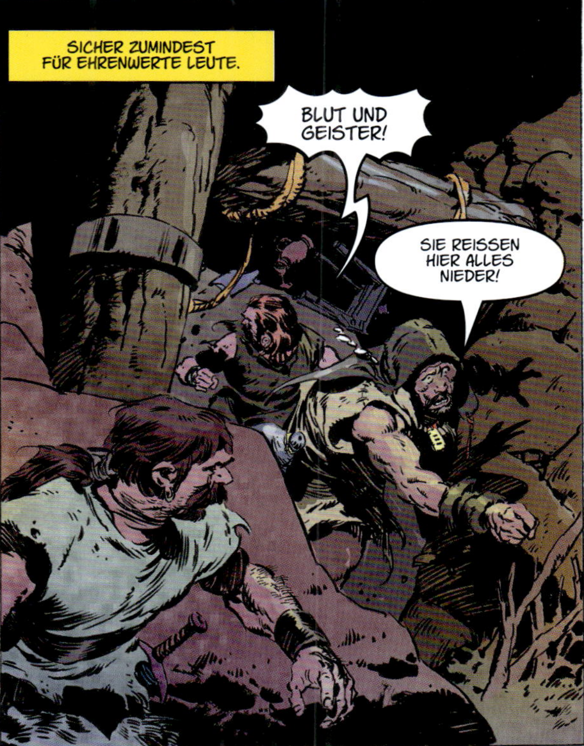

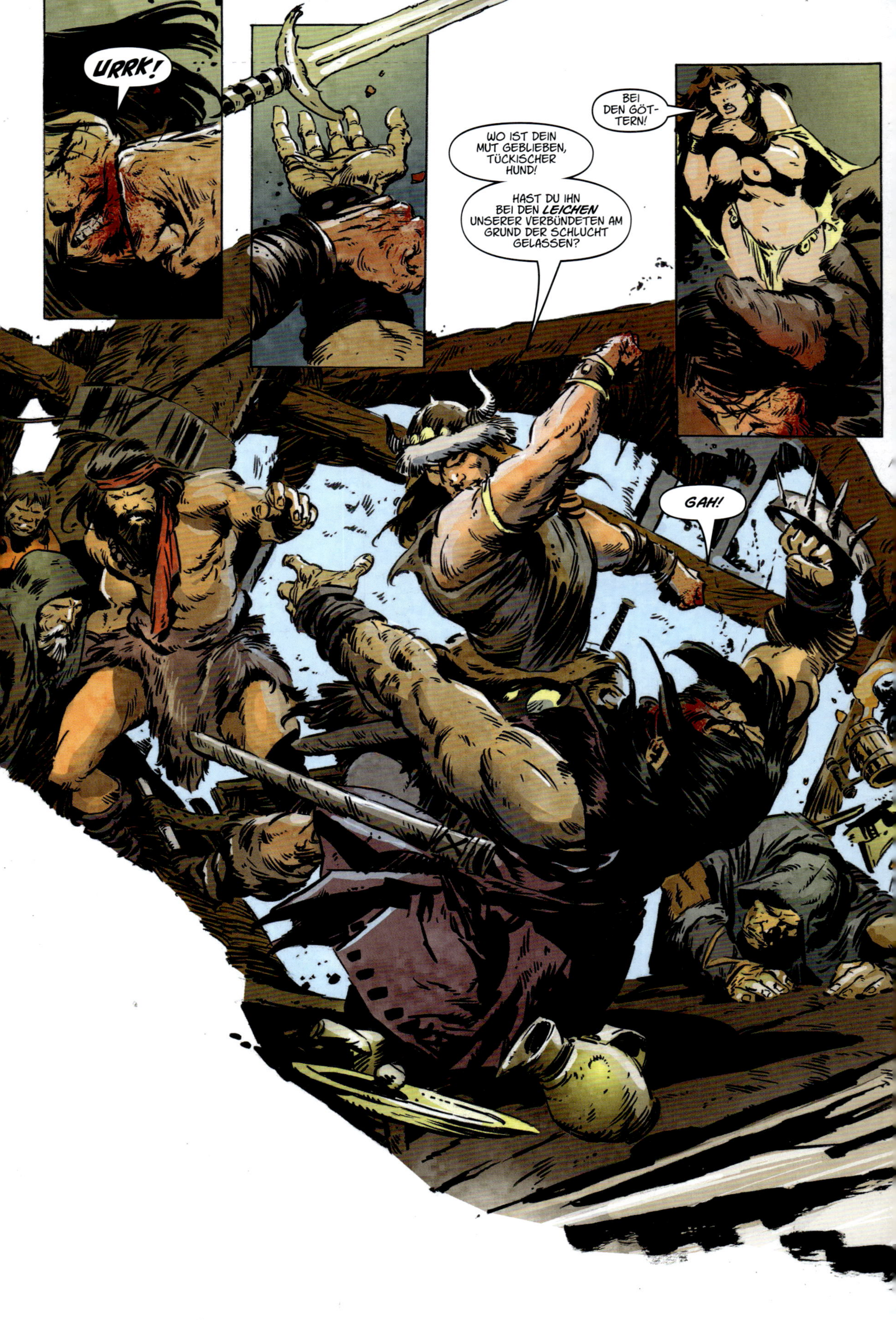
URRK!
WO IST DEIN MUT GEBLIEBEN, TÜCKISCHER HUND!
HAST DU IHN BEI DEN LEICHEN UNSERER VERBÜNDETEN AM GRUND DER SCHLUCHT GELASSEN?
BEI DEN GÖTTERN!
GAH!

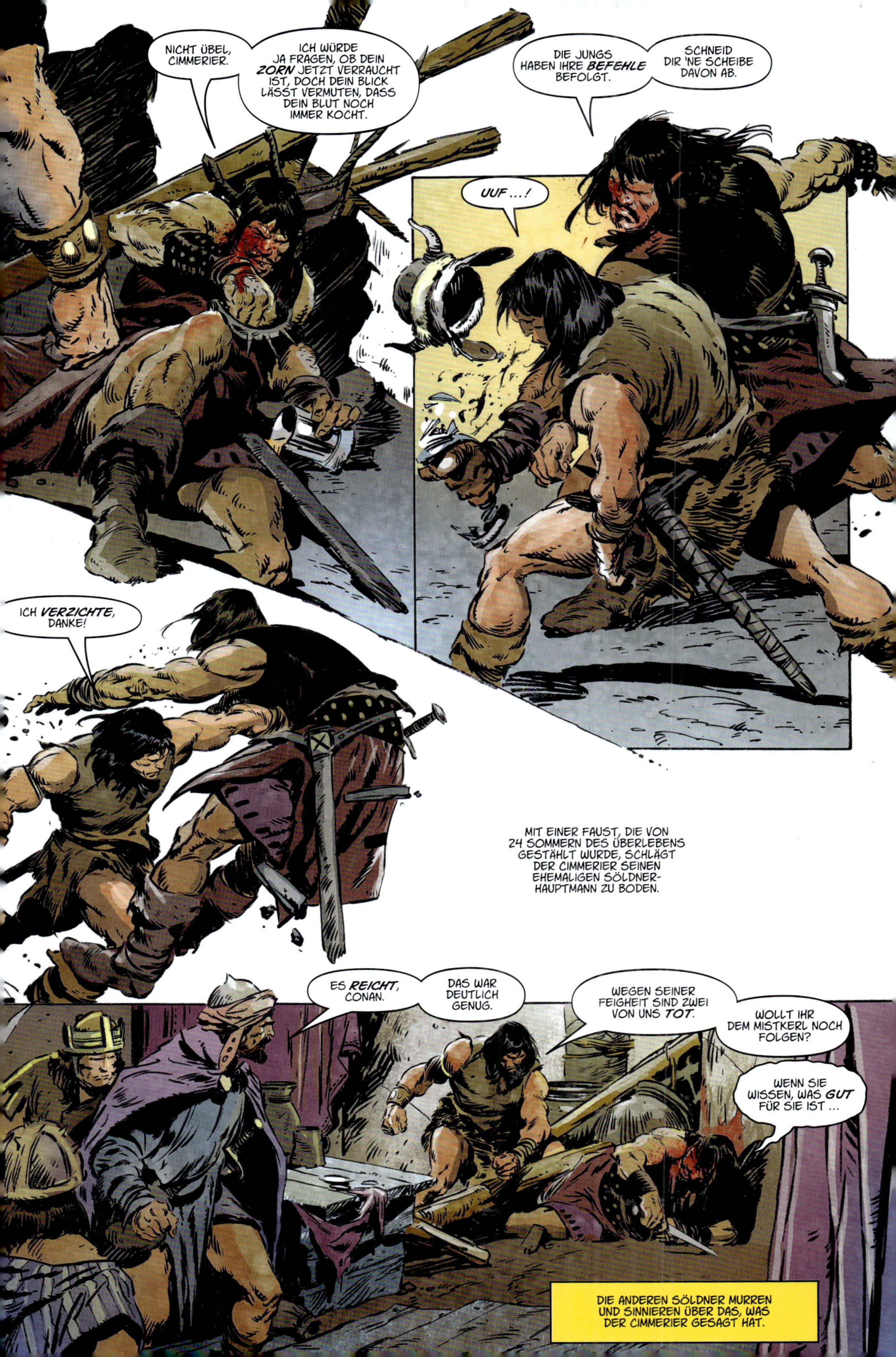
NICHT ÜBEL, CIMMERIER.
ICH WÜRDE JA FRAGEN, OB DEIN ZORN JETZT VERRAUCHT IST, DOCH DEIN BLICK LÄSST VERMUTEN, DASS DEIN BLUT NOCH IMMER KOCHT.
DIE JUNGS HABEN IHRE BEFEHLE BEFOLGT.
SCHNEID DIR 'NE SCHEIBE DAVON AB.
UUF ...!
ICH VERZICHTE, DANKE!
MIT EINER FAUST, DIE VON 24 SOMMERN DES ÜBERLEBENS GESTÄHLT WURDE, SCHLÄGT DER CIMMERIER SEINEN EHEMALIGEN SÖLDNER-HAUPTMANN ZU BODEN.
ES REICHT, CONAN.
DAS WAR DEUTLICH GENUG.
WEGEN SEINER FEIGHEIT SIND ZWEI VON UNS TOT.
WOLLT IHR DEM MISTKERL NOCH FOLGEN?
WENN SIE WISSEN, WAS GUT FÜR SIE IST ...
DIE ANDEREN SÖLDNER MURREN UND SINNIEREN ÜBER DAS, WAS DER CIMMERIER GESAGT HAT.

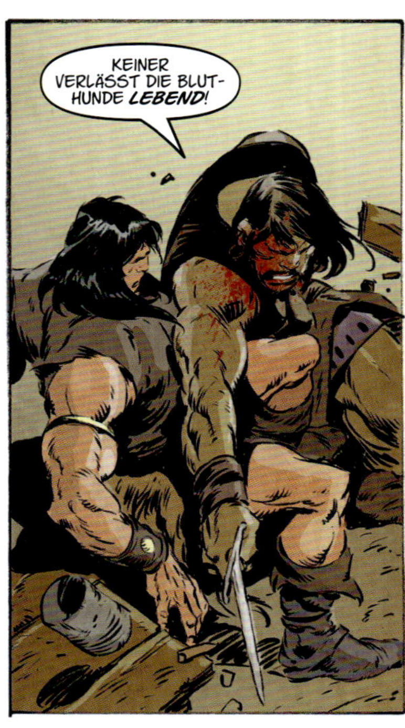
KEINER VERLÄSST DIE BLUT-HUNDE *LEBEND*!

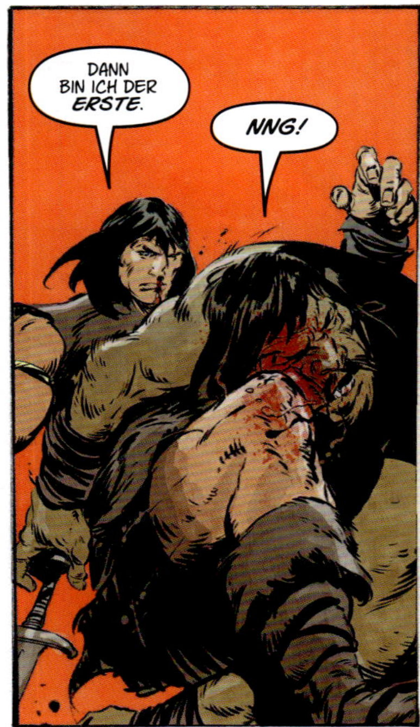
DANN BIN ICH DER *ERSTE*.
NNG!

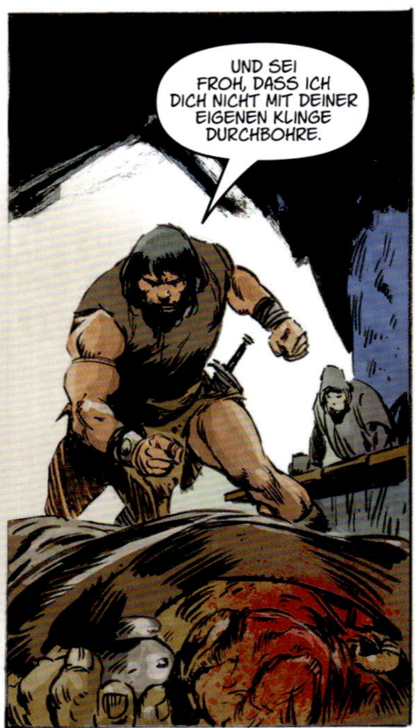
UND SEI FROH, DASS ICH DICH NICHT MIT DEINER EIGENEN KLINGE DURCHBOHRE.

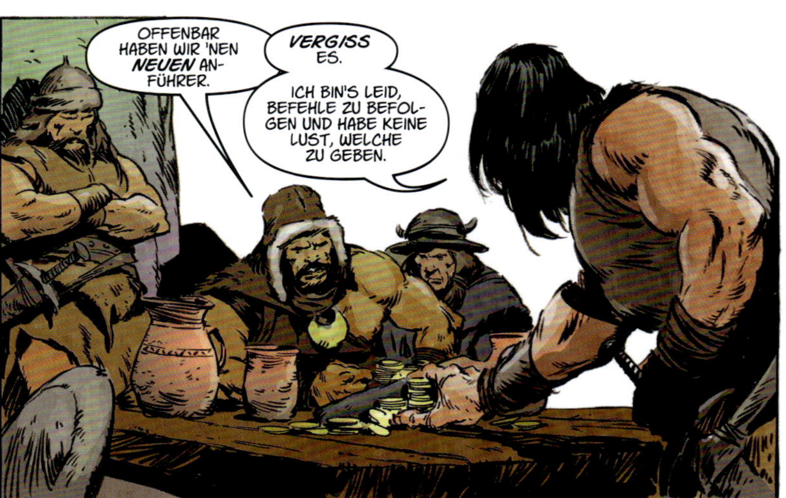
OFFENBAR HABEN WIR 'NEN *NEUEN* AN-FÜHRER.
VERGISS ES.
ICH BIN'S LEID, BEFEHLE ZU BEFOL-GEN UND HABE KEINE LUST, WELCHE ZU GEBEN.

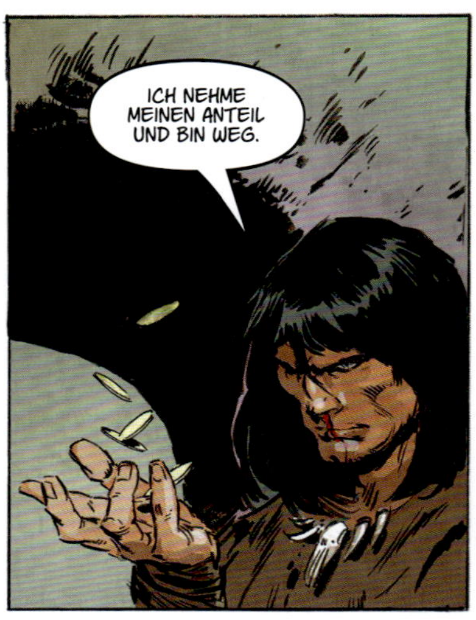
ICH NEHME MEINEN ANTEIL UND BIN WEG.

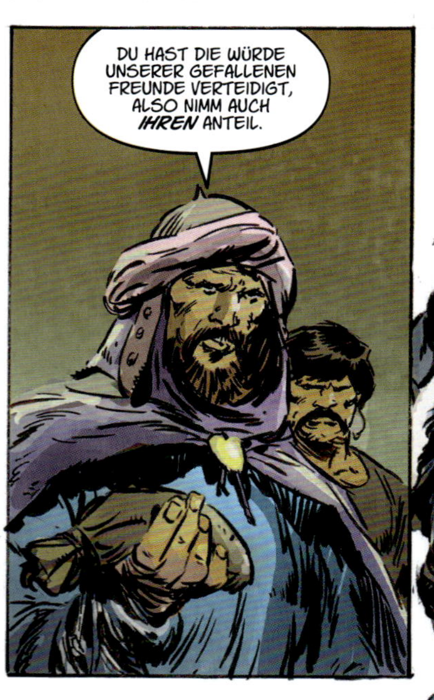
DU HAST DIE WÜRDE UNSERER GEFALLENEN FREUNDE VERTEIDIGT, ALSO NIMM AUCH *IHREN* ANTEIL.

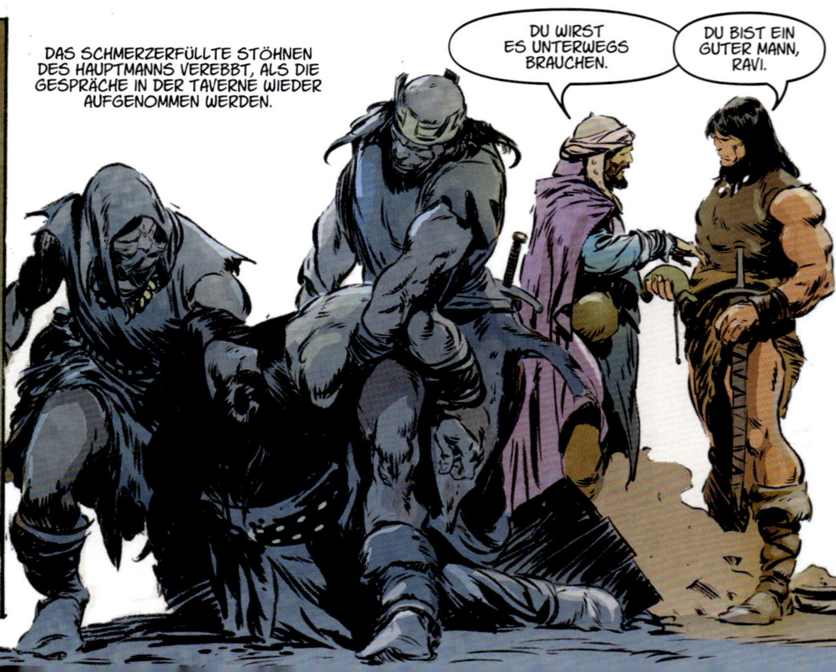
DAS SCHMERZERFÜLLTE STÖHNEN DES HAUPTMANNS VEREBBT, ALS DIE GESPRÄCHE IN DER TAVERNE WIEDER AUFGENOMMEN WERDEN.
DU WIRST ES UNTERWEGS BRAUCHEN.
DU BIST EIN GUTER MANN, RAVI.

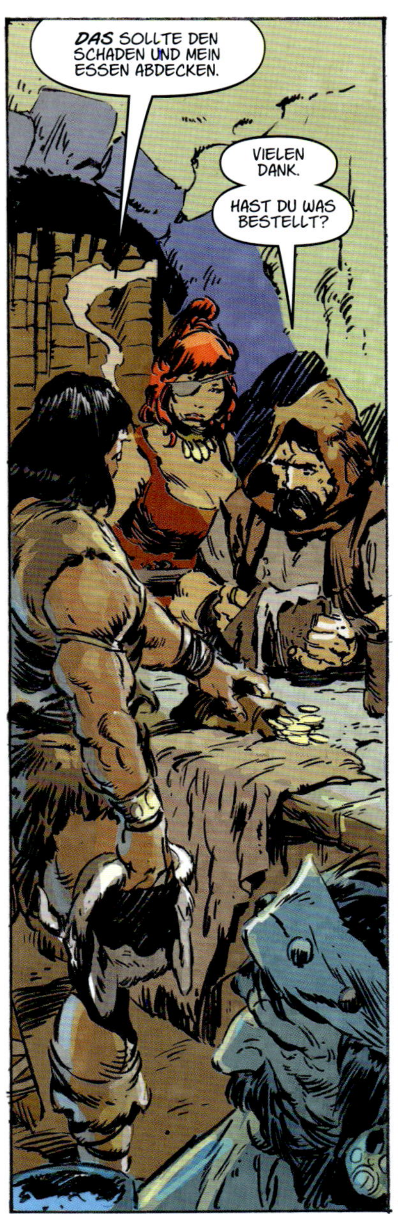
DAS SOLLTE DEN SCHADEN UND MEIN ESSEN ABDECKEN.
VIELEN DANK.
HAST DU WAS BESTELLT?

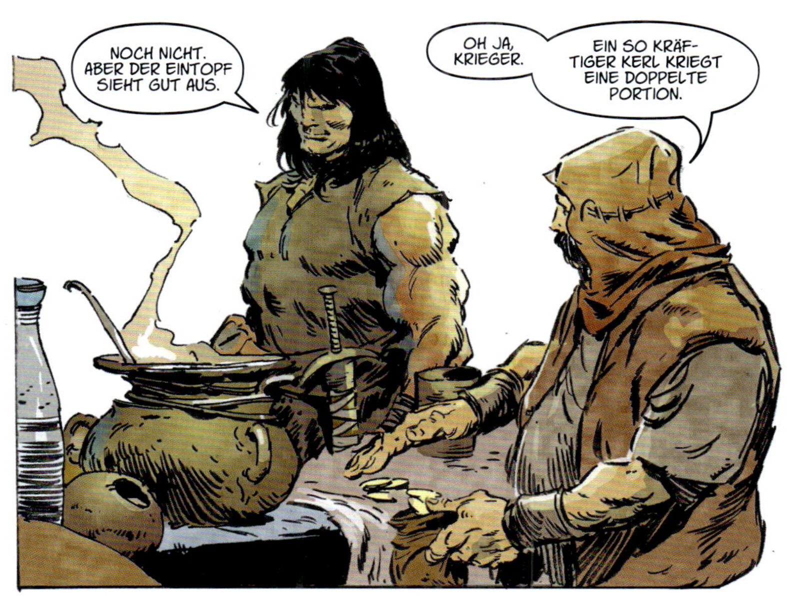
NOCH NICHT. ABER DER EINTOPF SIEHT GUT AUS.
OH JA, KRIEGER.
EIN SO KRÄFTIGER KERL KRIEGT EINE DOPPELTE PORTION.

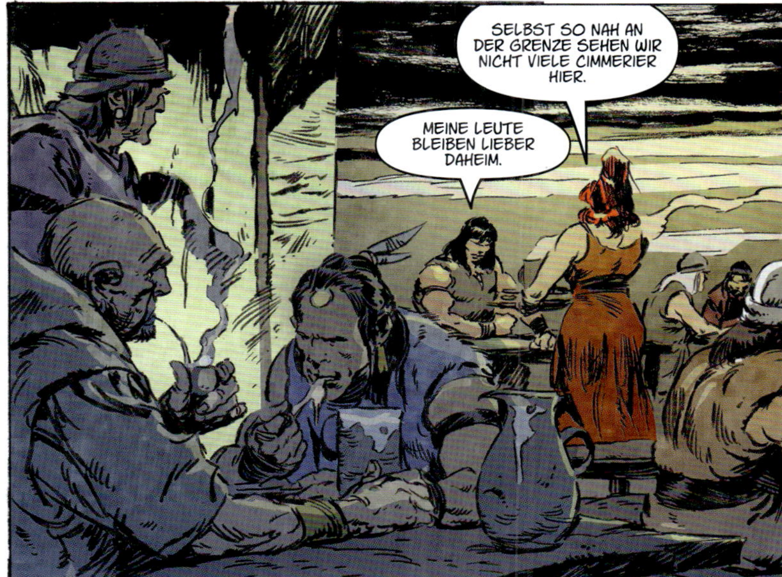
SELBST SO NAH AN DER GRENZE SEHEN WIR NICHT VIELE CIMMERIER HIER.
MEINE LEUTE BLEIBEN LIEBER DAHEIM.

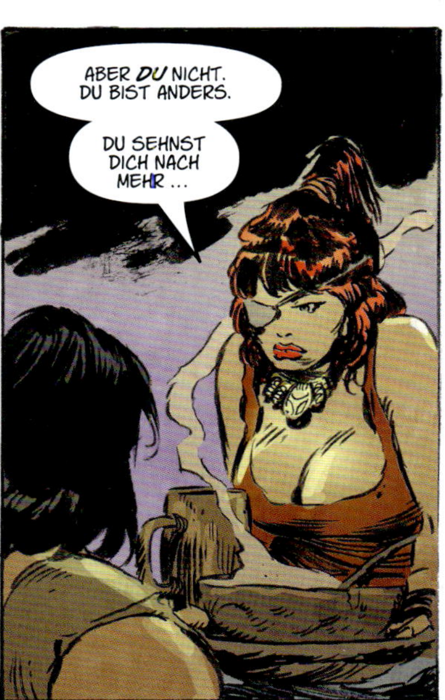
ABER DU NICHT. DU BIST ANDERS.
DU SEHNST DICH NACH MEHR ...

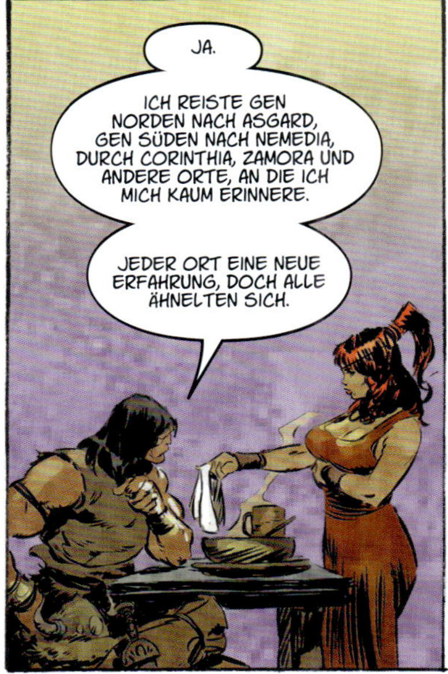
JA.
ICH REISTE GEN NORDEN NACH ASGARD, GEN SÜDEN NACH NEMEDIA, DURCH CORINTHIA, ZAMORA UND ANDERE ORTE, AN DIE ICH MICH KAUM ERINNERE.
JEDER ORT EINE NEUE ERFAHRUNG, DOCH ALLE ÄHNELTEN SICH.

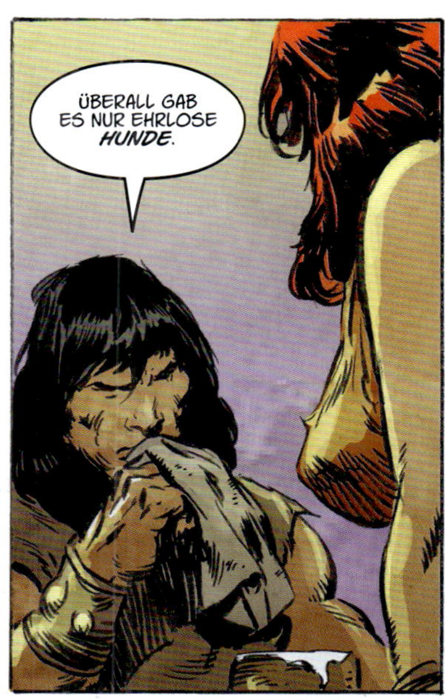
ÜBERALL GAB ES NUR EHRLOSE HUNDE.

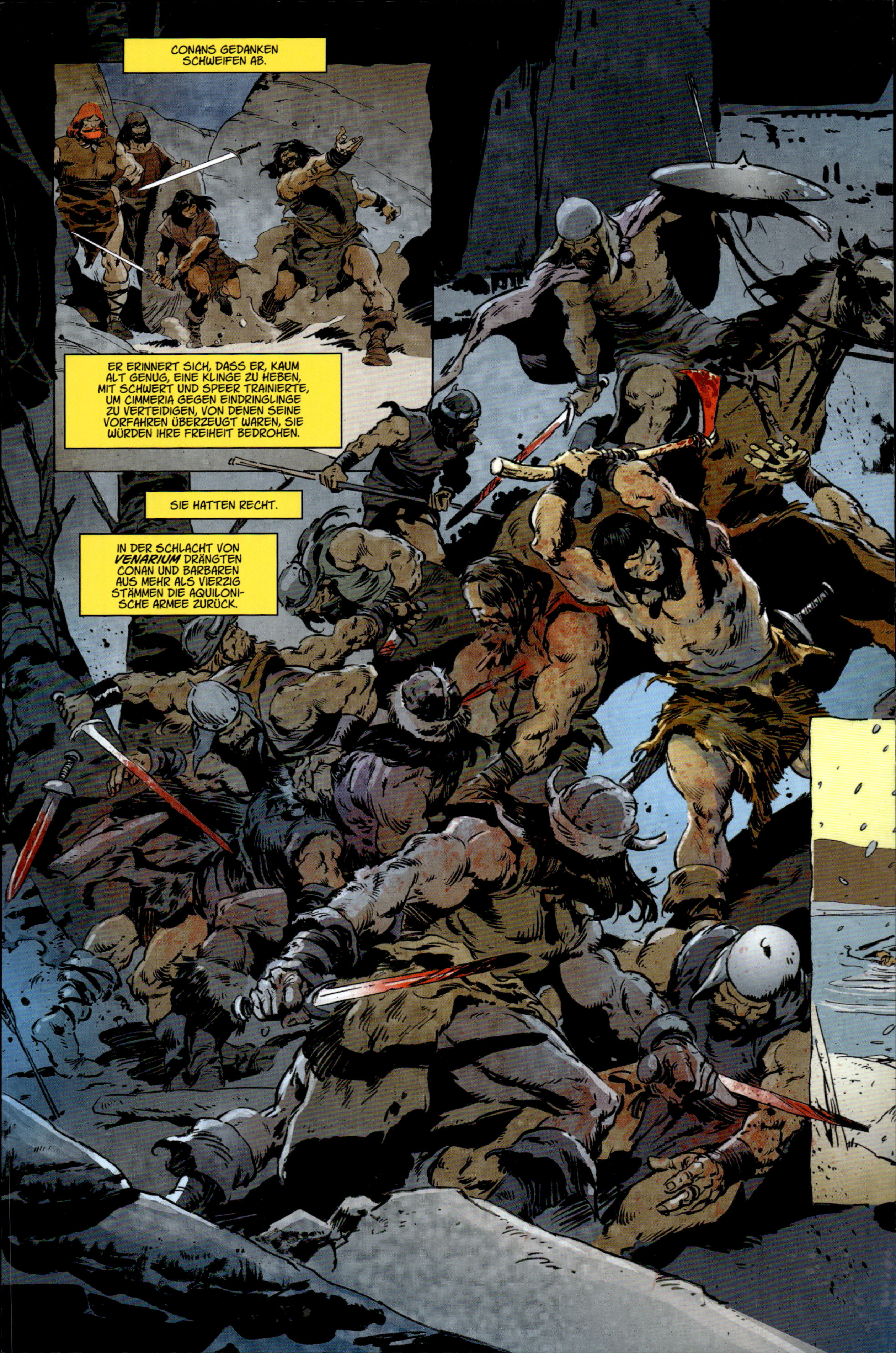
CONANS GEDANKEN SCHWEIFEN AB.
ER ERINNERT SICH, DASS ER, KAUM ALT GENUG, EINE KLINGE ZU HEBEN, MIT SCHWERT UND SPEER TRAINIERTE, UM CIMMERIA GEGEN EINDRINGLINGE ZU VERTEIDIGEN, VON DENEN SEINE VORFAHREN ÜBERZEUGT WAREN, SIE WÜRDEN IHRE FREIHEIT BEDROHEN.
SIE HATTEN RECHT.
IN DER SCHLACHT VON VENARIUM DRÄNGTEN CONAN UND BARBAREN AUS MEHR ALS VIERZIG STÄMMEN DIE AQUILONISCHE ARMEE ZURÜCK.

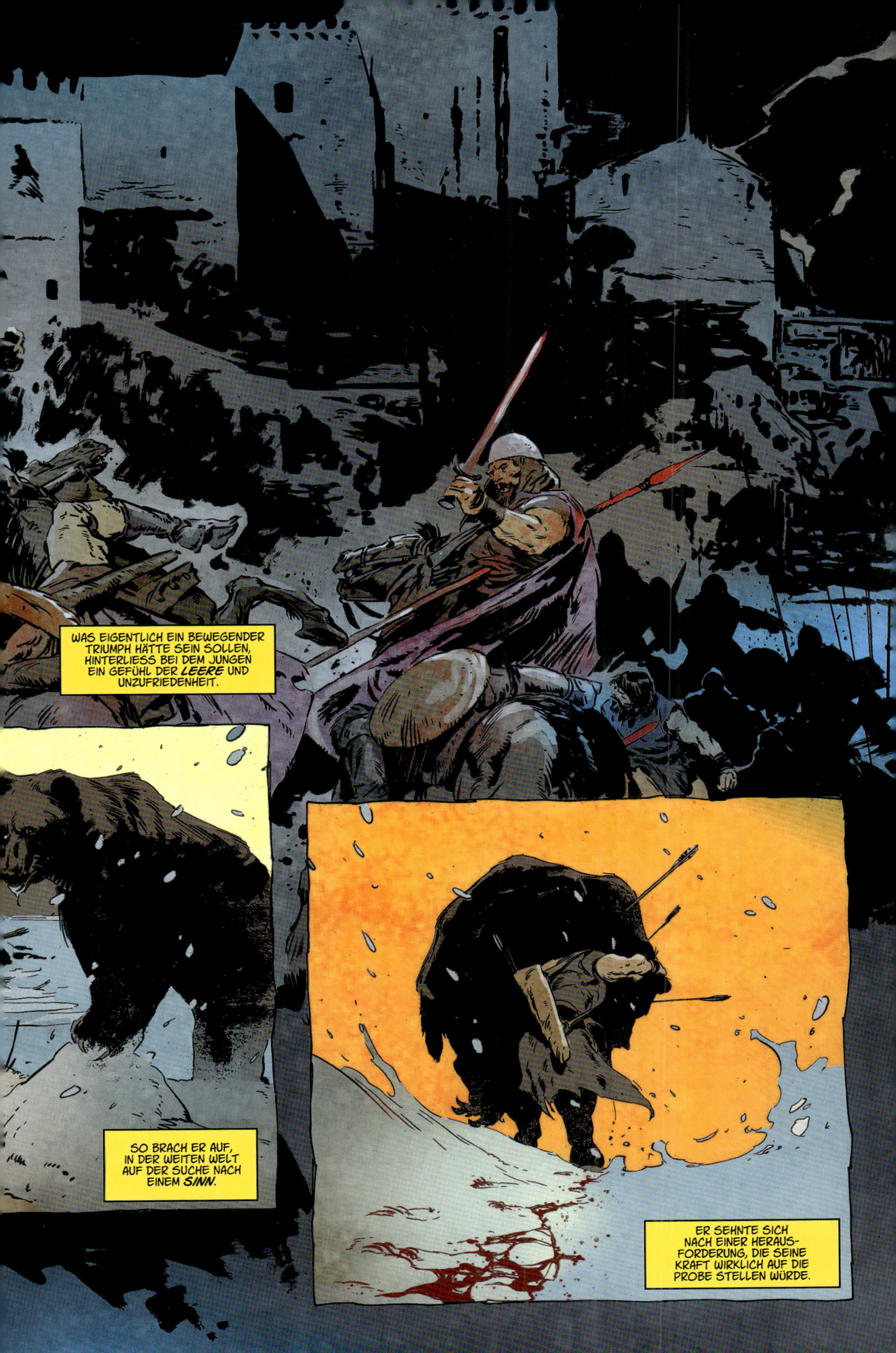
WAS EIGENTLICH EIN BEWEGENDER TRIUMPH HÄTTE SEIN SOLLEN, HINTERLIESS BEI DEM JUNGEN EIN GEFÜHL DER *LEERE* UND UNZUFRIEDENHEIT.
SO BRACH ER AUF, IN DER WEITEN WELT AUF DER SUCHE NACH EINEM *SINN*.
ER SEHNTE SICH NACH EINER HERAUS-FORDERUNG, DIE SEINE KRAFT WIRKLICH AUF DIE PROBE STELLEN WÜRDE.

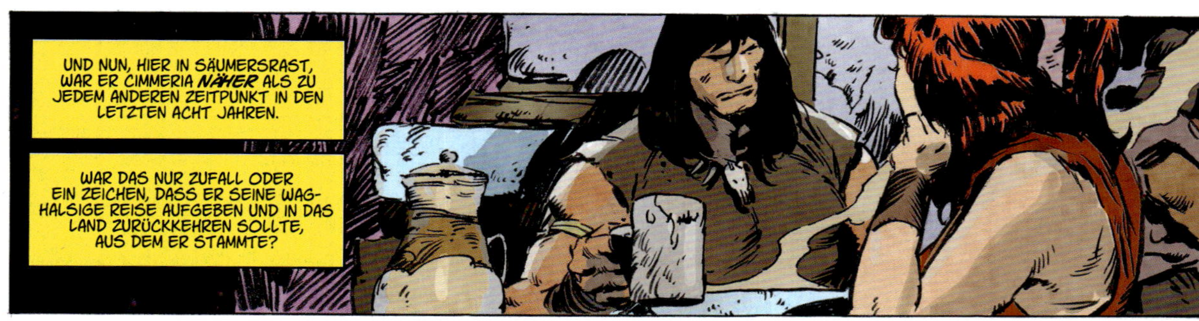
UND NUN, HIER IN SÄUMERSRAST, WAR ER CIMMERIA NÄHER ALS ZU JEDEM ANDEREN ZEITPUNKT IN DEN LETZTEN ACHT JAHREN.
WAR DAS NUR ZUFALL ODER EIN ZEICHEN, DASS ER SEINE WAGHALSIGE REISE AUFGEBEN UND IN DAS LAND ZURÜCKKEHREN SOLLTE, AUS DEM ER STAMMTE?

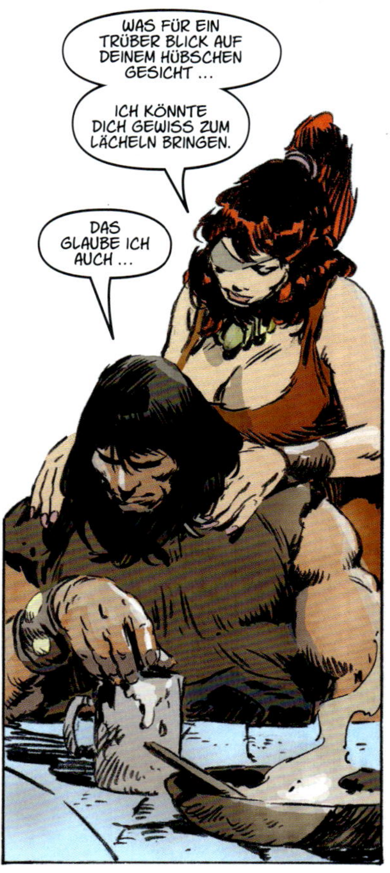
WAS FÜR EIN TRÜBER BLICK AUF DEINEM HÜBSCHEN GESICHT …
ICH KÖNNTE DICH GEWISS ZUM LÄCHELN BRINGEN.
DAS GLAUBE ICH AUCH …

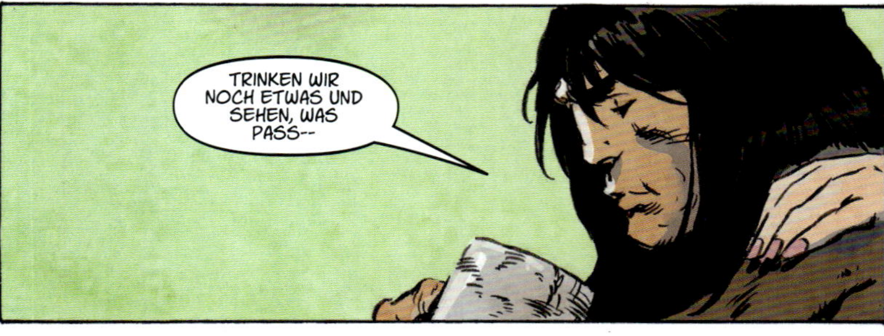
TRINKEN WIR NOCH ETWAS UND SEHEN, WAS PASS--

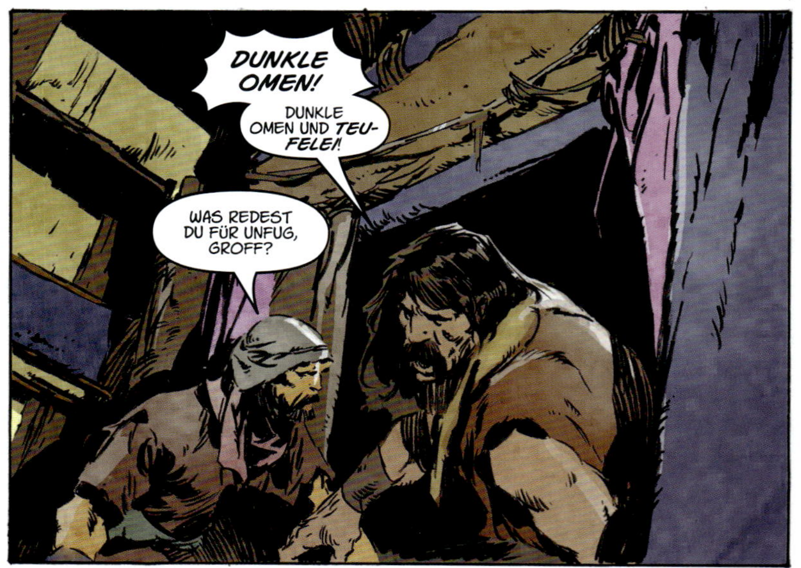
DUNKLE OMEN!
DUNKLE OMEN UND TEUFELEI!
WAS REDEST DU FÜR UNFUG, GROFF?

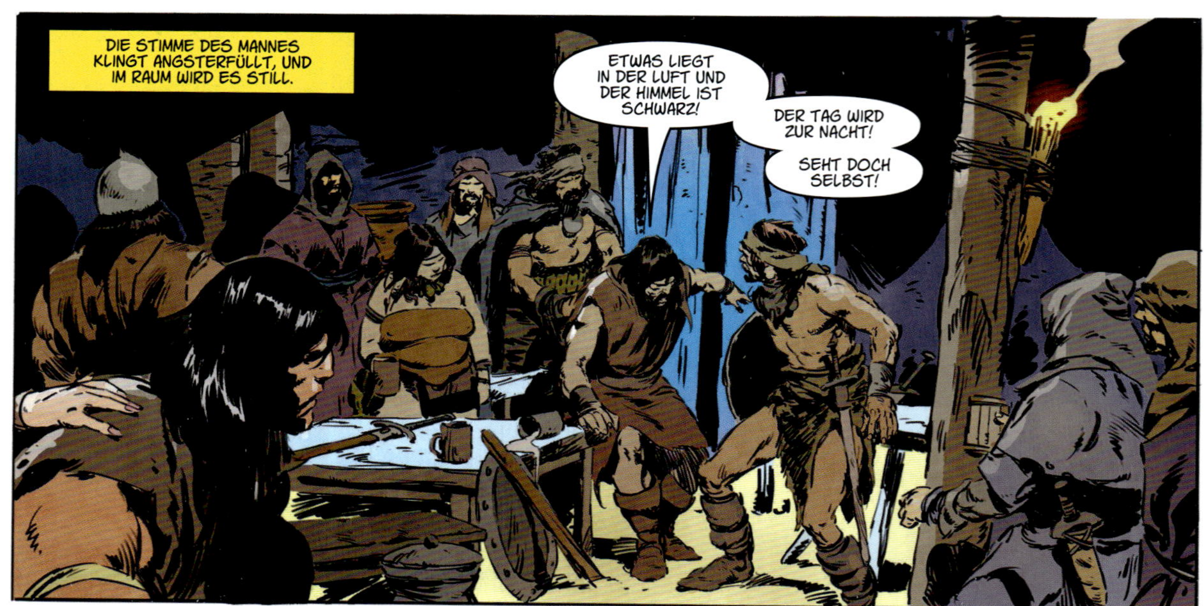
DIE STIMME DES MANNES KLINGT ANGSTERFÜLLT, UND IM RAUM WIRD ES STILL.
ETWAS LIEGT IN DER LUFT UND DER HIMMEL IST SCHWARZ!
DER TAG WIRD ZUR NACHT!
SEHT DOCH SELBST!

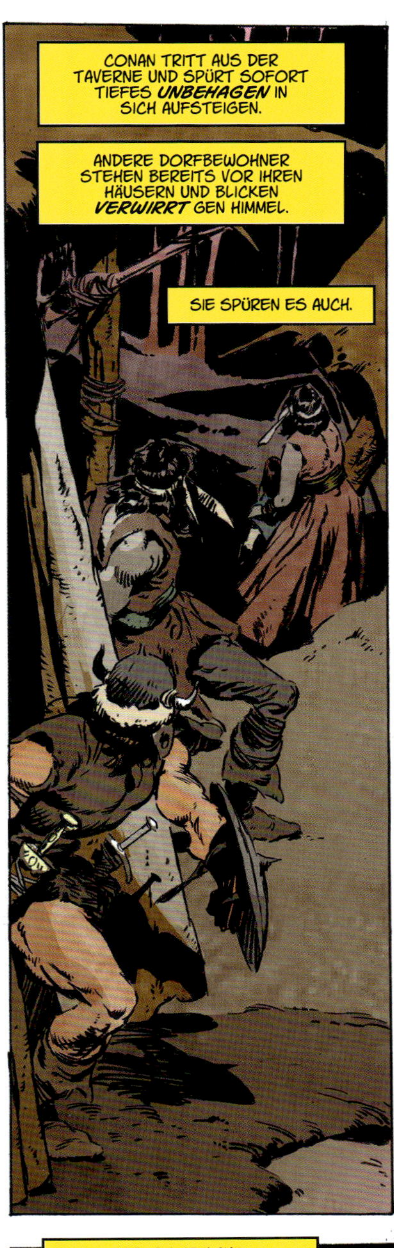
CONAN TRITT AUS DER TAVERNE UND SPÜRT SOFORT TIEFES *UNBEHAGEN* IN SICH AUFSTEIGEN.
ANDERE DORFBEWOHNER STEHEN BEREITS VOR IHREN HÄUSERN UND BLICKEN *VERWIRRT* GEN HIMMEL.
SIE SPÜREN ES AUCH.

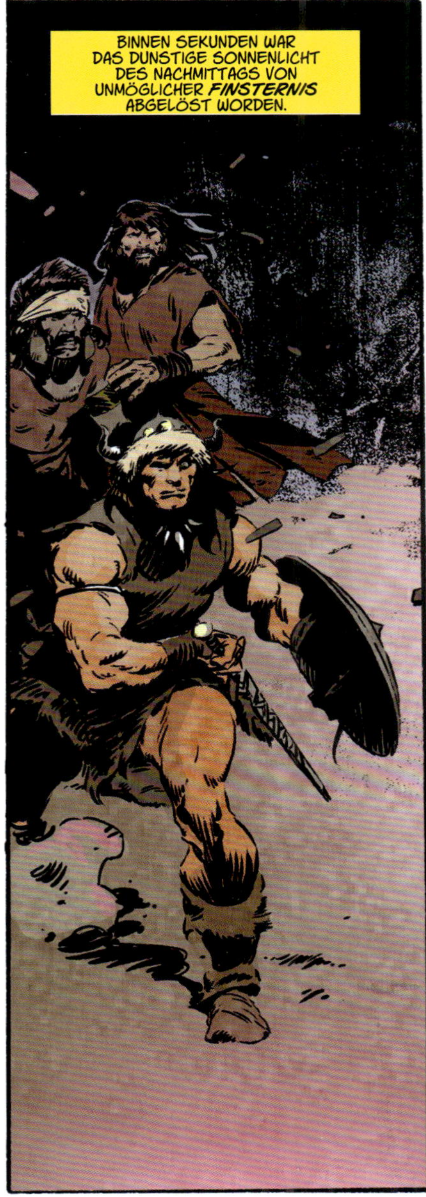
BINNEN SEKUNDEN WAR DAS DUNSTIGE SONNENLICHT DES NACHMITTAGS VON UNMÖGLICHER *FINSTERNIS* ABGELÖST WORDEN.

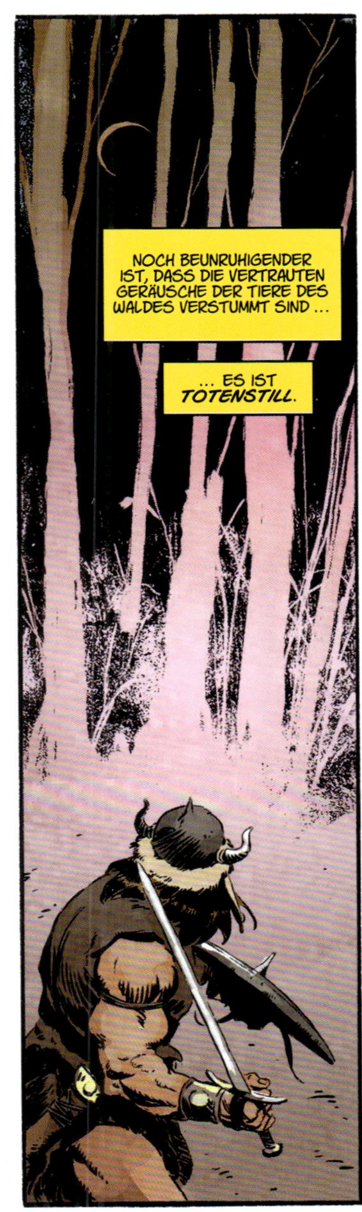
NOCH BEUNRUHIGENDER IST, DASS DIE VERTRAUTEN GERÄUSCHE DER TIERE DES WALDES VERSTUMMT SIND …
… ES IST *TOTENSTILL*.

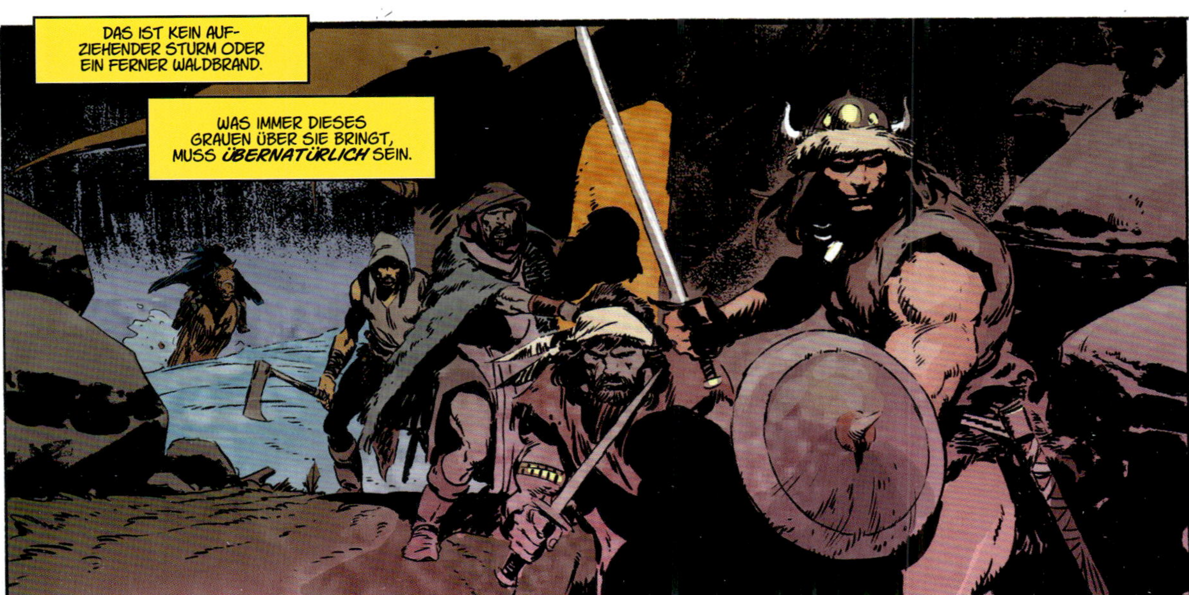
DAS IST KEIN AUF-ZIEHENDER STURM ODER EIN FERNER WALDBRAND.
WAS IMMER DIESES GRAUEN ÜBER SIE BRINGT, MUSS *ÜBERNATÜRLICH* SEIN.

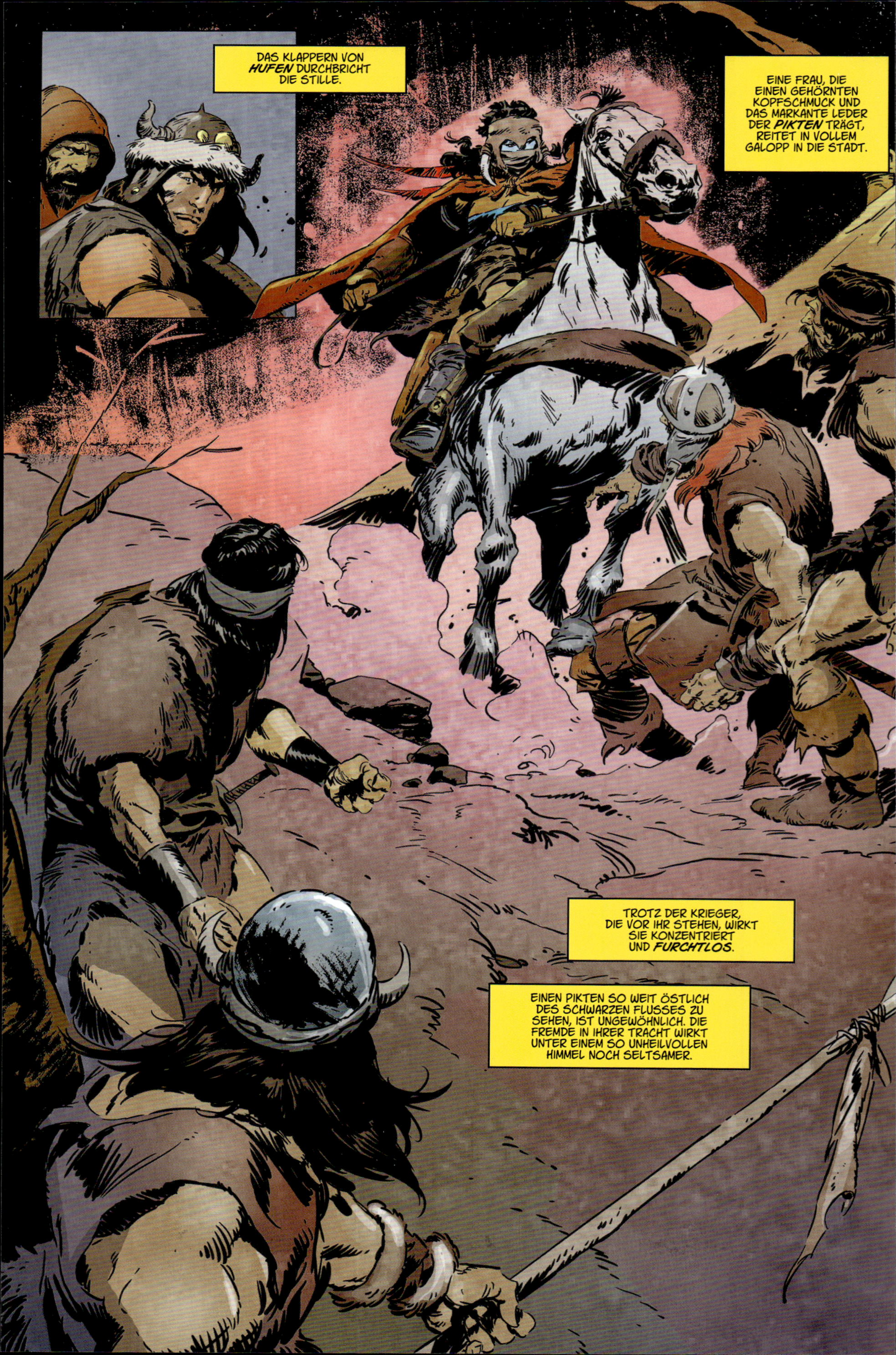
DAS KLAPPERN VON *HUFEN* DURCHBRICHT DIE STILLE.
EINE FRAU, DIE EINEN GEHÖRNTEN KOPFSCHMUCK UND DAS MARKANTE LEDER DER *PIKTEN* TRÄGT, REITET IN VOLLEM GALOPP IN DIE STADT.
TROTZ DER KRIEGER, DIE VOR IHR STEHEN, WIRKT SIE KONZENTRIERT UND *FURCHTLOS*.
EINEN PIKTEN SO WEIT ÖSTLICH DES SCHWARZEN FLUSSES ZU SEHEN, IST UNGEWÖHNLICH. DIE FREMDE IN IHRER TRACHT WIRKT UNTER EINEM SO UNHEILVOLLEN HIMMEL NOCH SELTSAMER.

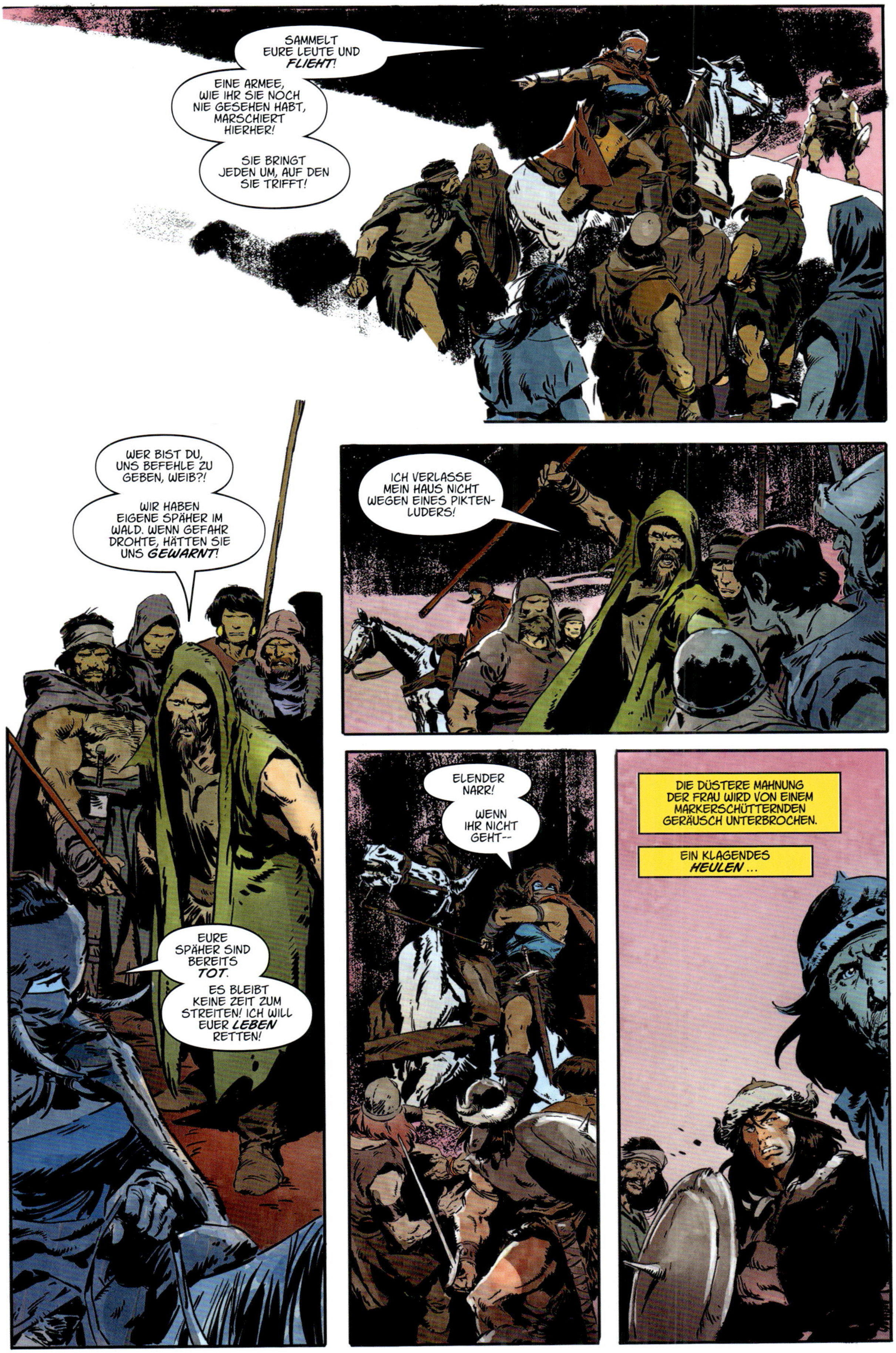

SAMMELT EURE LEUTE UND *FLIEHT*!
EINE ARMEE, WIE IHR SIE NOCH NIE GESEHEN HABT, MARSCHIERT HIERHER!
SIE BRINGT JEDEN UM, AUF DEN SIE TRIFFT!

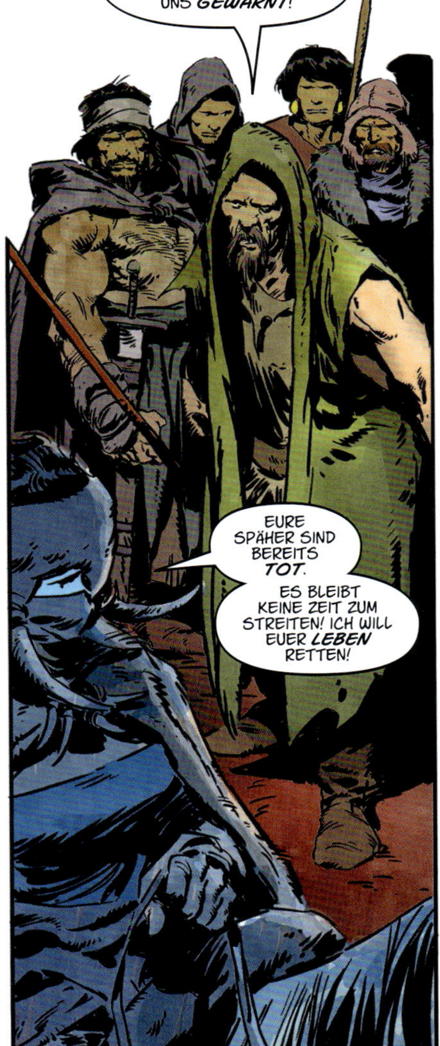
WER BIST DU, UNS BEFEHLE ZU GEBEN, WEIB?!
WIR HABEN EIGENE SPÄHER IM WALD. WENN GEFAHR DROHTE, HÄTTEN SIE UNS *GEWARNT*!
EURE SPÄHER SIND BEREITS *TOT*.
ES BLEIBT KEINE ZEIT ZUM STREITEN! ICH WILL EUER *LEBEN* RETTEN!

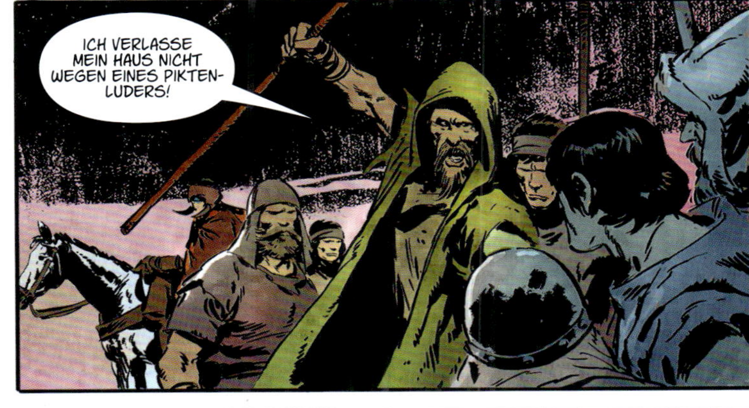
ICH VERLASSE MEIN HAUS NICHT WEGEN EINES PIKTEN-LUDERS!

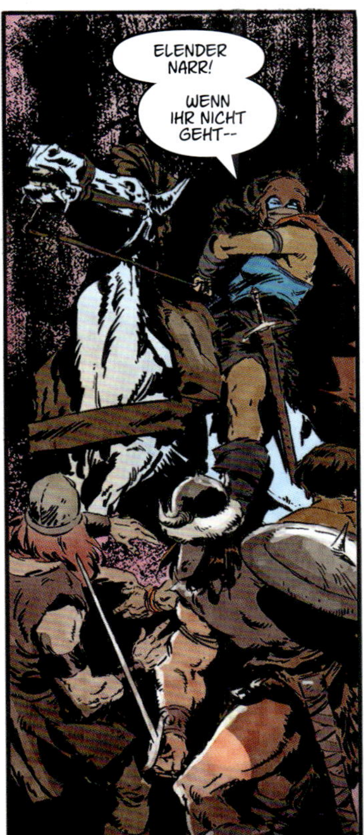
ELENDER NARR!
WENN IHR NICHT GEHT--

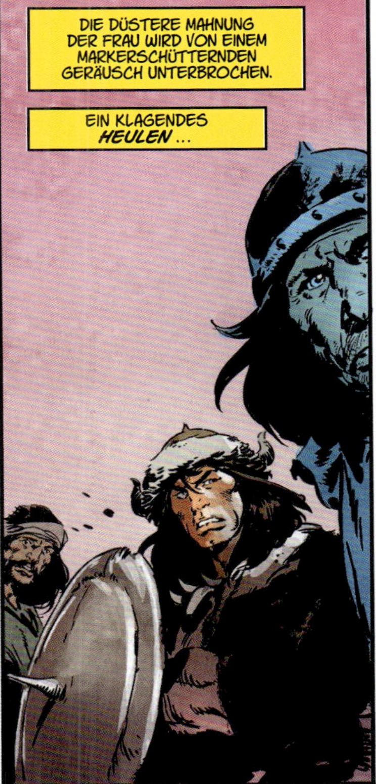
DIE DÜSTERE MAHNUNG DER FRAU WIRD VON EINEM MARKERSCHÜTTERNDEN GERÄUSCH UNTERBROCHEN.
EIN KLAGENDES *HEULEN* ...

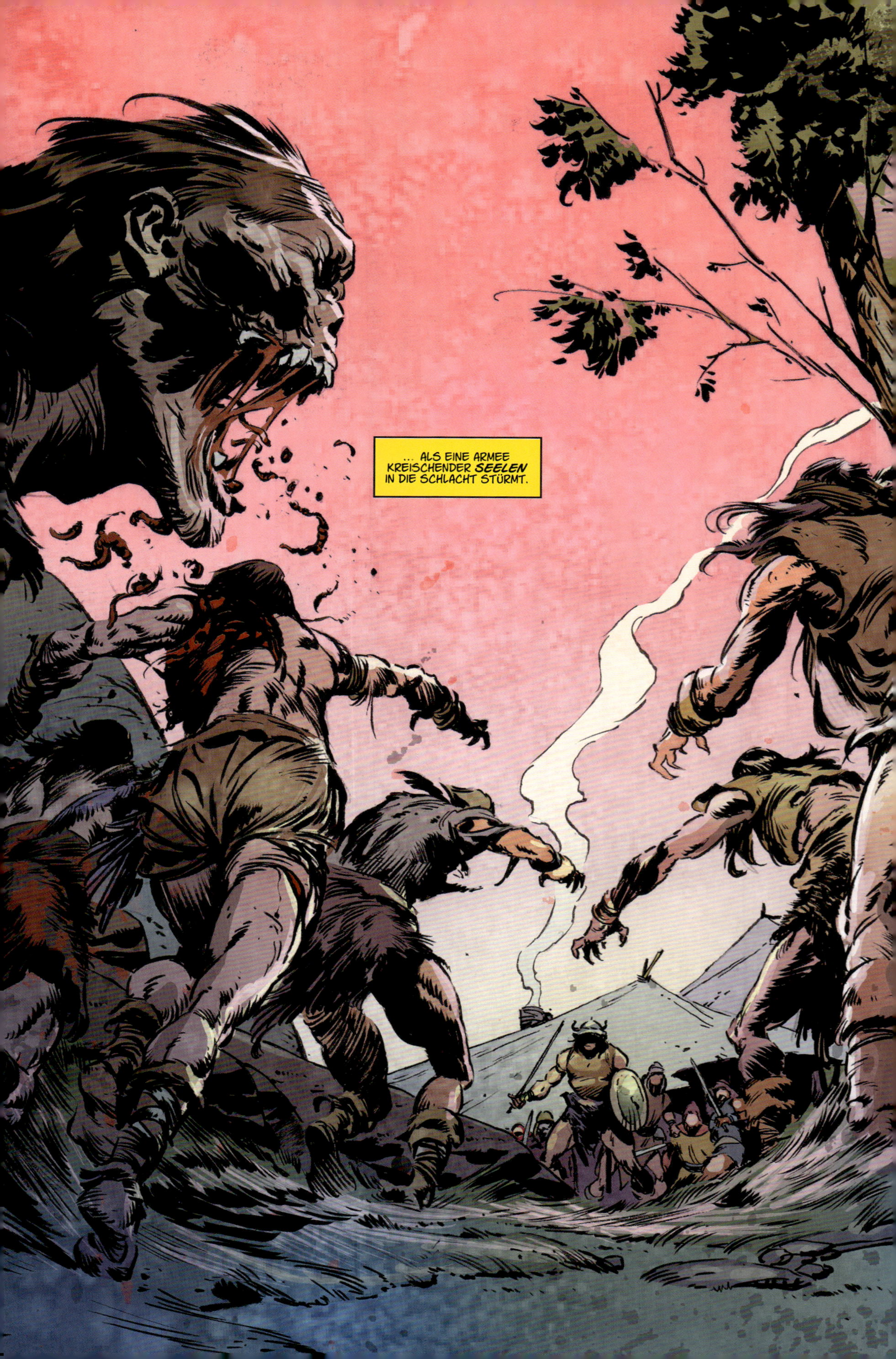
... ALS EINE ARMEE KREISCHENDER SEELEN IN DIE SCHLACHT STÜRMT.

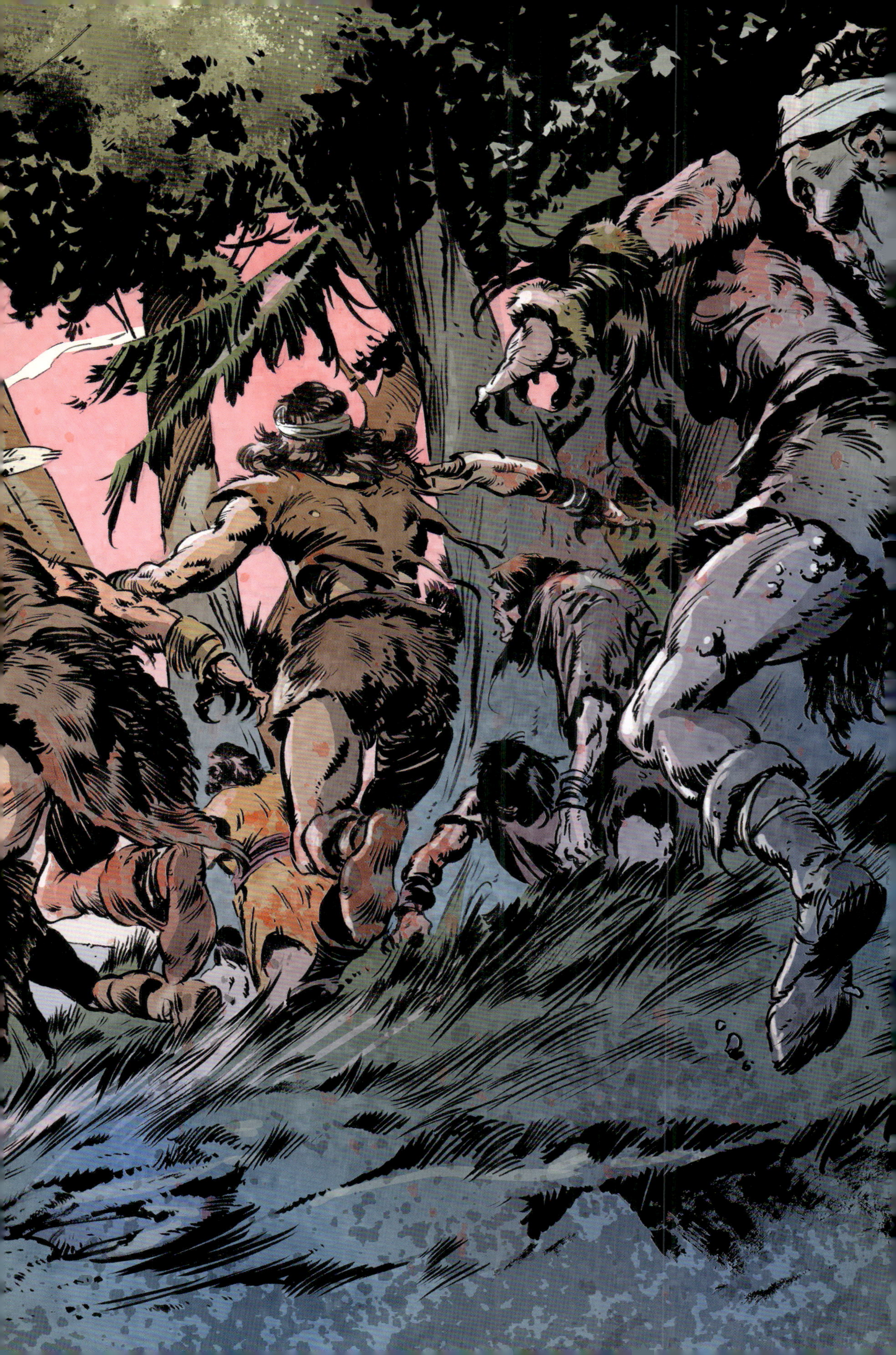

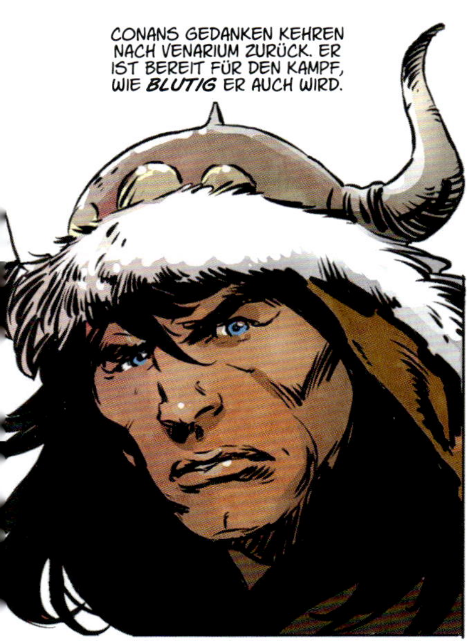
CONANS GEDANKEN KEHREN NACH VENARIUM ZURÜCK. ER IST BEREIT FÜR DEN KAMPF, WIE BLUTIG ER AUCH WIRD.

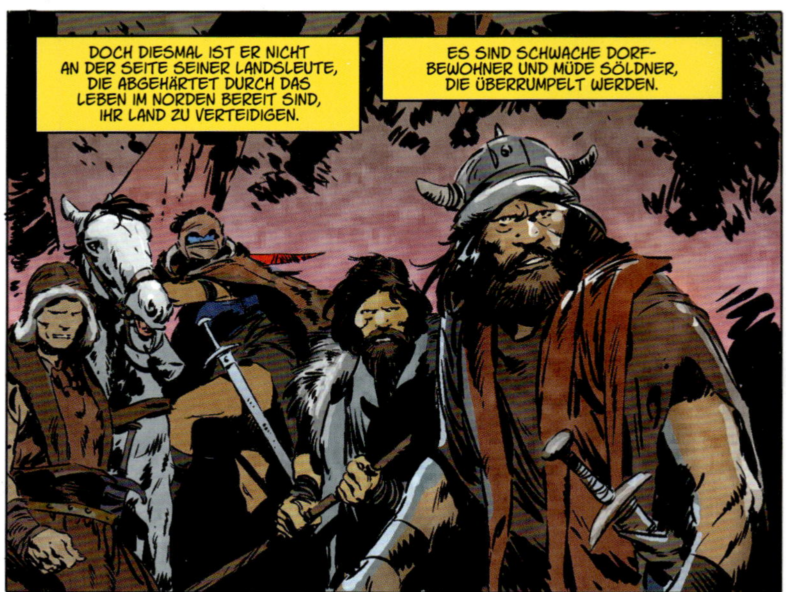
DOCH DIESMAL IST ER NICHT AN DER SEITE SEINER LANDSLEUTE, DIE ABGEHÄRTET DURCH DAS LEBEN IM NORDEN BEREIT SIND, IHR LAND ZU VERTEIDIGEN.
ES SIND SCHWACHE DORFBEWOHNER UND MÜDE SÖLDNER, DIE ÜBERRUMPELT WERDEN.

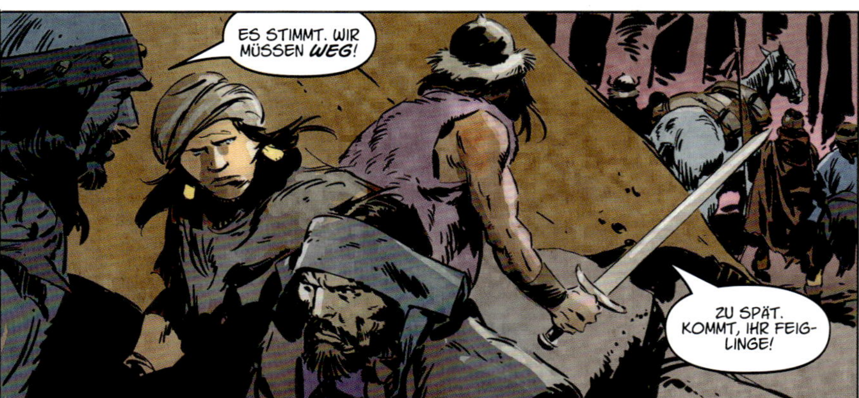
ES STIMMT. WIR MÜSSEN WEG!
ZU SPÄT. KOMMT, IHR FEIGLINGE!

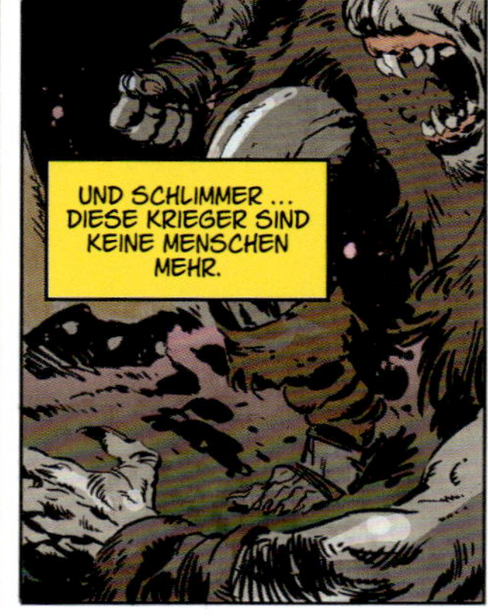
UND SCHLIMMER ... DIESE KRIEGER SIND KEINE MENSCHEN MEHR.

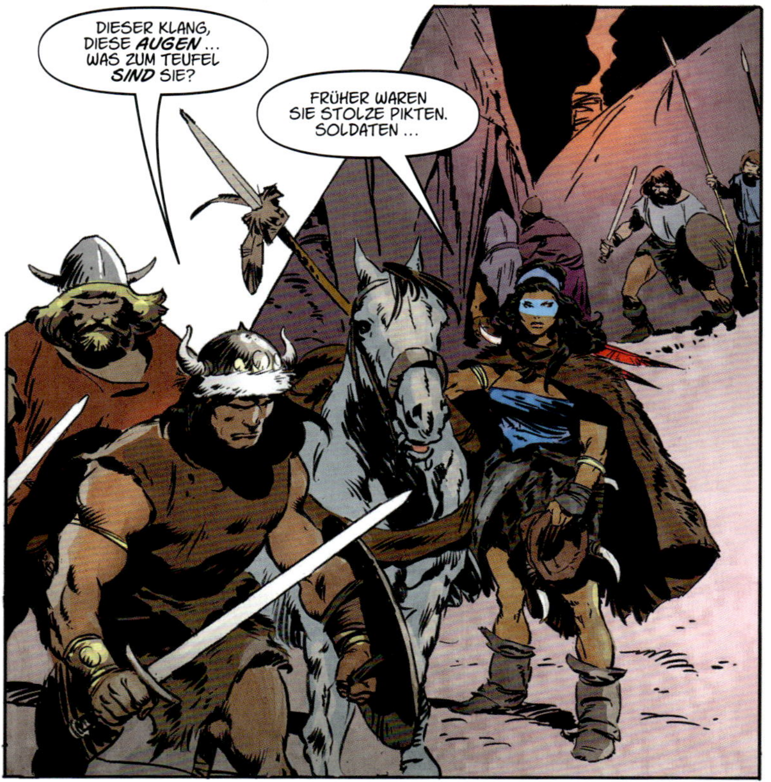
DIESER KLANG, DIESE AUGEN ... WAS ZUM TEUFEL SIND SIE?
FRÜHER WAREN SIE STOLZE PIKTEN. SOLDATEN ...

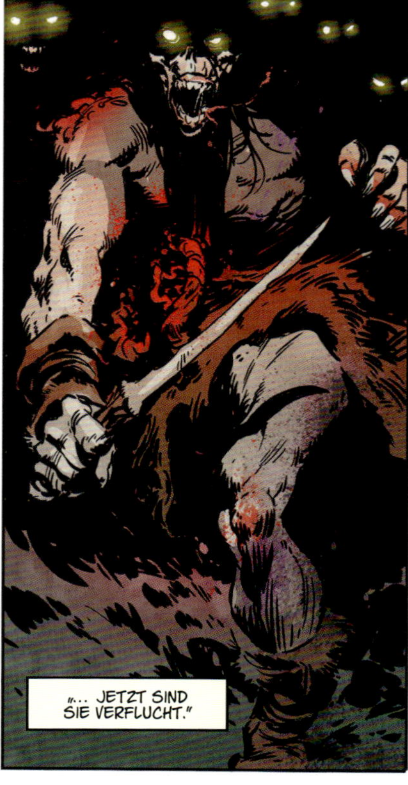
„... JETZT SIND SIE VERFLUCHT."

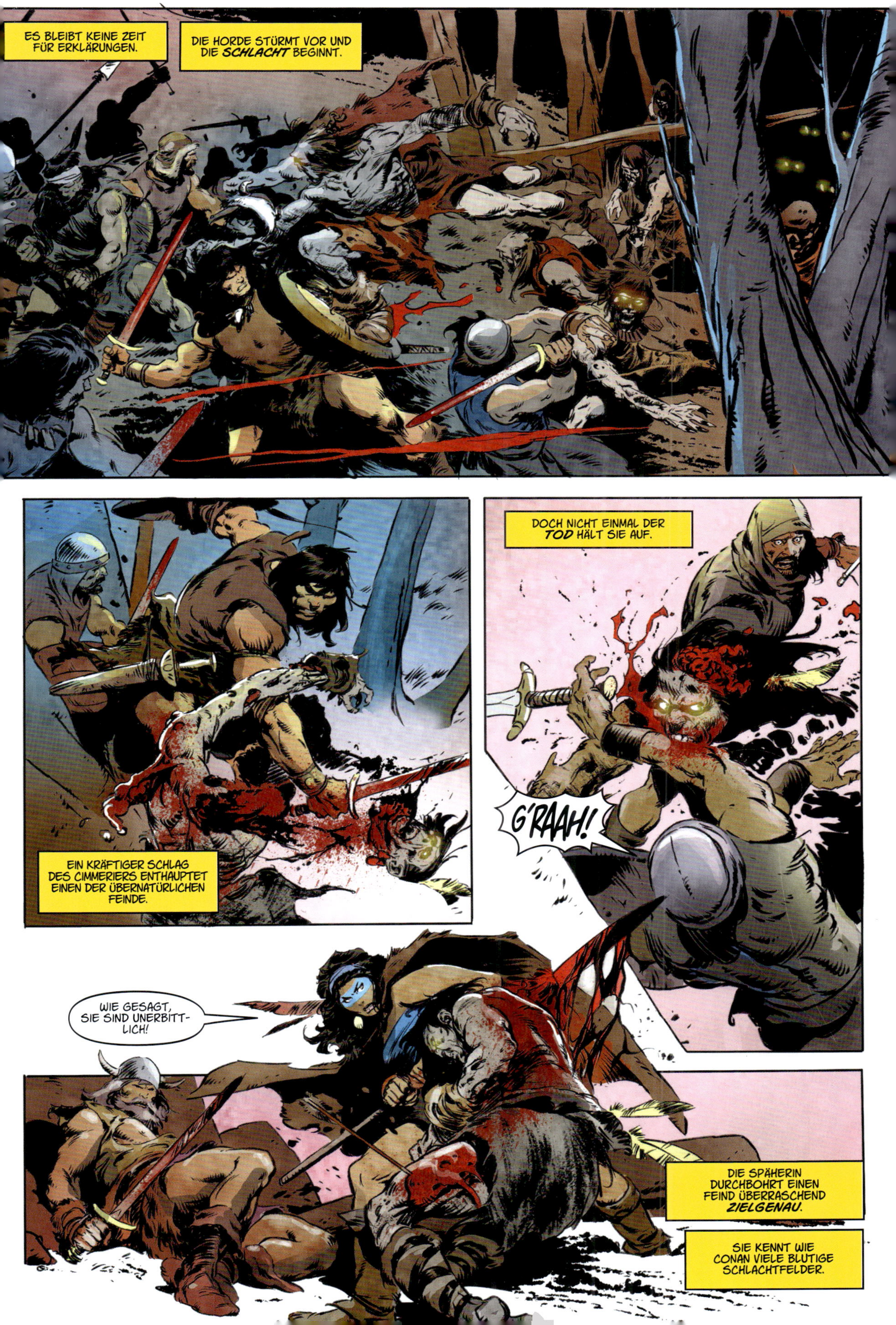

ES BLEIBT KEINE ZEIT FÜR ERKLÄRUNGEN.

DIE HORDE STÜRMT VOR UND DIE *SCHLACHT* BEGINNT.

EIN KRÄFTIGER SCHLAG DES CIMMERIERS ENTHAUPTET EINEN DER ÜBERNATÜRLICHEN FEINDE.

DOCH NICHT EINMAL DER *TOD* HÄLT SIE AUF.

G'RAAH!

WIE GESAGT, SIE SIND UNERBITT-LICH!

DIE SPÄHERIN DURCHBOHRT EINEN FEIND ÜBERRASCHEND *ZIELGENAU*.

SIE KENNT WIE CONAN VIELE BLUTIGE SCHLACHTFELDER.

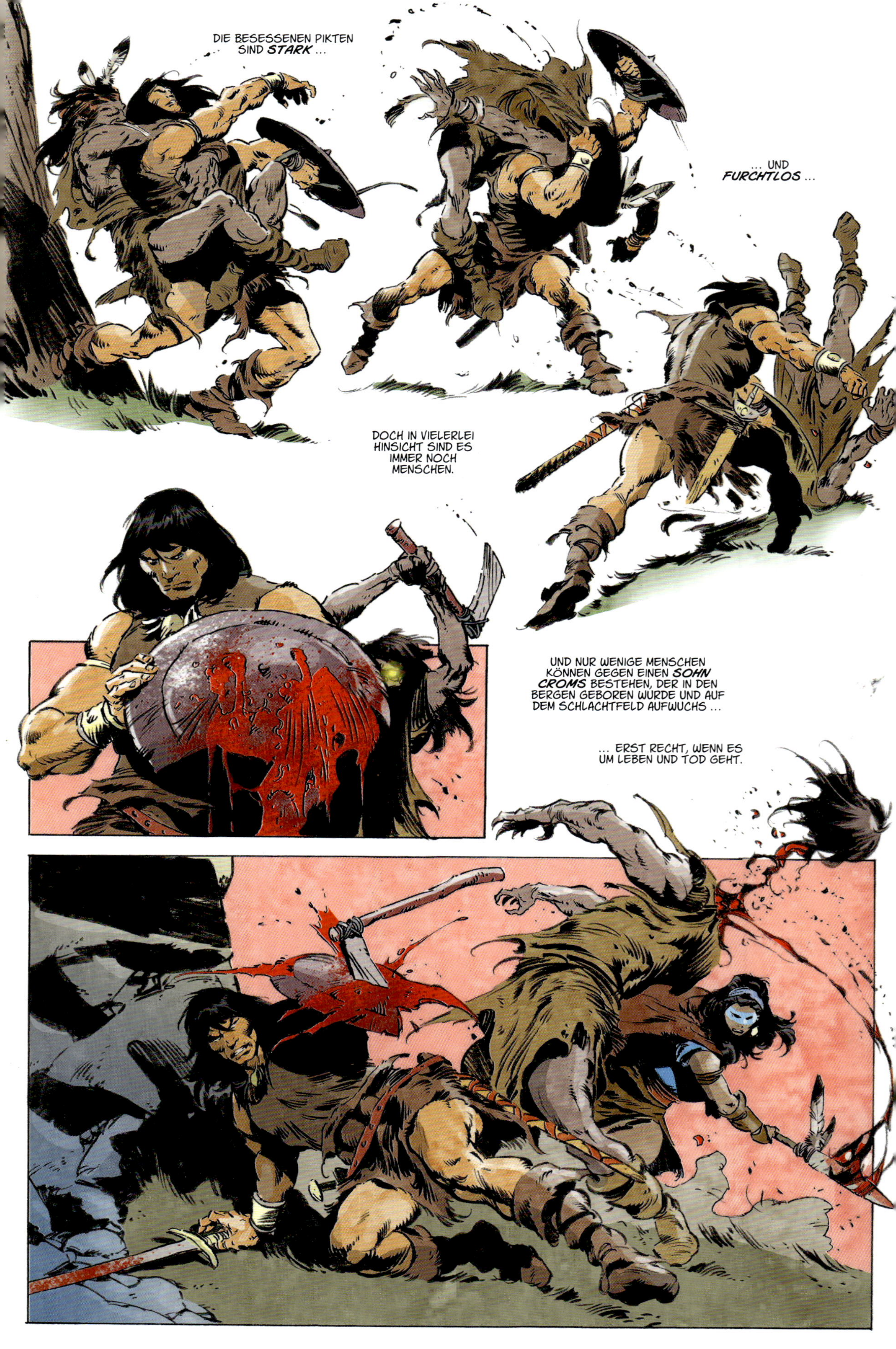
DIE BESESSENEN PIKTEN SIND STARK …
… UND FURCHTLOS …
DOCH IN VIELERLEI HINSICHT SIND ES IMMER NOCH MENSCHEN.
UND NUR WENIGE MENSCHEN KÖNNEN GEGEN EINEN SOHN CROMS BESTEHEN, DER IN DEN BERGEN GEBOREN WURDE UND AUF DEM SCHLACHTFELD AUFWUCHS …
… ERST RECHT, WENN ES UM LEBEN UND TOD GEHT.

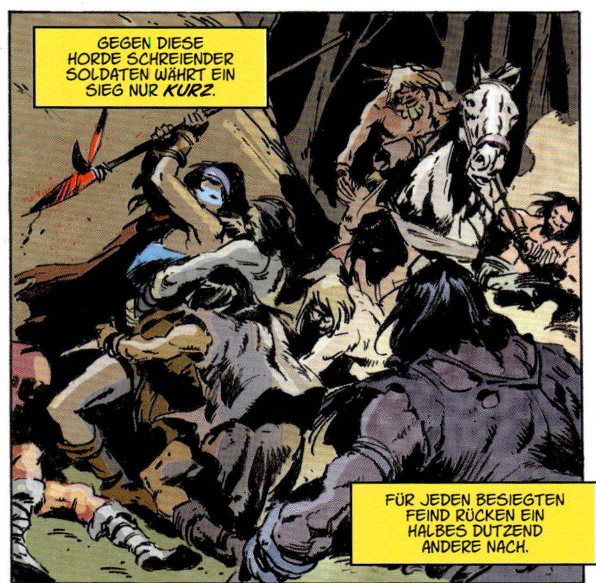

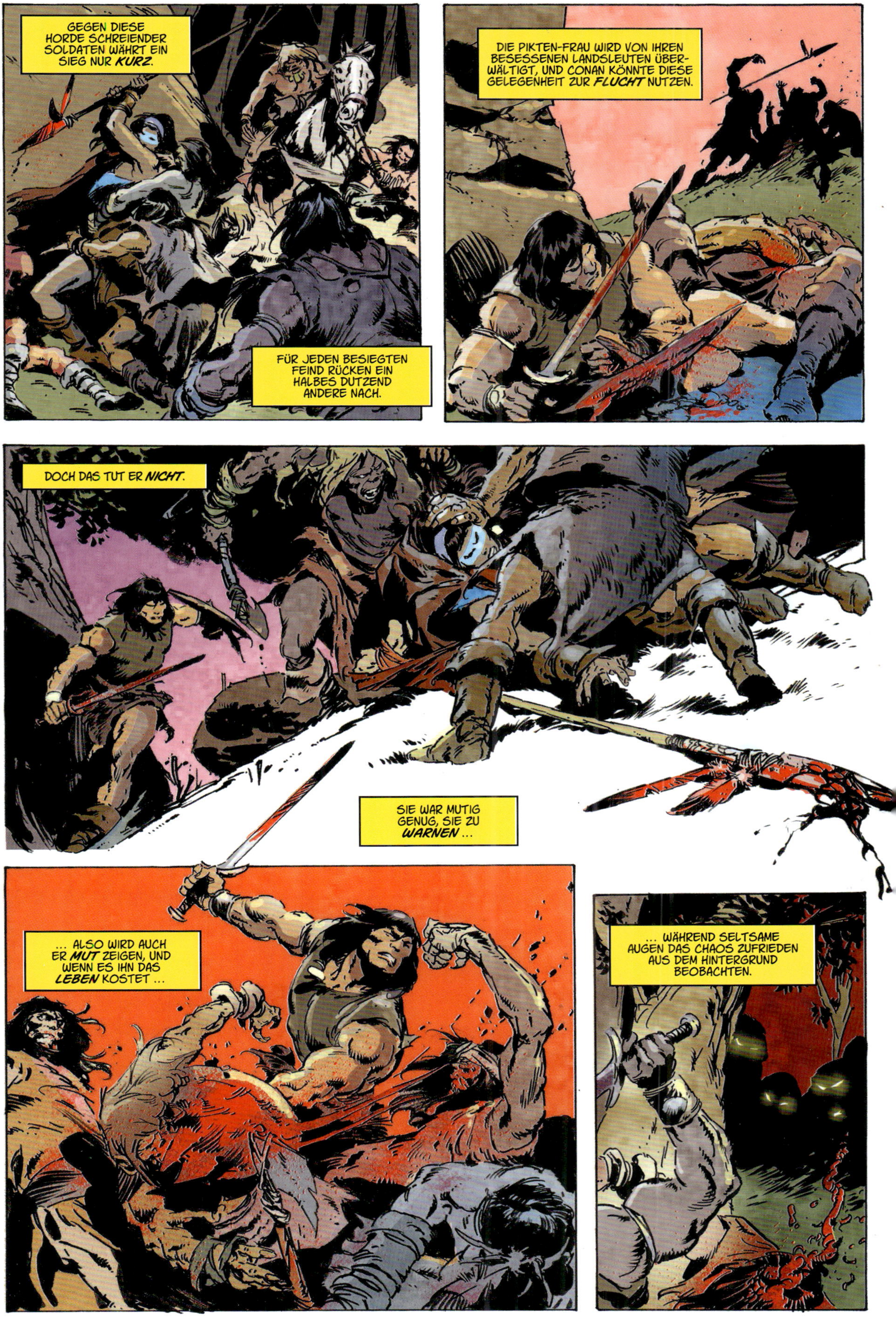

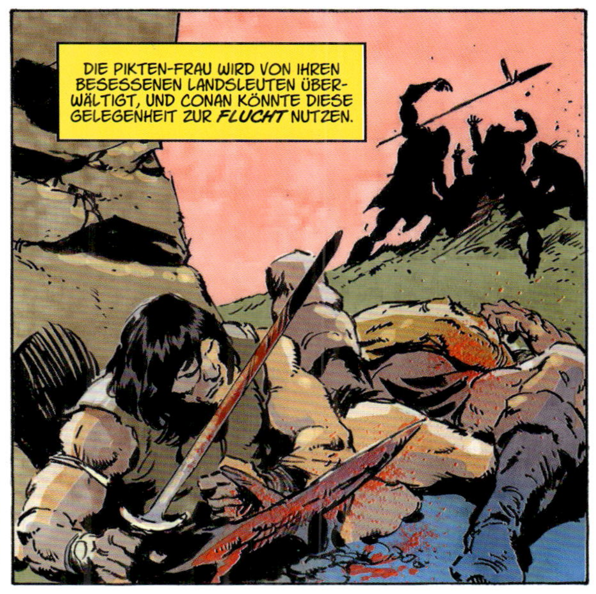

DOCH DAS TUT ER *NICHT*.

SIE WAR MUTIG GENUG, SIE ZU *WARNEN* ...

... ALSO WIRD AUCH ER *MUT* ZEIGEN, UND WENN ES IHN DAS *LEBEN* KOSTET ...

... WÄHREND SELTSAME AUGEN DAS CHAOS ZUFRIEDEN AUS DEM HINTERGRUND BEOBACHTEN.

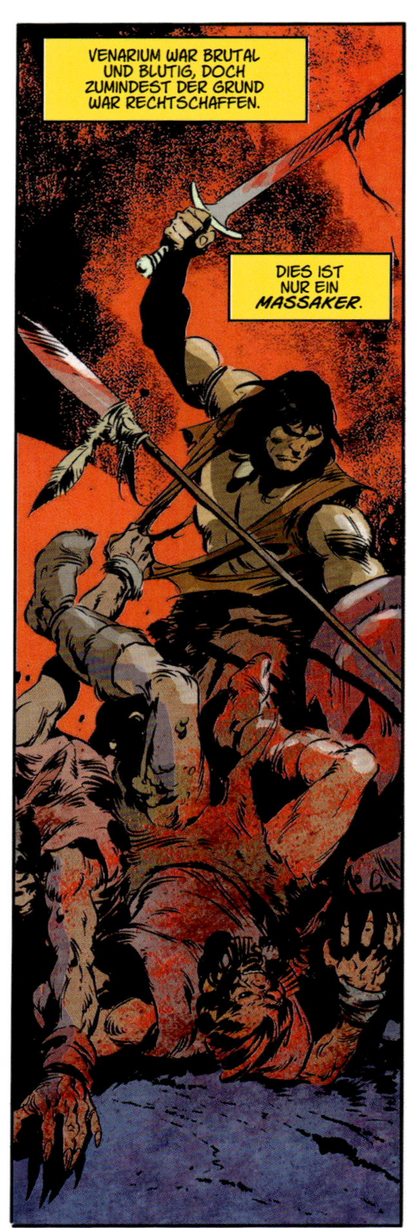
VENARIUM WAR BRUTAL UND BLUTIG, DOCH ZUMINDEST DER GRUND WAR RECHTSCHAFFEN.
DIES IST NUR EIN *MASSAKER*.

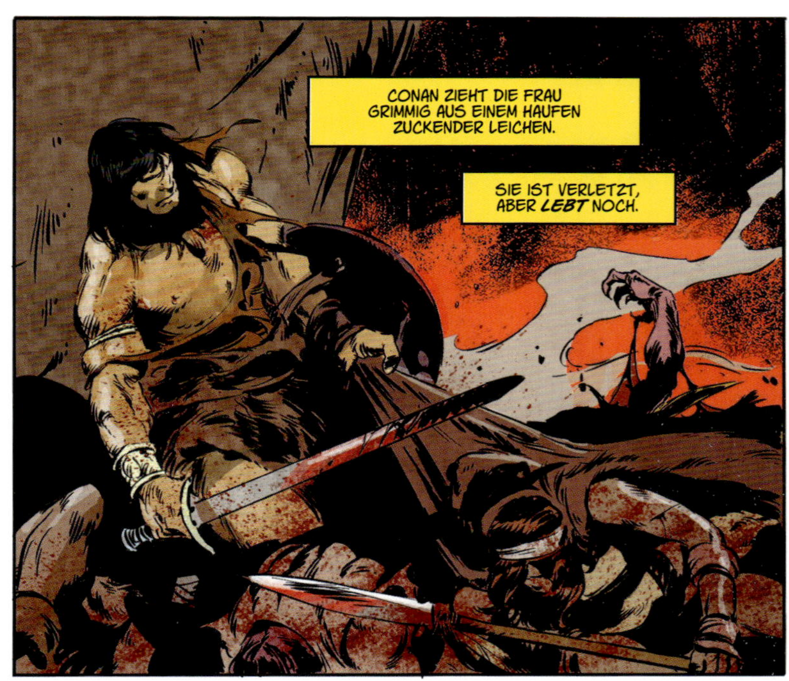
CONAN ZIEHT DIE FRAU GRIMMIG AUS EINEM HAUFEN ZUCKENDER LEICHEN.
SIE IST VERLETZT, ABER *LEBT* NOCH.

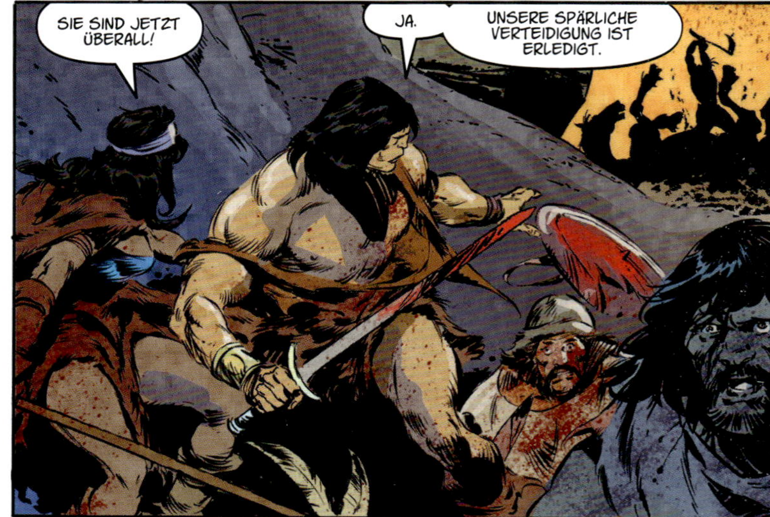
SIE SIND JETZT ÜBERALL!
JA.
UNSERE SPÄRLICHE VERTEIDIGUNG IST ERLEDIGT.

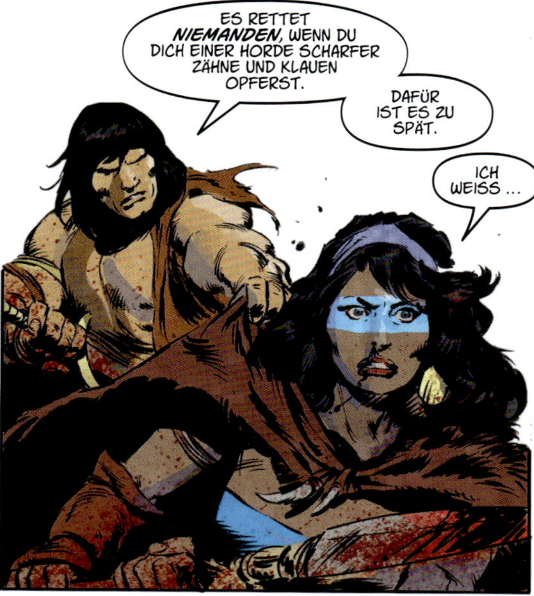
ES RETTET *NIEMANDEN*, WENN DU DICH EINER HORDE SCHARFER ZÄHNE UND KLAUEN OPFERST.
DAFÜR IST ES ZU SPÄT.
ICH WEISS ...

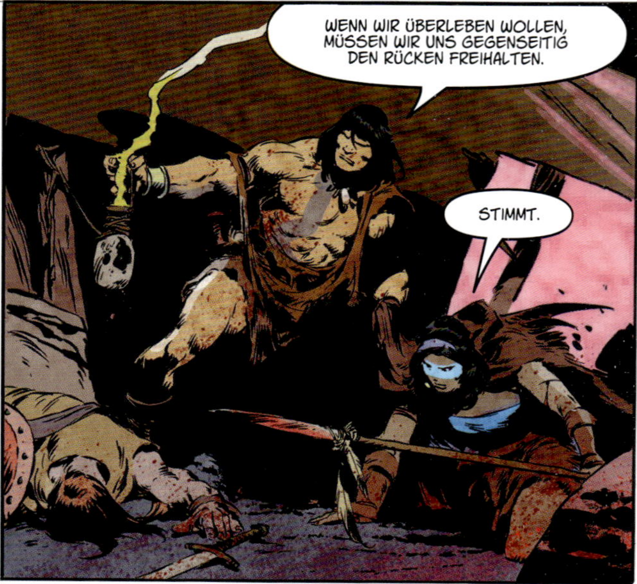
WENN WIR ÜBERLEBEN WOLLEN, MÜSSEN WIR UNS GEGENSEITIG DEN RÜCKEN FREIHALTEN.
STIMMT.

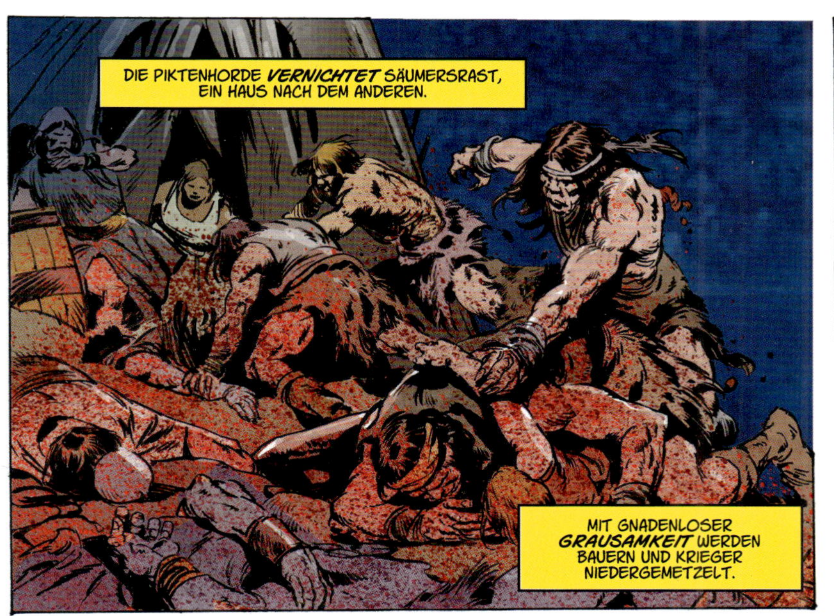
DIE PIKTENHORDE VERNICHTET SÄUMERSRAST, EIN HAUS NACH DEM ANDEREN.
MIT GNADENLOSER GRAUSAMKEIT WERDEN BAUERN UND KRIEGER NIEDERGEMETZELT.

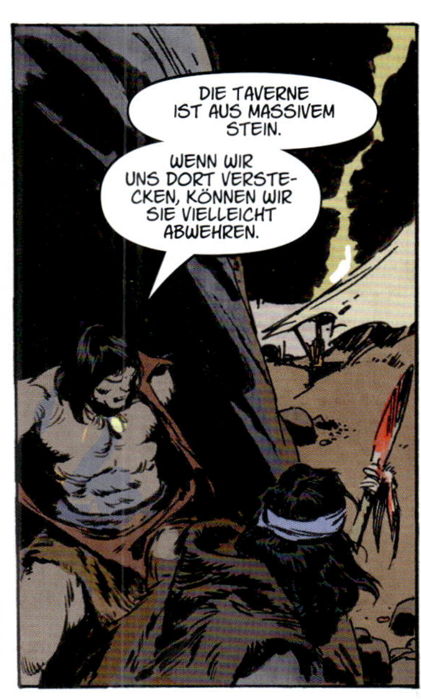
DIE TAVERNE IST AUS MASSIVEM STEIN.
WENN WIR UNS DORT VERSTE-CKEN, KÖNNEN WIR SIE VIELLEICHT ABWEHREN.

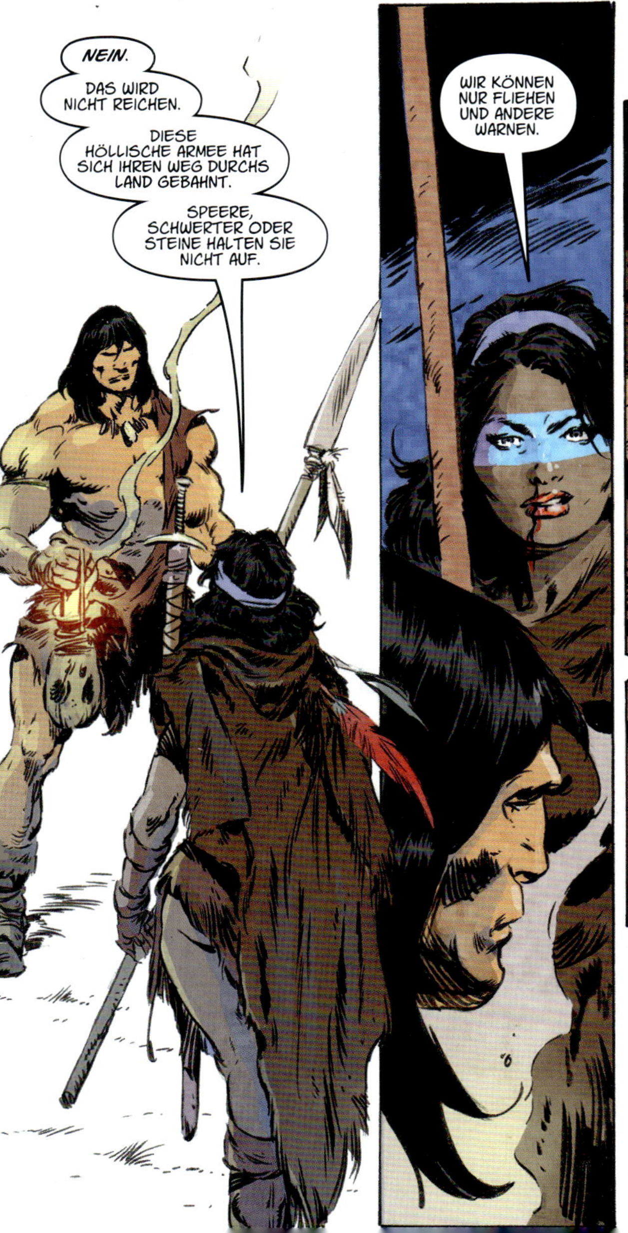
NEIN.
DAS WIRD NICHT REICHEN.
DIESE HÖLLISCHE ARMEE HAT SICH IHREN WEG DURCHS LAND GEBAHNT.
SPEERE, SCHWERTER ODER STEINE HALTEN SIE NICHT AUF.
WIR KÖNNEN NUR FLIEHEN UND ANDERE WARNEN.

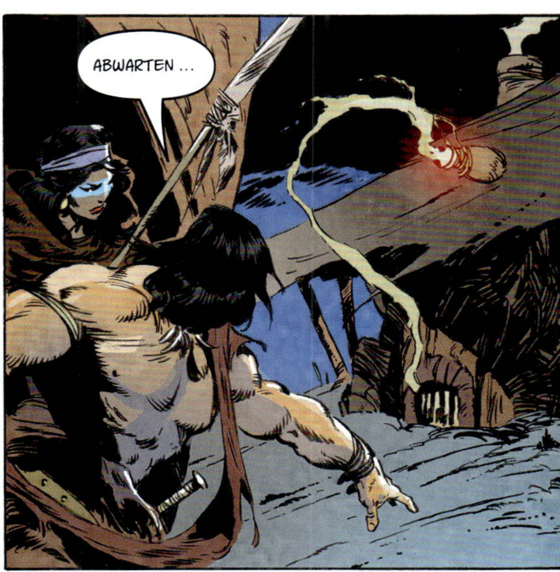
ABWARTEN ...

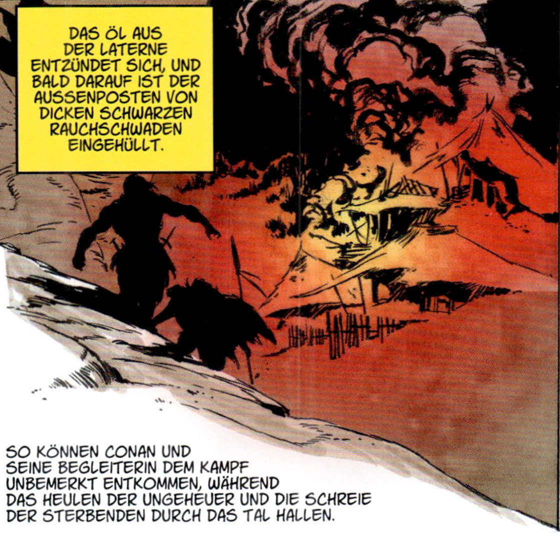
DAS ÖL AUS DER LATERNE ENTZÜNDET SICH, UND BALD DARAUF IST DER AUSSENPOSTEN VON DICKEN SCHWARZEN RAUCHSCHWADEN EINGEHÜLLT.
SO KÖNNEN CONAN UND SEINE BEGLEITERIN DEM KAMPF UNBEMERKT ENTKOMMEN, WÄHREND DAS HEULEN DER UNGEHEUER UND DIE SCHREIE DER STERBENDEN DURCH DAS TAL HALLEN.

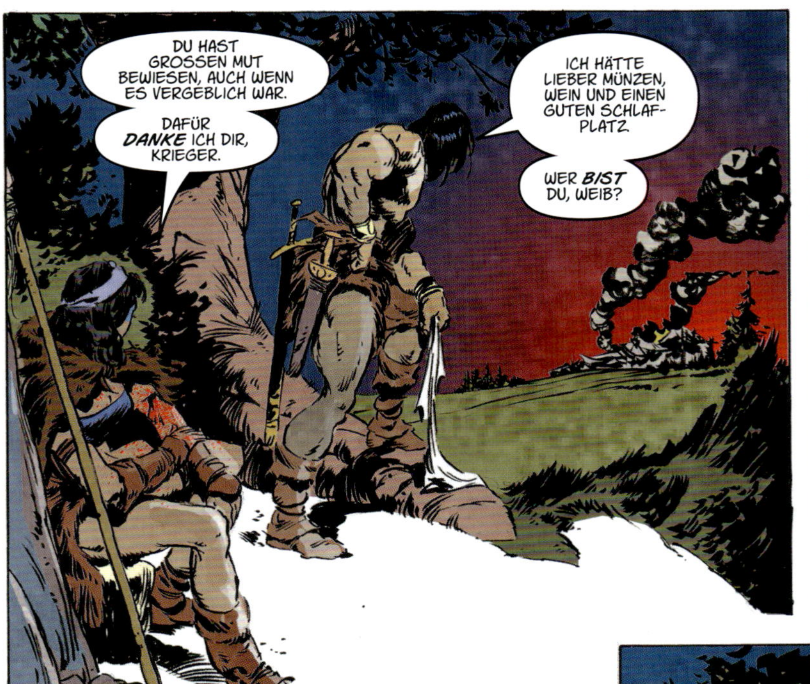

DU HAST GROSSEN MUT BEWIESEN, AUCH WENN ES VERGEBLICH WAR.
DAFÜR **DANKE** ICH DIR, KRIEGER.
ICH HÄTTE LIEBER MÜNZEN, WEIN UND EINEN GUTEN SCHLAFPLATZ.
WER **BIST** DU, WEIB?

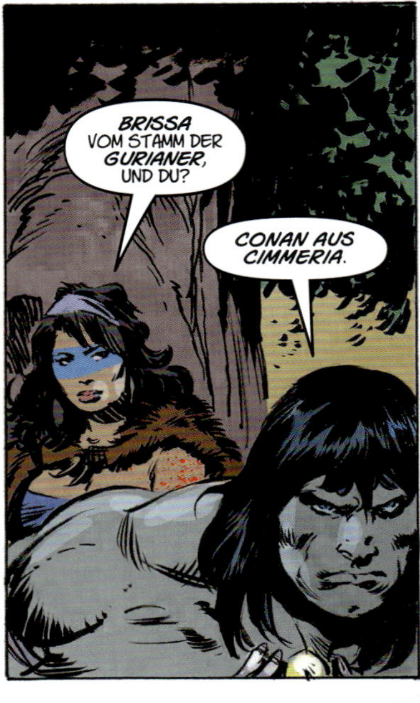

BRISSA VOM STAMM DER **GURIANER**, UND DU?
CONAN AUS CIMMERIA.

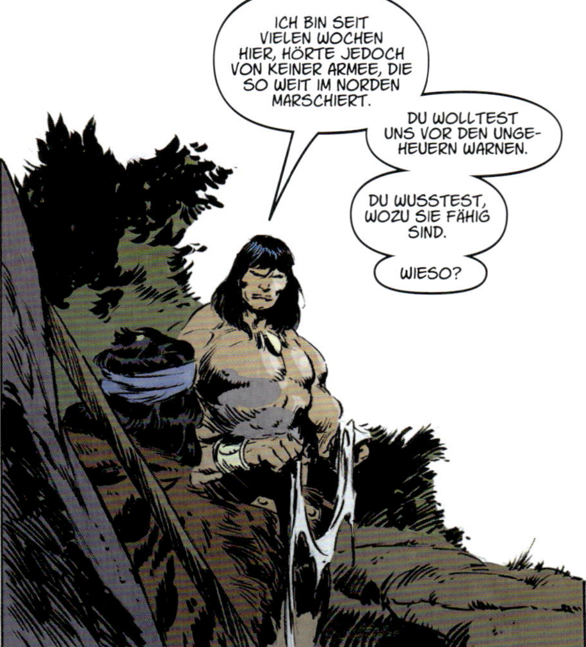

ICH BIN SEIT VIELEN WOCHEN HIER, HÖRTE JEDOCH VON KEINER ARMEE, DIE SO WEIT IM NORDEN MARSCHIERT.
DU WOLLTEST UNS VOR DEN UNGEHEUERN WARNEN.
DU WUSSTEST, WOZU SIE FÄHIG SIND.
WIESO?

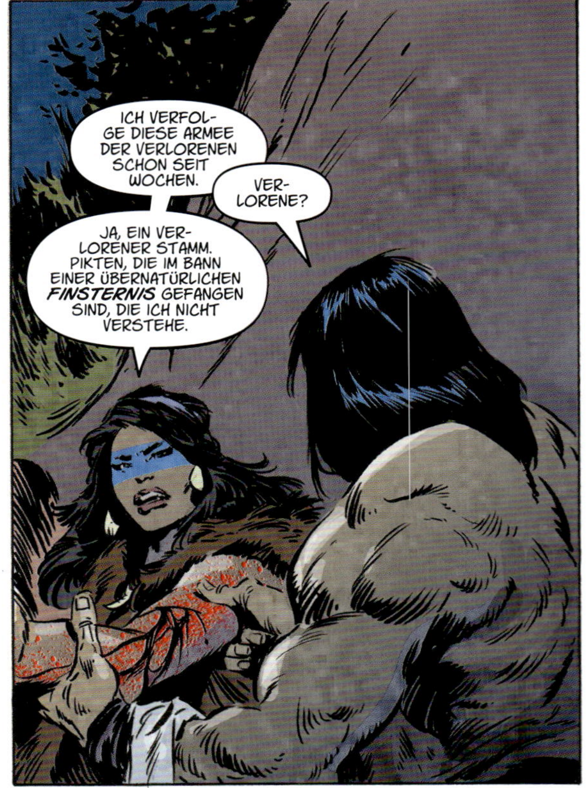

ICH VERFOLGE DIESE ARMEE DER VERLORENEN SCHON SEIT WOCHEN.
VERLORENE?
JA, EIN VERLORENER STAMM. PIKTEN, DIE IM BANN EINER ÜBERNATÜRLICHEN **FINSTERNIS** GEFANGEN SIND, DIE ICH NICHT VERSTEHE.

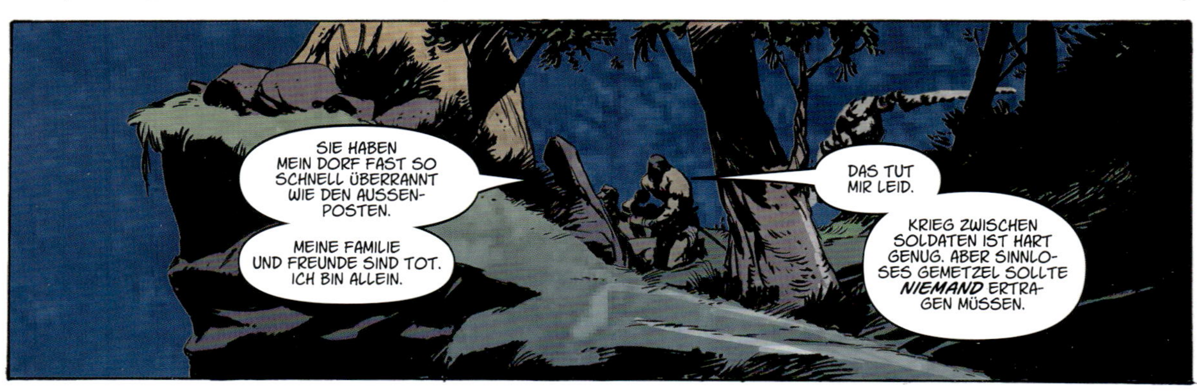

SIE HABEN MEIN DORF FAST SO SCHNELL ÜBERRANNT WIE DEN AUSSENPOSTEN.
MEINE FAMILIE UND FREUNDE SIND TOT. ICH BIN ALLEIN.
DAS TUT MIR LEID.
KRIEG ZWISCHEN SOLDATEN IST HART GENUG. ABER SINNLOSES GEMETZEL SOLLTE **NIEMAND** ERTRAGEN MÜSSEN.

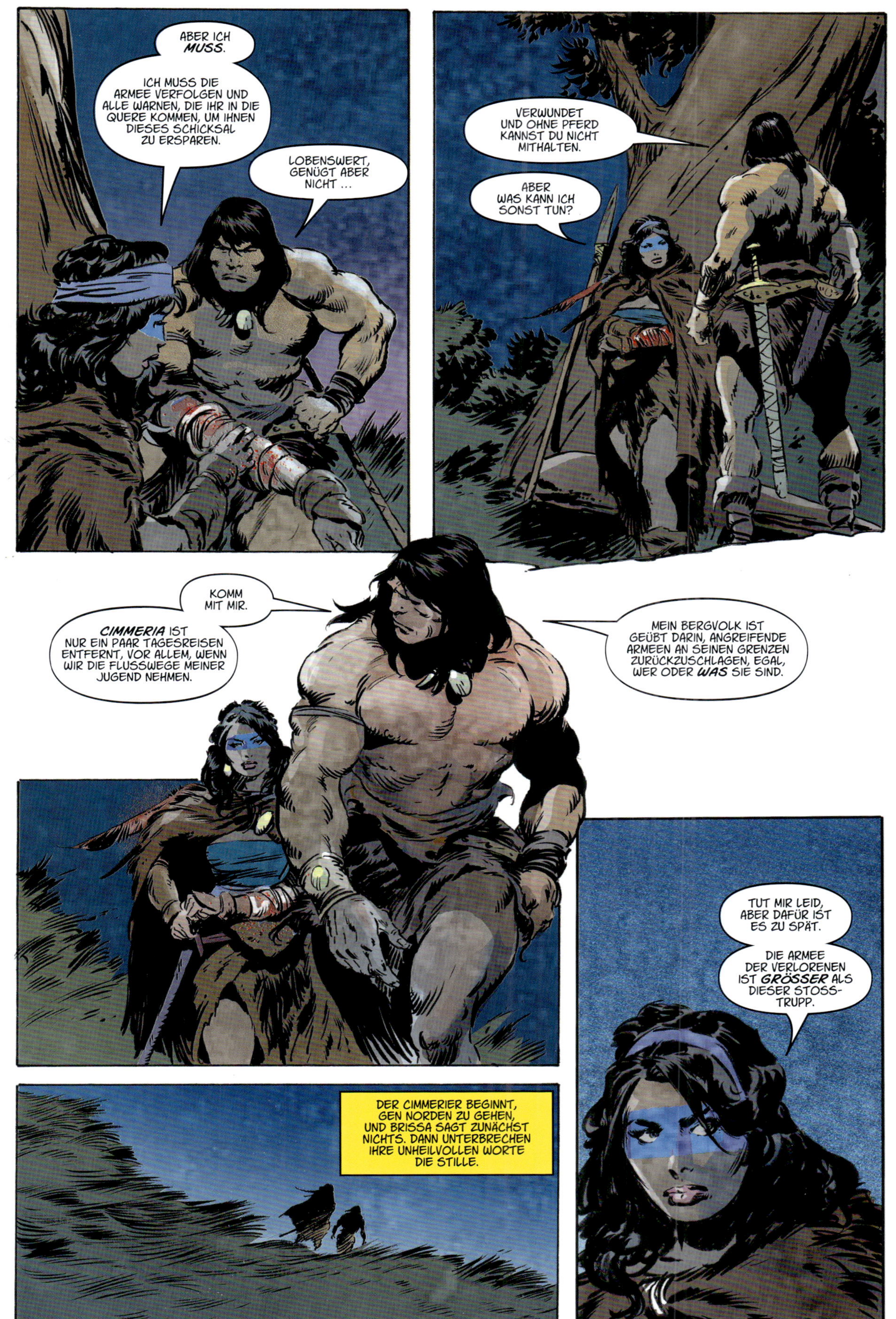
ABER ICH *MUSS*.
ICH MUSS DIE ARMEE VERFOLGEN UND ALLE WARNEN, DIE IHR IN DIE QUERE KOMMEN, UM IHNEN DIESES SCHICKSAL ZU ERSPAREN.
LOBENSWERT, GENÜGT ABER NICHT ...
VERWUNDET UND OHNE PFERD KANNST DU NICHT MITHALTEN.
ABER WAS KANN ICH SONST TUN?
KOMM MIT MIR.
CIMMERIA IST NUR EIN PAAR TAGESREISEN ENTFERNT, VOR ALLEM, WENN WIR DIE FLUSSWEGE MEINER JUGEND NEHMEN.
MEIN BERGVOLK IST GEÜBT DARIN, ANGREIFENDE ARMEEN AN SEINEN GRENZEN ZURÜCKZUSCHLAGEN, EGAL, WER ODER *WAS* SIE SIND.
TUT MIR LEID, ABER DAFÜR IST ES ZU SPÄT.
DIE ARMEE DER VERLORENEN IST *GRÖSSER* ALS DIESER STOSS-TRUPP.
DER CIMMERIER BEGINNT, GEN NORDEN ZU GEHEN, UND BRISSA SAGT ZUNÄCHST NICHTS. DANN UNTERBRECHEN IHRE UNHEILVOLLEN WORTE DIE STILLE.

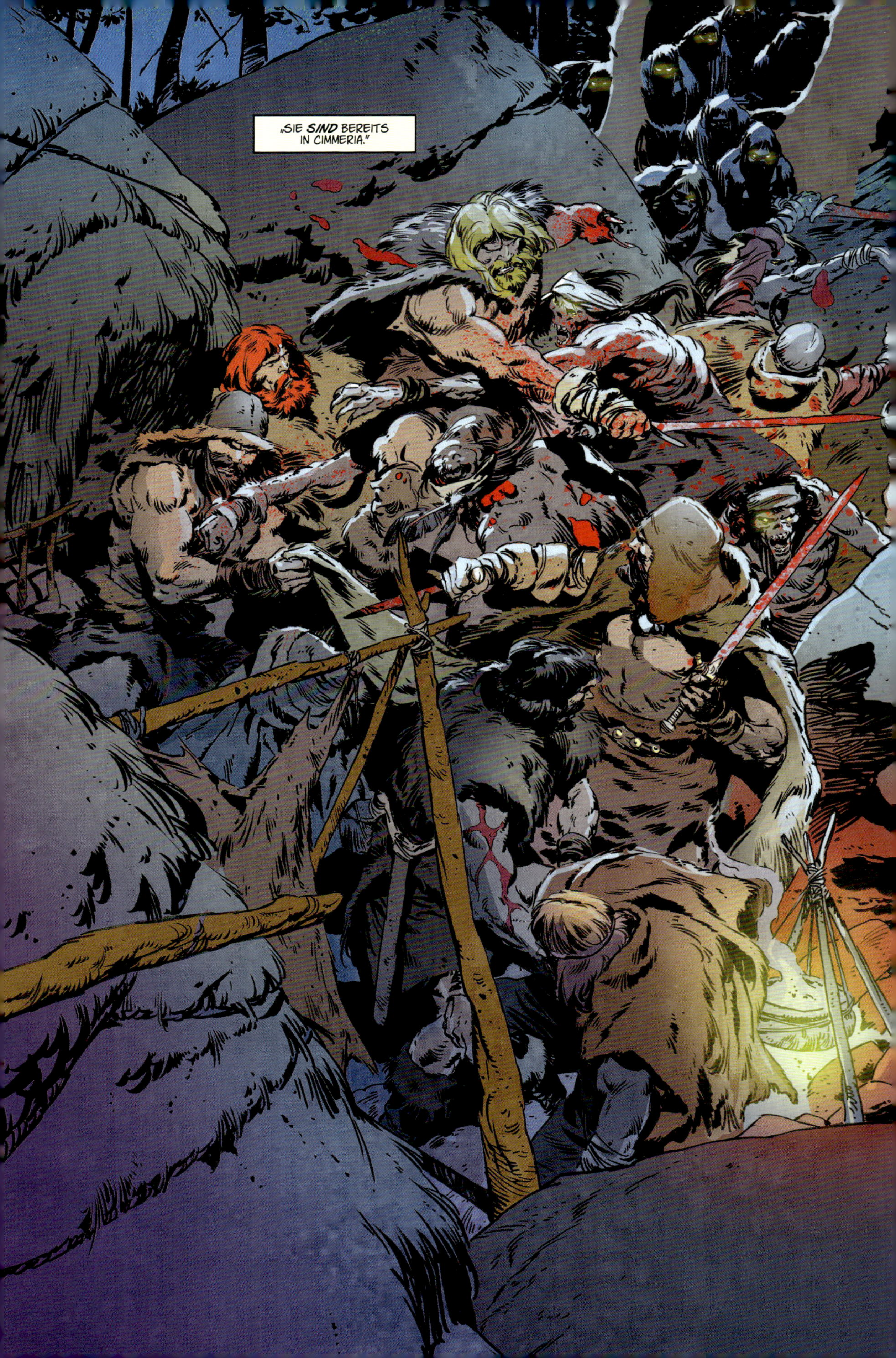
„SIE SIND BEREITS IN CIMMERIA."

DER FLUCH DES SCHWARZEN STEINS, TEIL 2: HEIMATLAND!

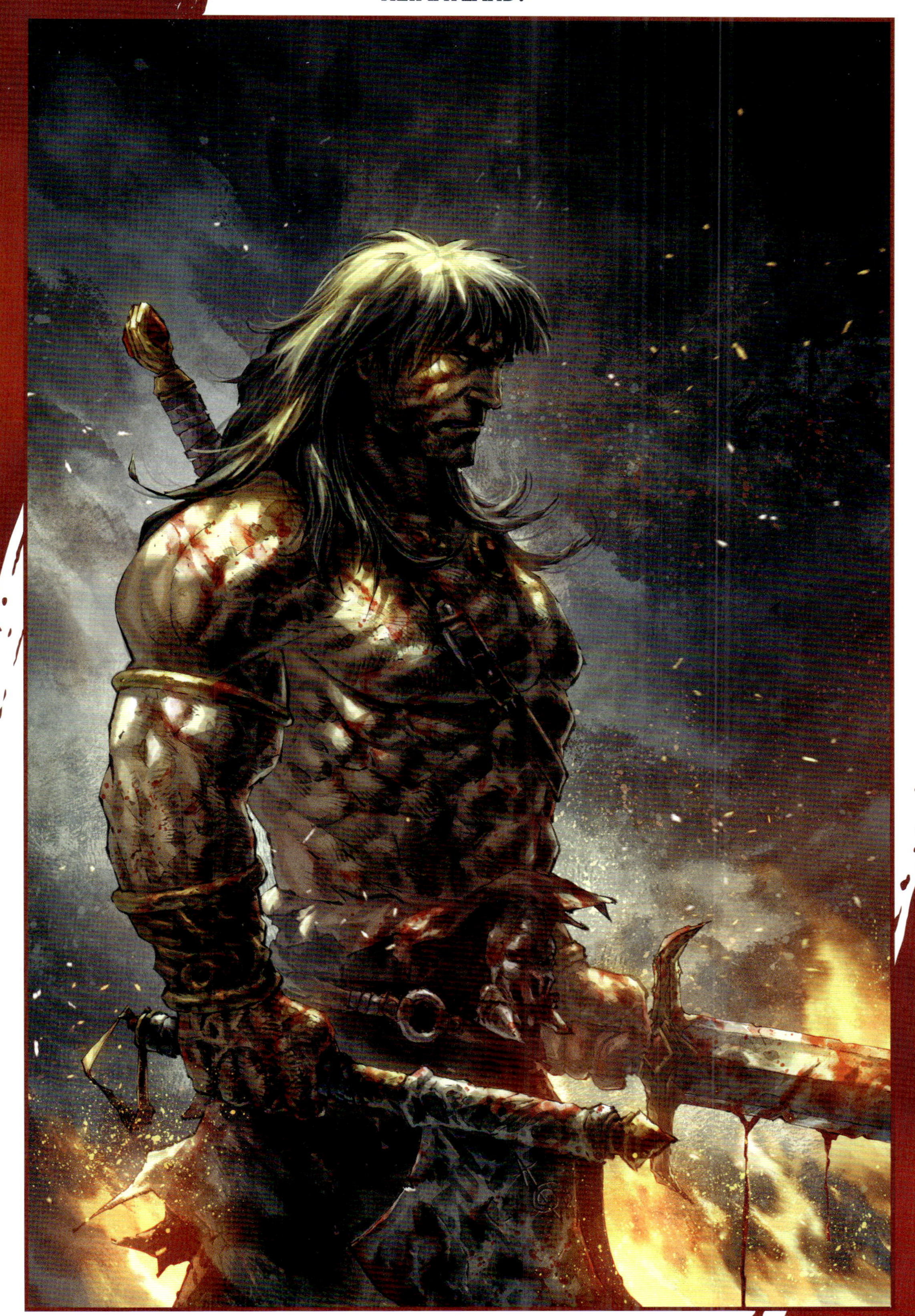

Conan: The Barbarian (2023) 2
Cover von **ALAN QUAH**

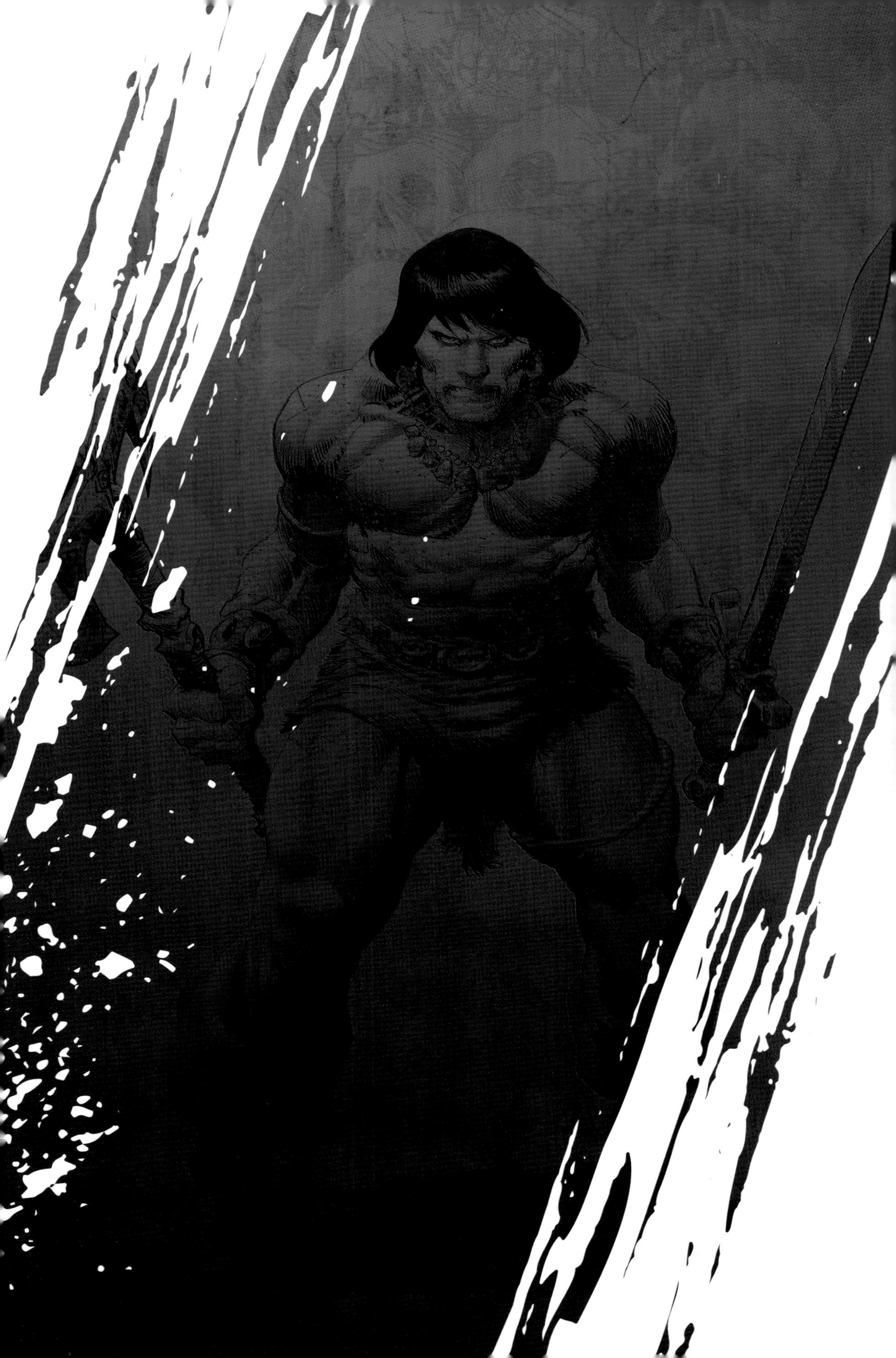

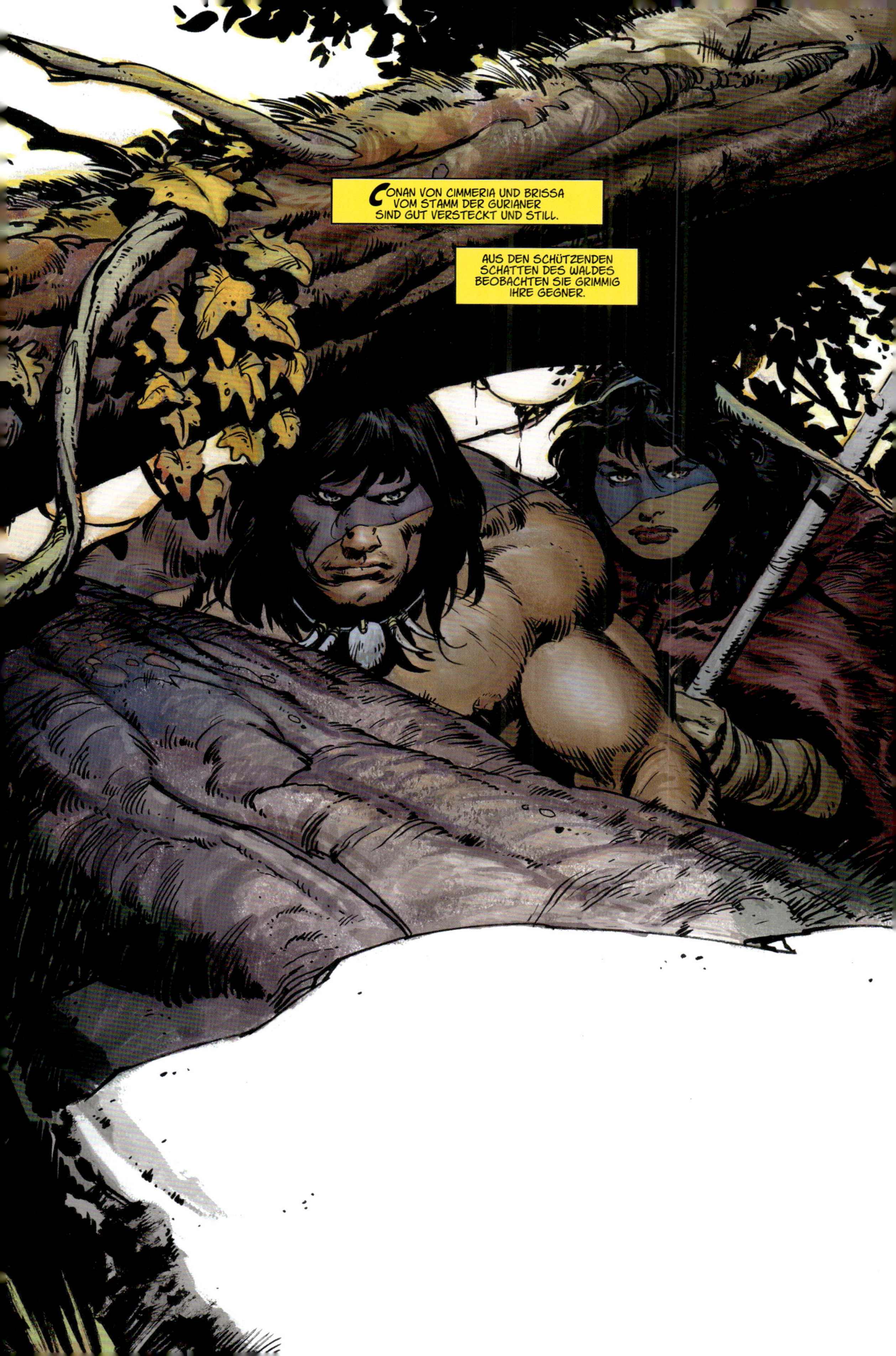
CONAN VON CIMMERIA UND BRISSA VOM STAMM DER GURIANER SIND GUT VERSTECKT UND STILL.
AUS DEN SCHÜTZENDEN SCHATTEN DES WALDES BEOBACHTEN SIE GRIMMIG IHRE GEGNER.

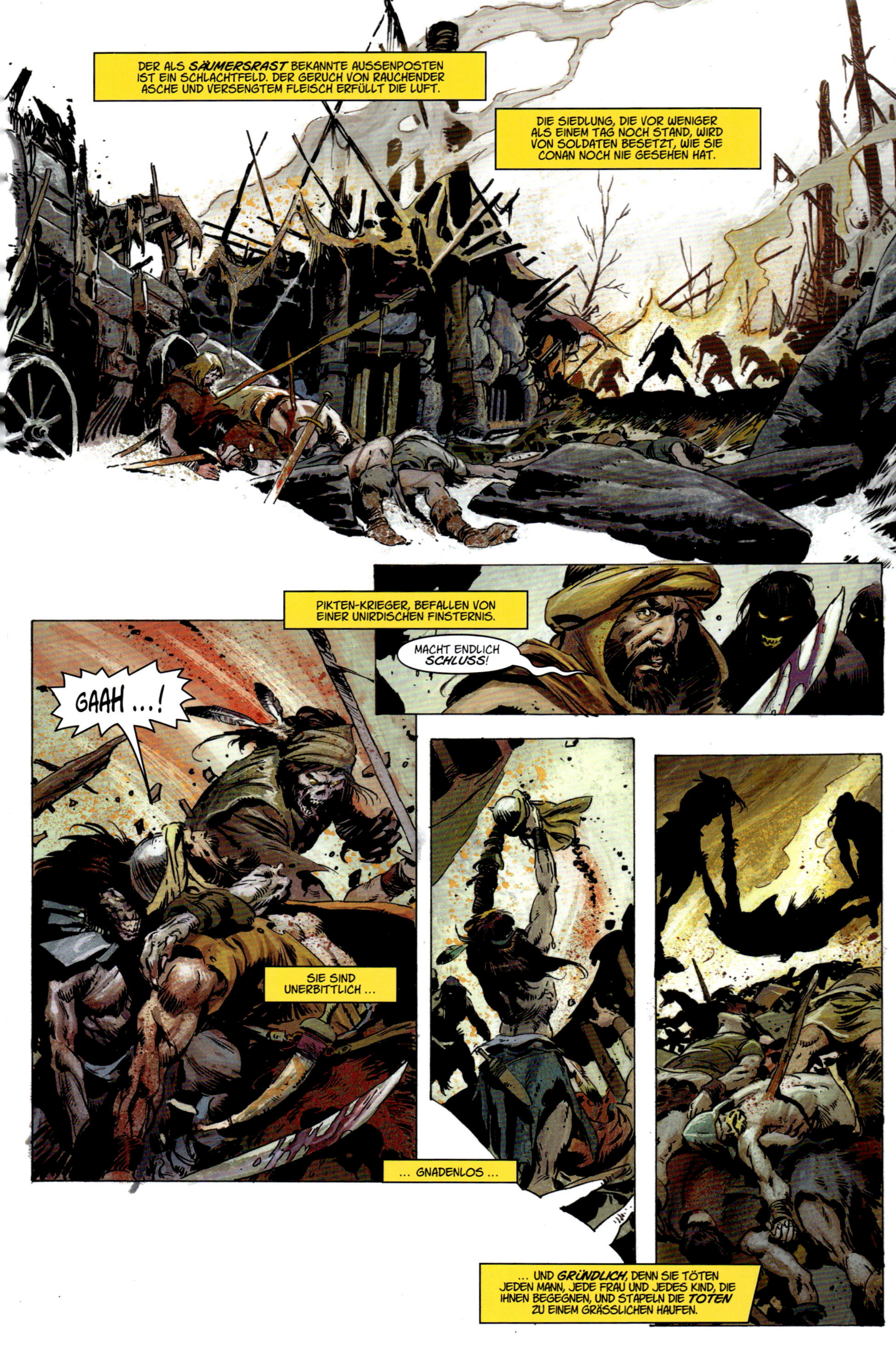
DER ALS SÄUMERSRAST BEKANNTE AUSSENPOSTEN IST EIN SCHLACHTFELD. DER GERUCH VON RAUCHENDER ASCHE UND VERSENGTEM FLEISCH ERFÜLLT DIE LUFT.
DIE SIEDLUNG, DIE VOR WENIGER ALS EINEM TAG NOCH STAND, WIRD VON SOLDATEN BESETZT, WIE SIE CONAN NOCH NIE GESEHEN HAT.
PIKTEN-KRIEGER, BEFALLEN VON EINER UNIRDISCHEN FINSTERNIS.
MACHT ENDLICH SCHLUSS!
GAAH ...!
SIE SIND UNERBITTLICH ...
... GNADENLOS ...
... UND GRÜNDLICH, DENN SIE TÖTEN JEDEN MANN, JEDE FRAU UND JEDES KIND, DIE IHNEN BEGEGNEN, UND STAPELN DIE TOTEN ZU EINEM GRÄSSLICHEN HAUFEN.

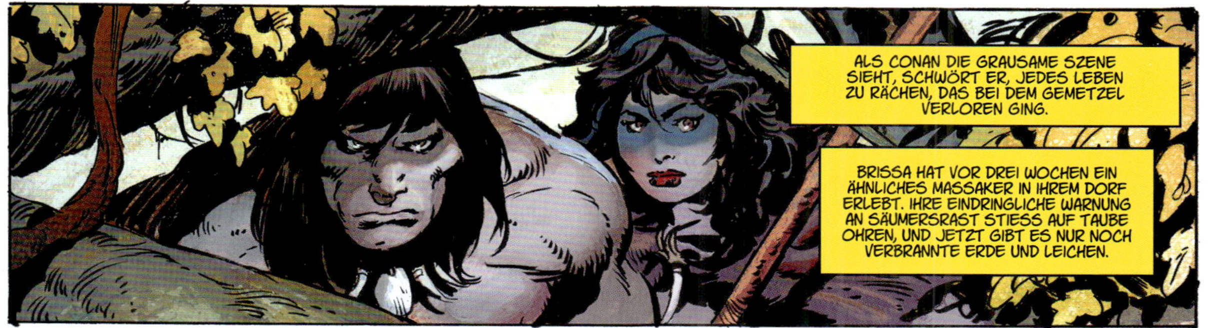
ALS CONAN DIE GRAUSAME SZENE SIEHT, SCHWÖRT ER, JEDES LEBEN ZU RÄCHEN, DAS BEI DEM GEMETZEL VERLOREN GING.
BRISSA HAT VOR DREI WOCHEN EIN ÄHNLICHES MASSAKER IN IHREM DORF ERLEBT. IHRE EINDRINGLICHE WARNUNG AN SÄUMERSRAST STIESS AUF TAUBE OHREN, UND JETZT GIBT ES NUR NOCH VERBRANNTE ERDE UND LEICHEN.

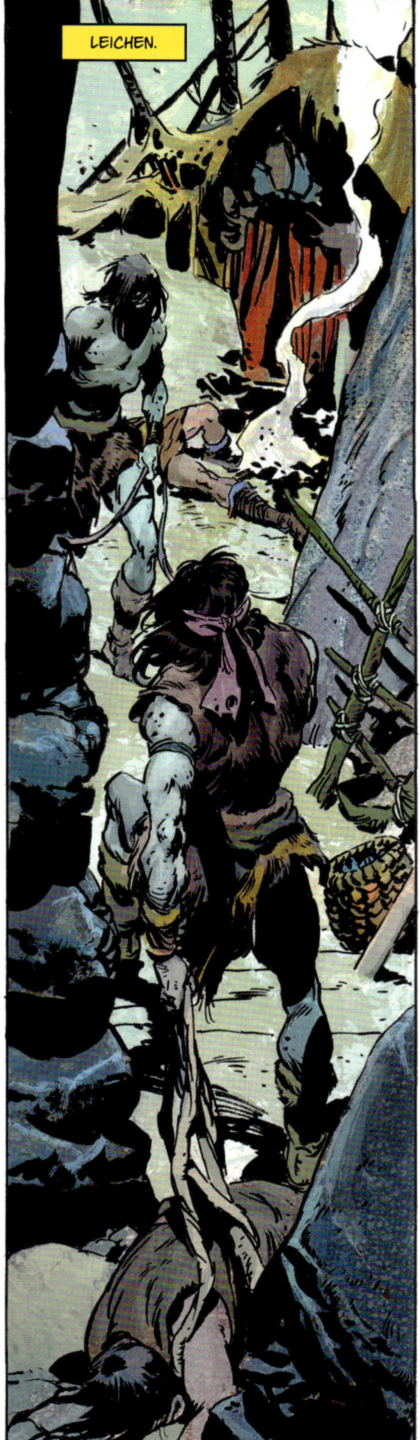
LEICHEN.

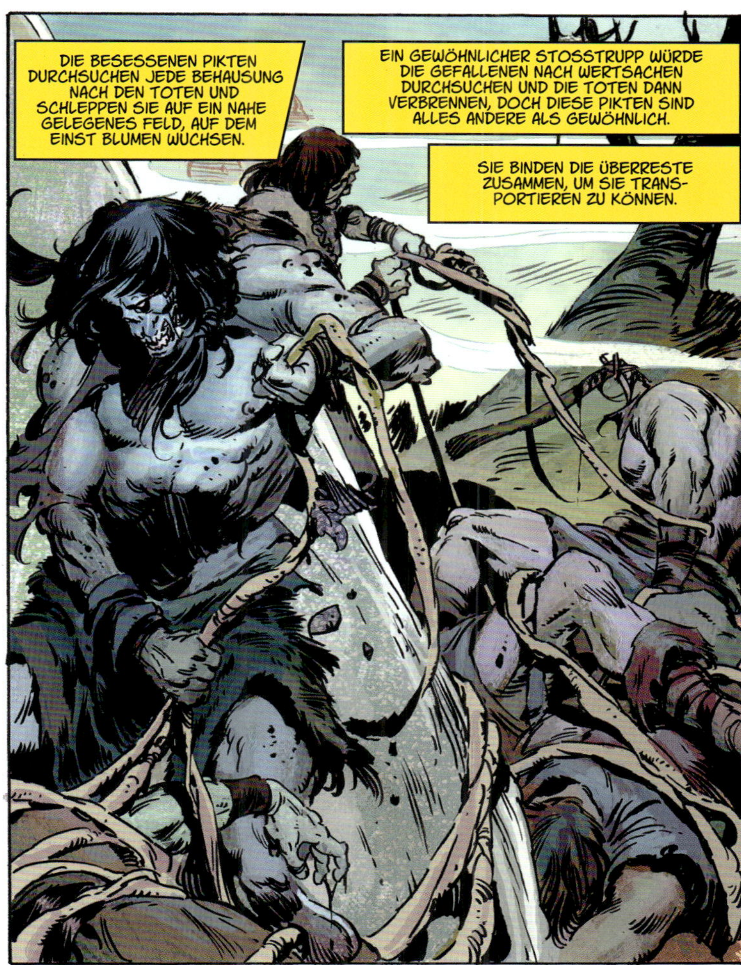
DIE BESESSENEN PIKTEN DURCHSUCHEN JEDE BEHAUSUNG NACH DEN TOTEN UND SCHLEPPEN SIE AUF EIN NAHE GELEGENES FELD, AUF DEM EINST BLUMEN WUCHSEN.
EIN GEWÖHNLICHER STOSSTRUPP WÜRDE DIE GEFALLENEN NACH WERTSACHEN DURCHSUCHEN UND DIE TOTEN DANN VERBRENNEN, DOCH DIESE PIKTEN SIND ALLES ANDERE ALS GEWÖHNLICH.
SIE BINDEN DIE ÜBERRESTE ZUSAMMEN, UM SIE TRANSPORTIEREN ZU KÖNNEN.

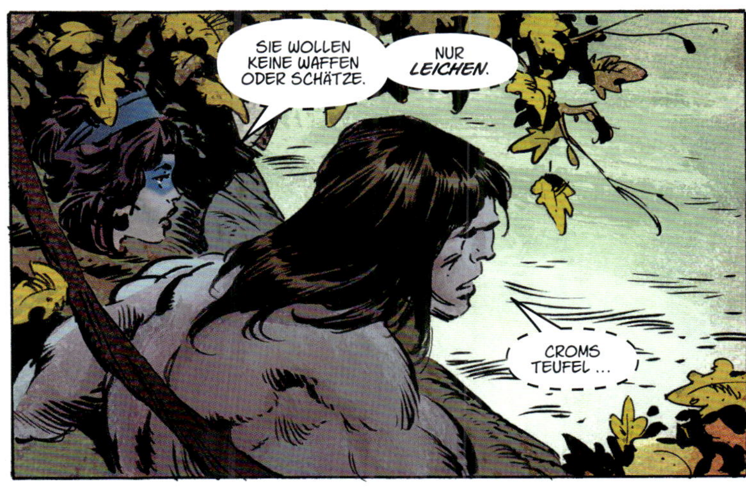
SIE WOLLEN KEINE WAFFEN ODER SCHÄTZE.
NUR *LEICHEN*.
CROMS TEUFEL ...

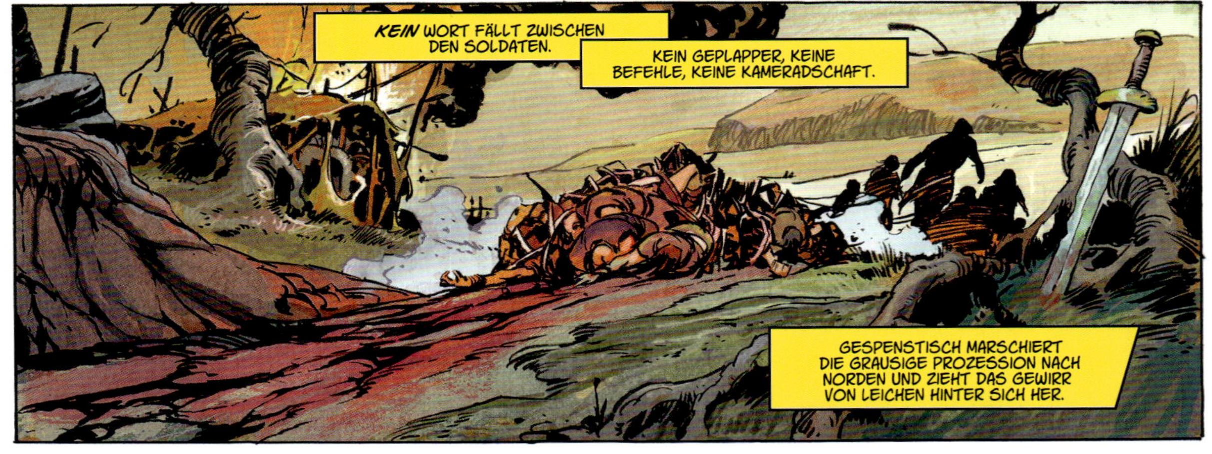
KEIN WORT FÄLLT ZWISCHEN DEN SOLDATEN.
KEIN GEPLAPPER, KEINE BEFEHLE, KEINE KAMERADSCHAFT.
GESPENSTISCH MARSCHIERT DIE GRAUSIGE PROZESSION NACH NORDEN UND ZIEHT DAS GEWIRR VON LEICHEN HINTER SICH HER.

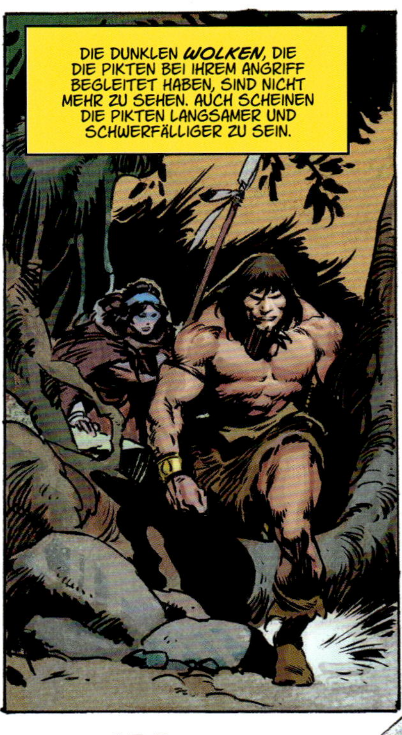
DIE DUNKLEN WOLKEN, DIE DIE PIKTEN BEI IHREM ANGRIFF BEGLEITET HABEN, SIND NICHT MEHR ZU SEHEN. AUCH SCHEINEN DIE PIKTEN LANGSAMER UND SCHWERFÄLLIGER ZU SEIN.

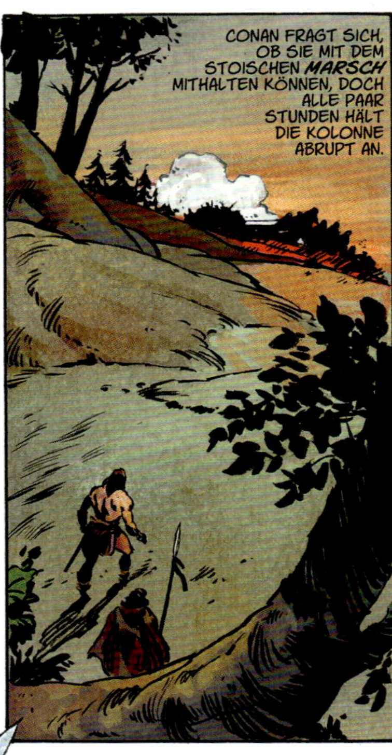
CONAN FRAGT SICH, OB SIE MIT DEM STOISCHEN MARSCH MITHALTEN KÖNNEN, DOCH ALLE PAAR STUNDEN HÄLT DIE KOLONNE ABRUPT AN.

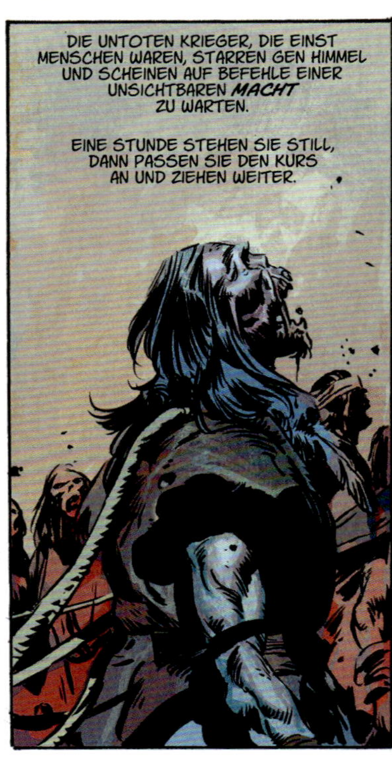
DIE UNTOTEN KRIEGER, DIE EINST MENSCHEN WAREN, STARREN GEN HIMMEL UND SCHEINEN AUF BEFEHLE EINER UNSICHTBAREN MACHT ZU WARTEN.
EINE STUNDE STEHEN SIE STILL, DANN PASSEN SIE DEN KURS AN UND ZIEHEN WEITER.

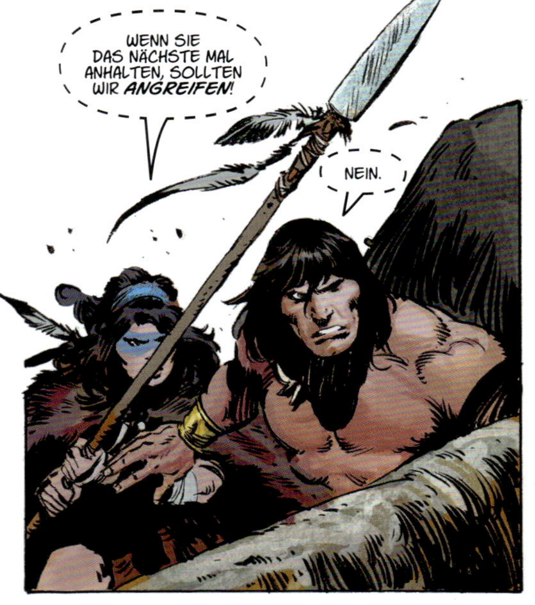
WENN SIE DAS NÄCHSTE MAL ANHALTEN, SOLLTEN WIR ANGREIFEN!
NEIN.

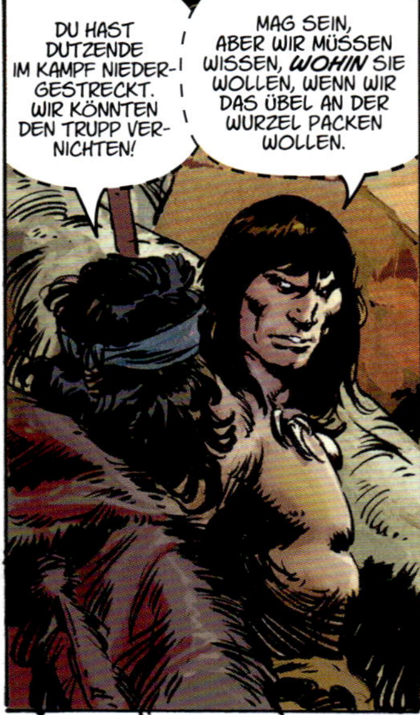
DU HAST DUTZENDE IM KAMPF NIEDER-GESTRECKT. WIR KÖNNTEN DEN TRUPP VER-NICHTEN!
MAG SEIN, ABER WIR MÜSSEN WISSEN, WOHIN SIE WOLLEN, WENN WIR DAS ÜBEL AN DER WURZEL PACKEN WOLLEN.

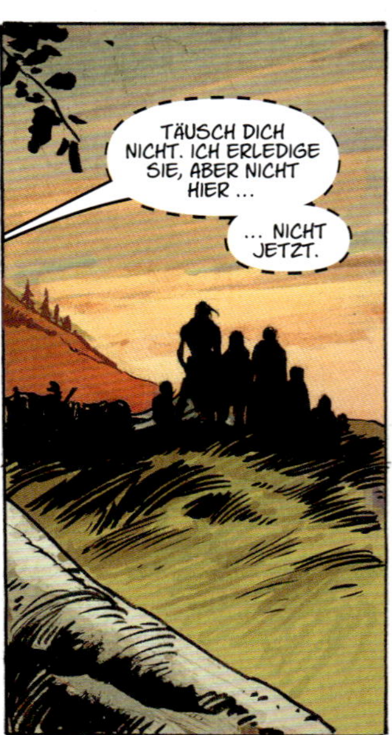
TÄUSCH DICH NICHT. ICH ERLEDIGE SIE, ABER NICHT HIER …
… NICHT JETZT.

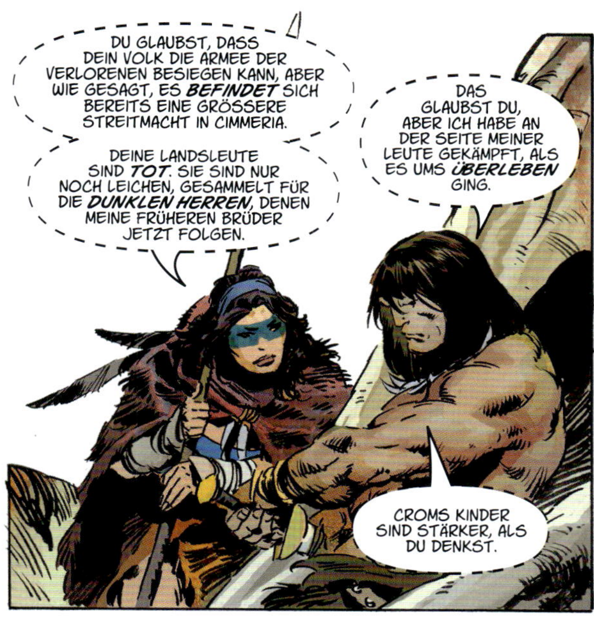
DU GLAUBST, DASS DEIN VOLK DIE ARMEE DER VERLORENEN BESIEGEN KANN, ABER WIE GESAGT, ES BEFINDET SICH BEREITS EINE GRÖSSERE STREITMACHT IN CIMMERIA.
DEINE LANDSLEUTE SIND TOT. SIE SIND NUR NOCH LEICHEN, GESAMMELT FÜR DIE DUNKLEN HERREN, DENEN MEINE FRÜHEREN BRÜDER JETZT FOLGEN.
DAS GLAUBST DU, ABER ICH HABE AN DER SEITE MEINER LEUTE GEKÄMPFT, ALS ES UMS ÜBERLEBEN GING.
CROMS KINDER SIND STÄRKER, ALS DU DENKST.

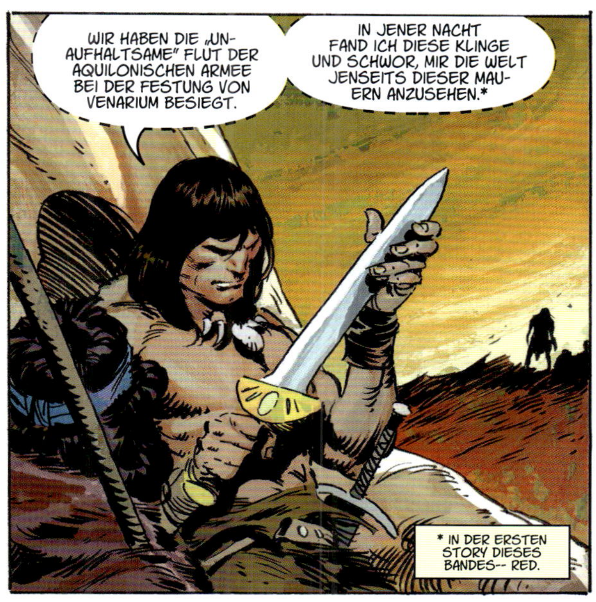
WIR HABEN DIE „UN-AUFHALTSAME" FLUT DER AQUILONISCHEN ARMEE BEI DER FESTUNG VON VENARIUM BESIEGT.
IN JENER NACHT FAND ICH DIESE KLINGE UND SCHWOR, MIR DIE WELT JENSEITS DIESER MAU-ERN ANZUSEHEN.*
* IN DER ERSTEN STORY DIESES BANDES-- RED.

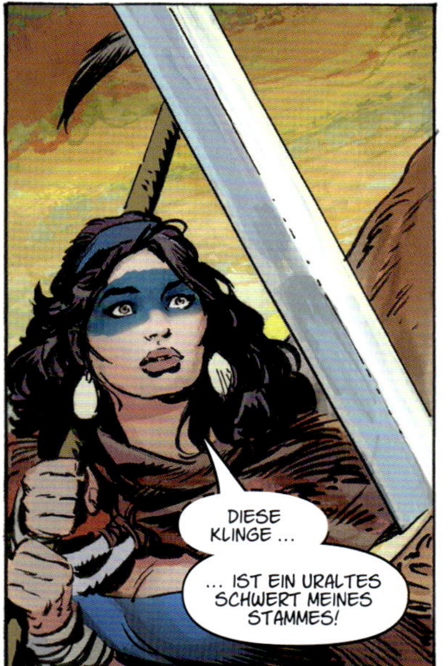
DIESE KLINGE ...
... IST EIN URALTES SCHWERT MEINES STAMMES!

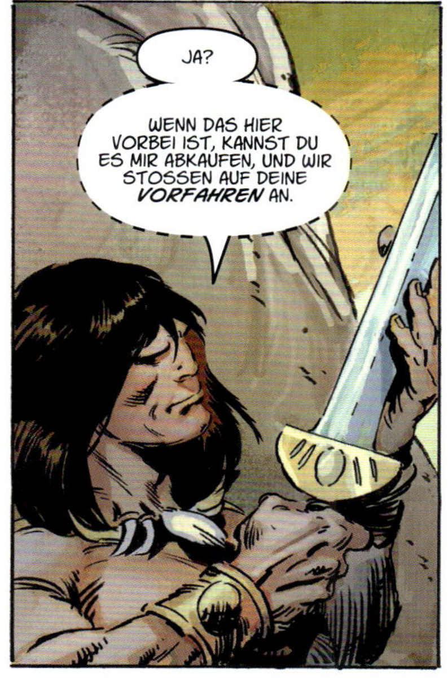
JA?
WENN DAS HIER VORBEI IST, KANNST DU ES MIR ABKAUFEN, UND WIR STOSSEN AUF DEINE VORFAHREN AN.

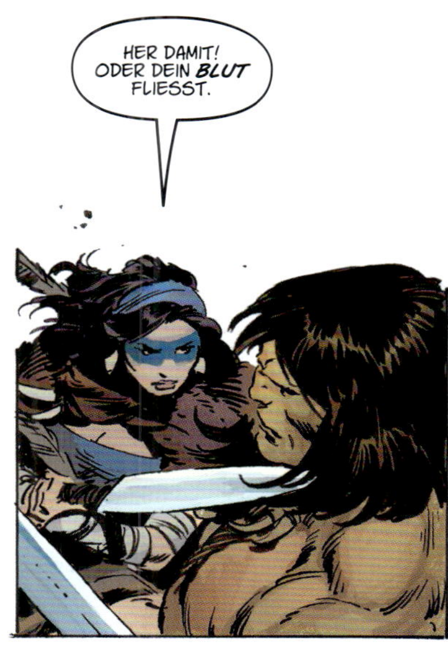
HER DAMIT! ODER DEIN BLUT FLIESST.

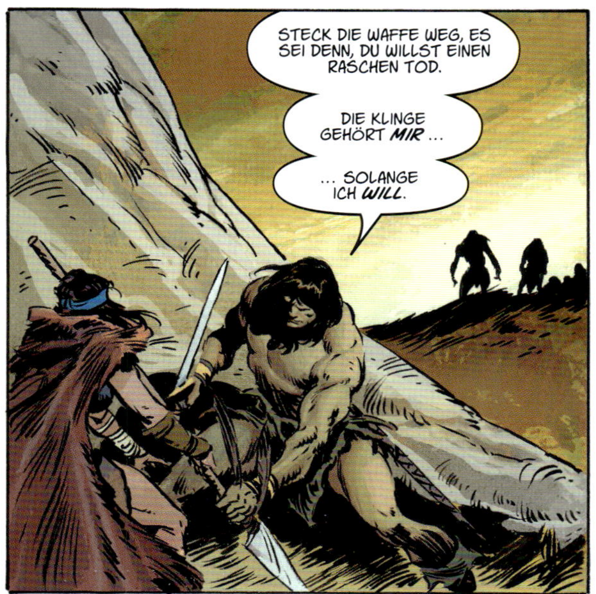
STECK DIE WAFFE WEG, ES SEI DENN, DU WILLST EINEN RASCHEN TOD.
DIE KLINGE GEHÖRT MIR ...
... SOLANGE ICH WILL.

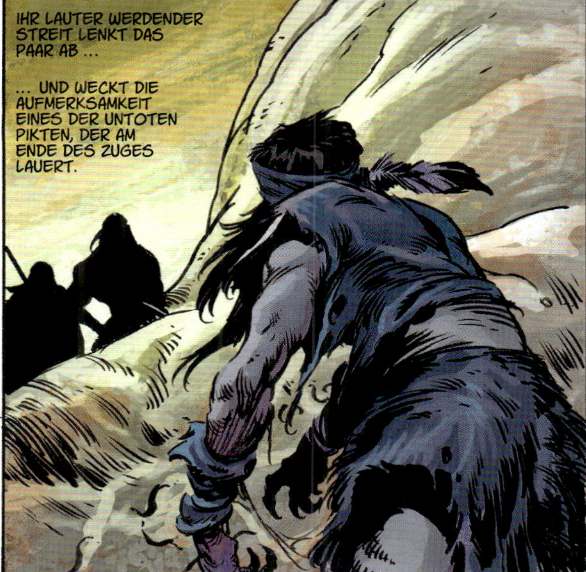
IHR LAUTER WERDENDER STREIT LENKT DAS PAAR AB ...
... UND WECKT DIE AUFMERKSAMKEIT EINES DER UNTOTEN PIKTEN, DER AM ENDE DES ZUGES LAUERT.

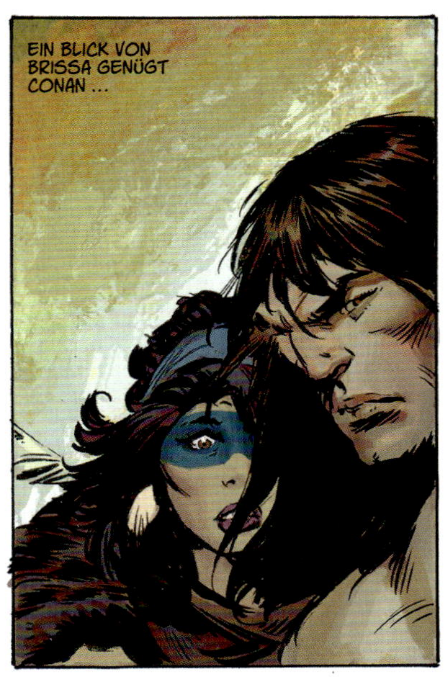
EIN BLICK VON BRISSA GENÜGT CONAN …
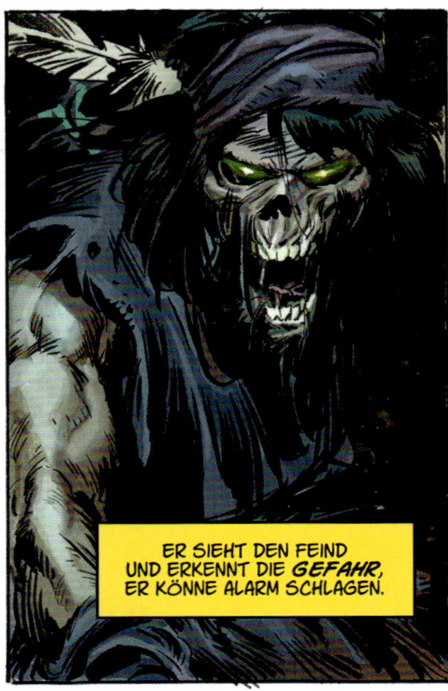
ER SIEHT DEN FEIND UND ERKENNT DIE *GEFAHR*, ER KÖNNE ALARM SCHLAGEN.
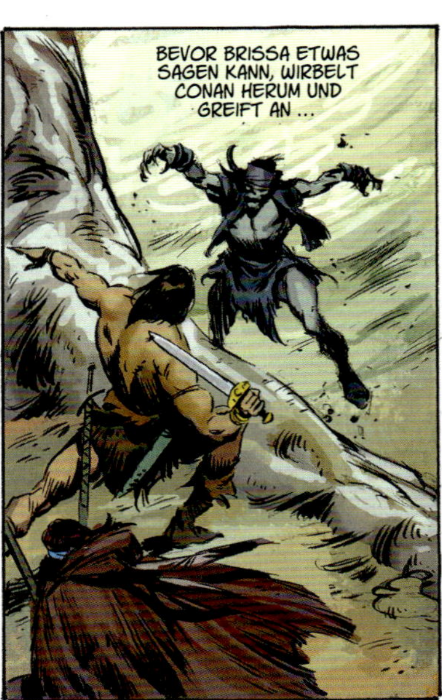
BEVOR BRISSA ETWAS SAGEN KANN, WIRBELT CONAN HERUM UND GREIFT AN …
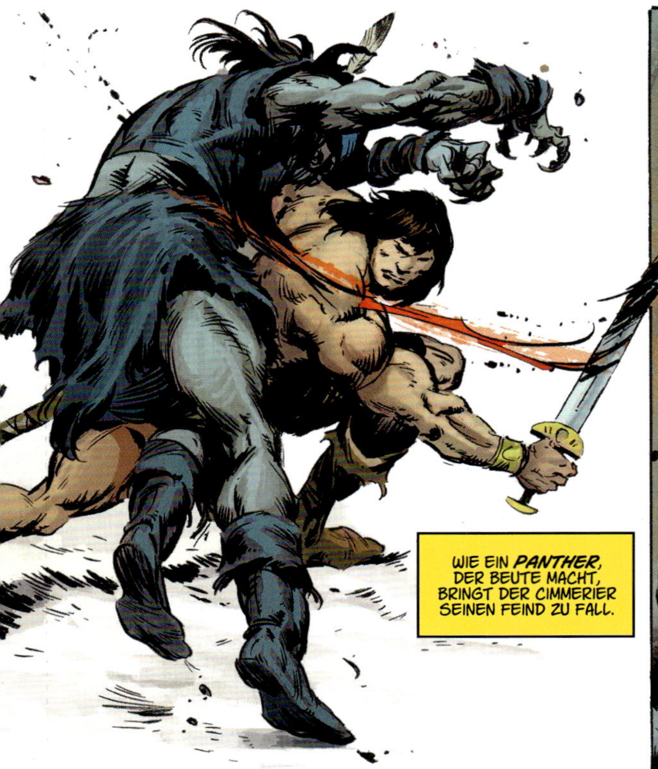
WIE EIN *PANTHER*, DER BEUTE MACHT, BRINGT DER CIMMERIER SEINEN FEIND ZU FALL.
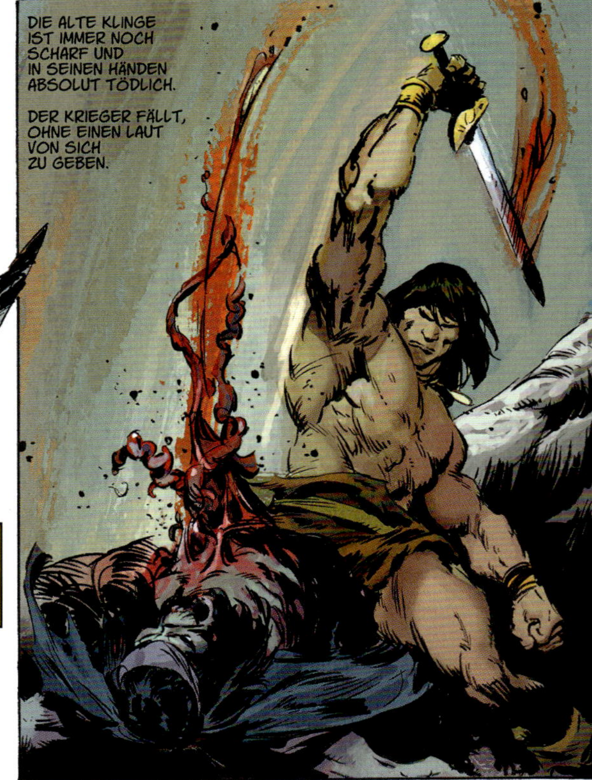
DIE ALTE KLINGE IST IMMER NOCH SCHARF UND IN SEINEN HÄNDEN ABSOLUT TÖDLICH.
DER KRIEGER FÄLLT, OHNE EINEN LAUT VON SICH ZU GEBEN.
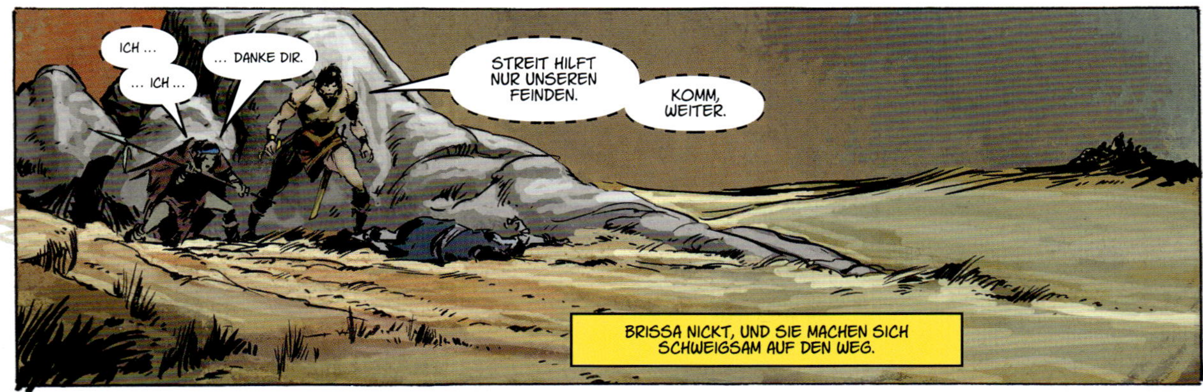
ICH …
… ICH …
… DANKE DIR.
STREIT HILFT NUR UNSEREN FEINDEN.
KOMM, WEITER.
BRISSA NICKT, UND SIE MACHEN SICH SCHWEIGSAM AUF DEN WEG.

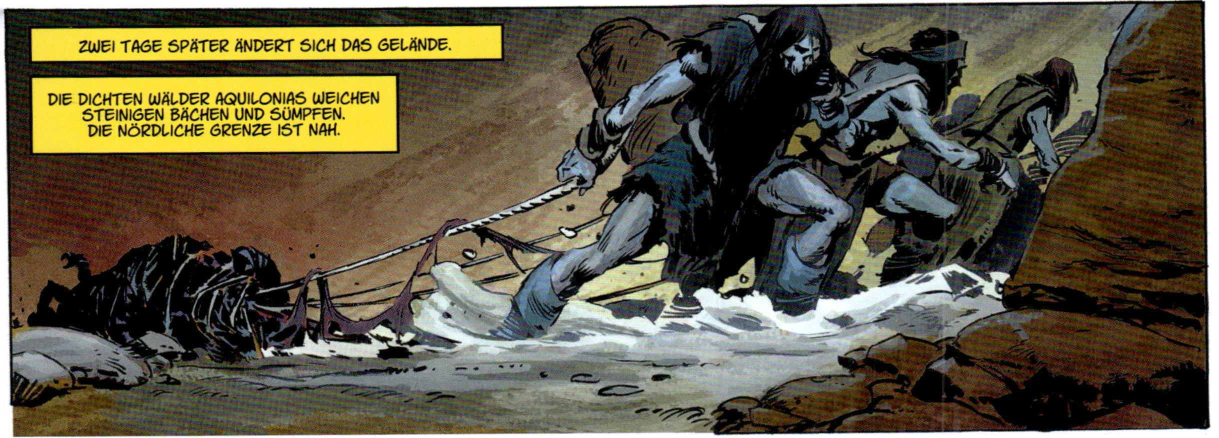
ZWEI TAGE SPÄTER ÄNDERT SICH DAS GELÄNDE.
DIE DICHTEN WÄLDER AQUILONIAS WEICHEN STEINIGEN BÄCHEN UND SÜMPFEN. DIE NÖRDLICHE GRENZE IST NAH.

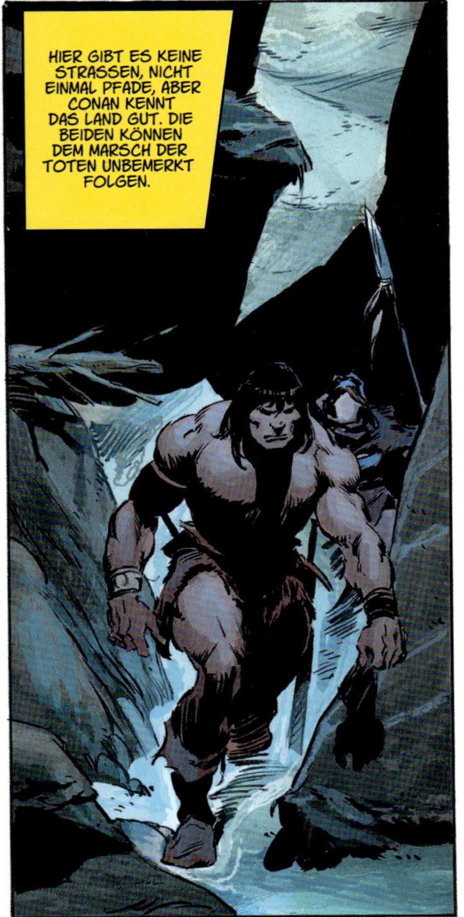
HIER GIBT ES KEINE STRASSEN, NICHT EINMAL PFADE, ABER CONAN KENNT DAS LAND GUT. DIE BEIDEN KÖNNEN DEM MARSCH DER TOTEN UNBEMERKT FOLGEN.

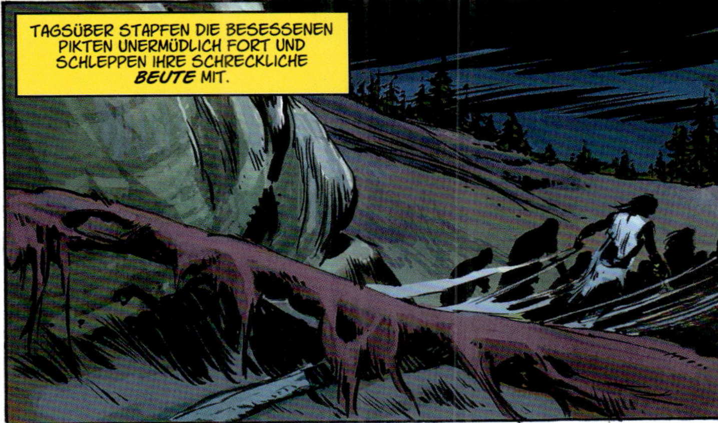
TAGSÜBER STAPFEN DIE BESESSENEN PIKTEN UNERMÜDLICH FORT UND SCHLEPPEN IHRE SCHRECKLICHE *BEUTE* MIT.

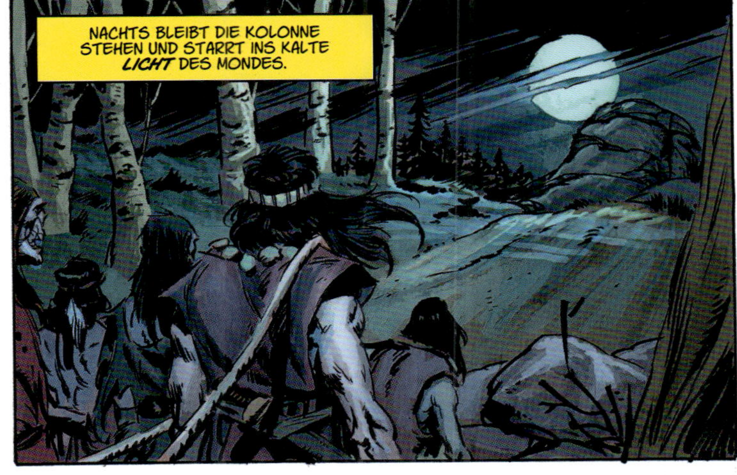
NACHTS BLEIBT DIE KOLONNE STEHEN UND STARRT INS KALTE *LICHT* DES MONDES.

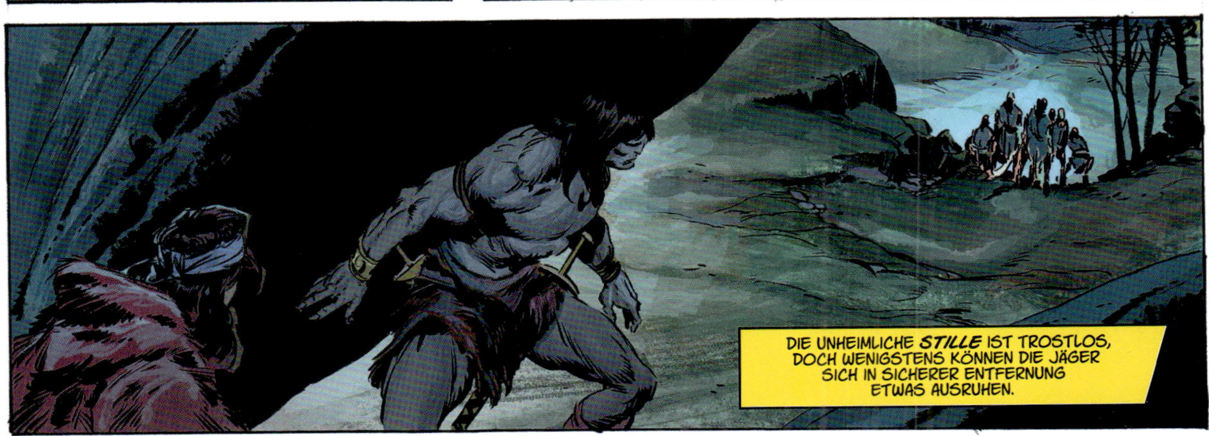
DIE UNHEIMLICHE *STILLE* IST TROSTLOS, DOCH WENIGSTENS KÖNNEN DIE JÄGER SICH IN SICHERER ENTFERNUNG ETWAS AUSRUHEN.

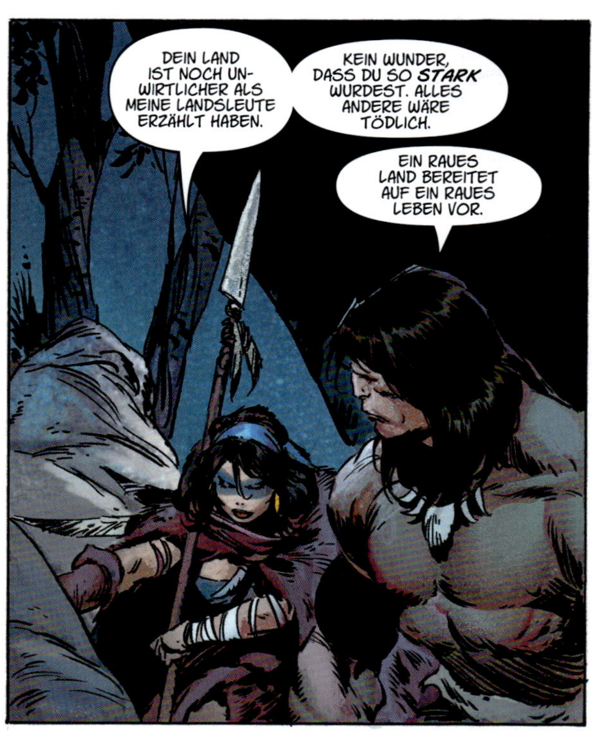
DEIN LAND IST NOCH UN-WIRTLICHER ALS MEINE LANDSLEUTE ERZÄHLT HABEN.
KEIN WUNDER, DASS DU SO STARK WURDEST. ALLES ANDERE WÄRE TÖDLICH.
EIN RAUES LAND BEREITET AUF EIN RAUES LEBEN VOR.

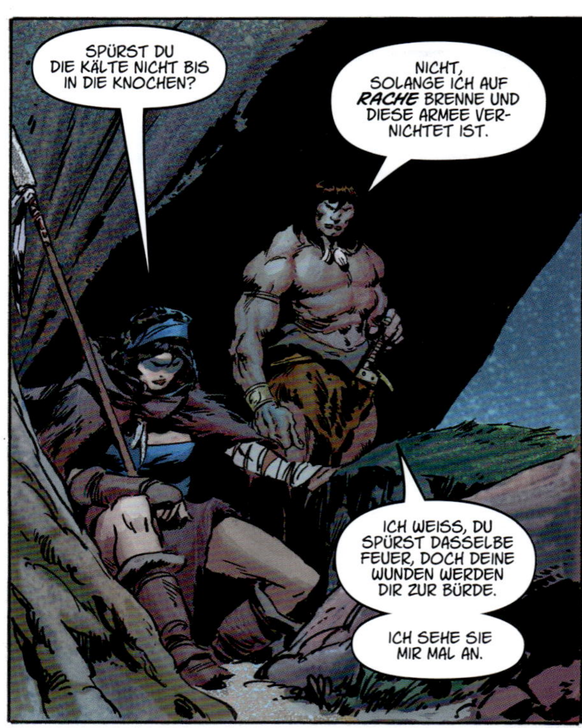
SPÜRST DU DIE KÄLTE NICHT BIS IN DIE KNOCHEN?
NICHT, SOLANGE ICH AUF RACHE BRENNE UND DIESE ARMEE VER-NICHTET IST.
ICH WEISS, DU SPÜRST DASSELBE FEUER, DOCH DEINE WUNDEN WERDEN DIR ZUR BÜRDE.
ICH SEHE SIE MIR MAL AN.

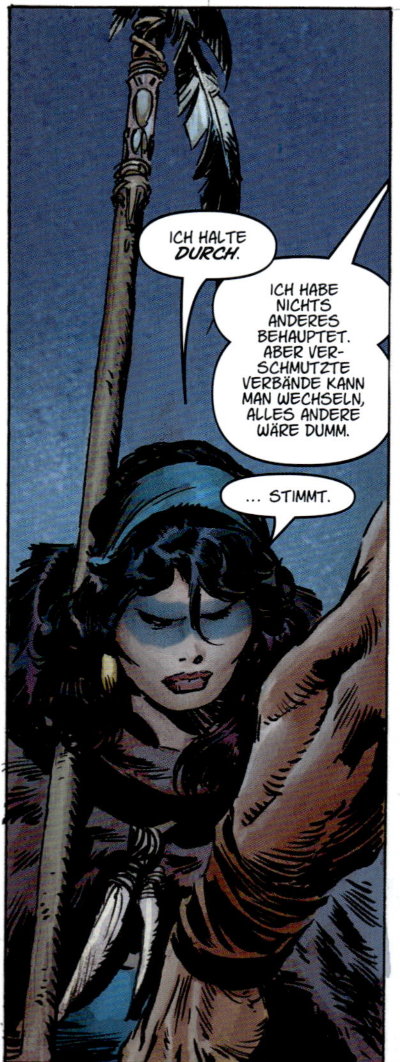
ICH HALTE DURCH.
ICH HABE NICHTS ANDERES BEHAUPTET. ABER VER-SCHMUTZTE VERBÄNDE KANN MAN WECHSELN, ALLES ANDERE WÄRE DUMM.
… STIMMT.

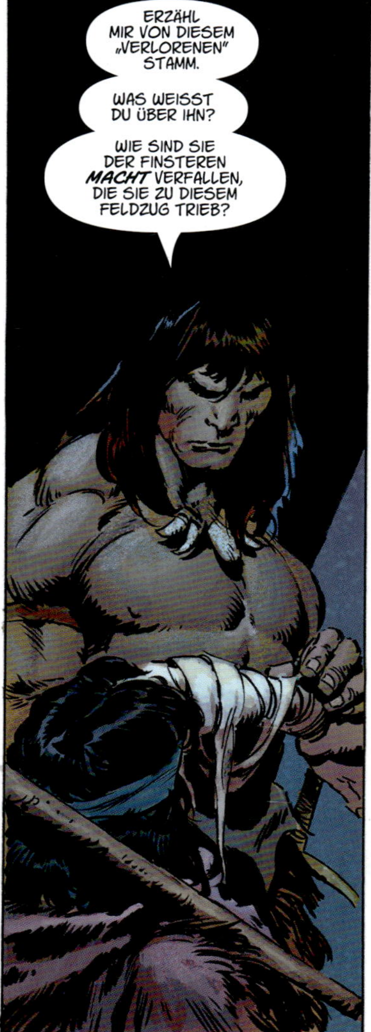
ERZÄHL MIR VON DIESEM „VERLORENEN" STAMM.
WAS WEISST DU ÜBER IHN?
WIE SIND SIE DER FINSTEREN MACHT VERFALLEN, DIE SIE ZU DIESEM FELDZUG TRIEB?

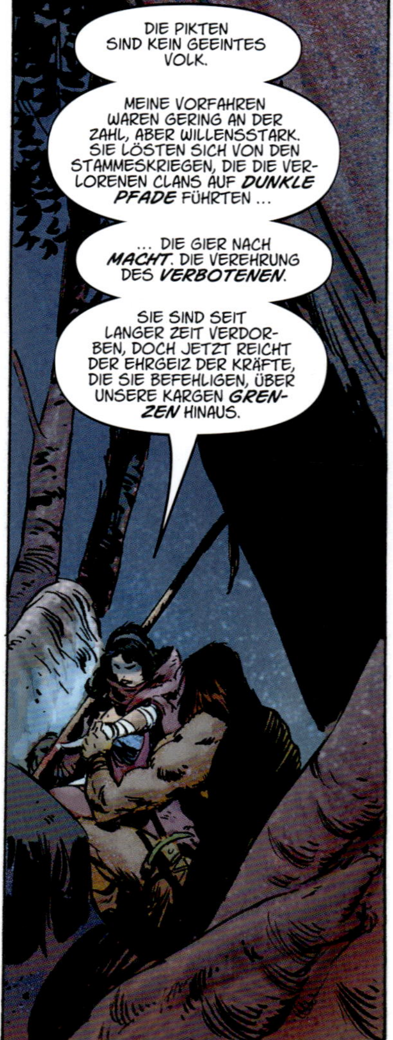
DIE PIKTEN SIND KEIN GEEINTES VOLK.
MEINE VORFAHREN WAREN GERING AN DER ZAHL, ABER WILLENSSTARK. SIE LÖSTEN SICH VON DEN STAMMESKRIEGEN, DIE DIE VER-LORENEN CLANS AUF DUNKLE PFADE FÜHRTEN …
… DIE GIER NACH MACHT. DIE VEREHRUNG DES VERBOTENEN.
SIE SIND SEIT LANGER ZEIT VERDOR-BEN, DOCH JETZT REICHT DER EHRGEIZ DER KRÄFTE, DIE SIE BEFEHLIGEN, ÜBER UNSERE KARGEN GREN-ZEN HINAUS.

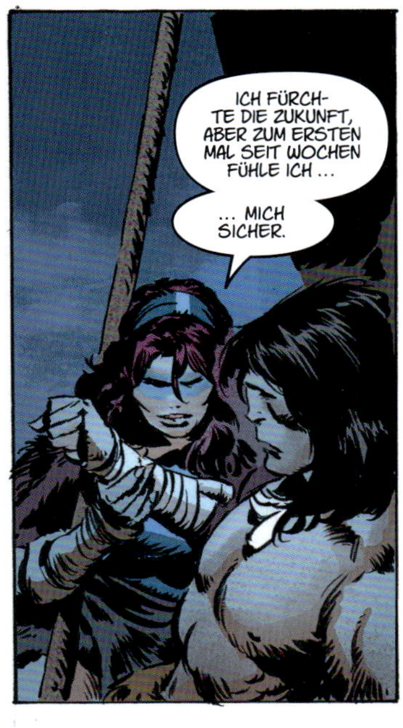
ICH FÜRCHTE DIE ZUKUNFT, ABER ZUM ERSTEN MAL SEIT WOCHEN FÜHLE ICH …
… MICH SICHER.

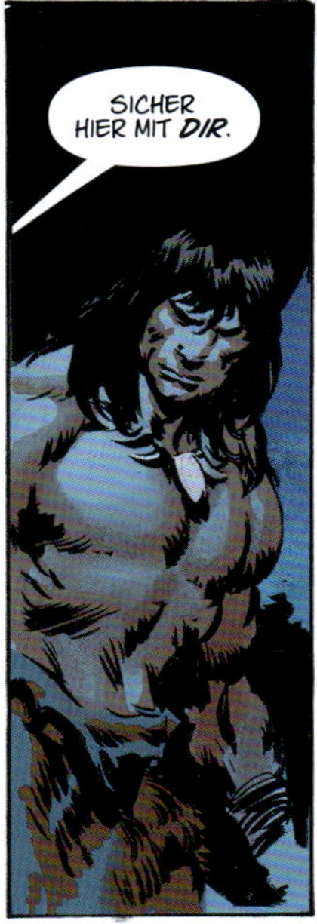
SICHER HIER MIT *DIR*.

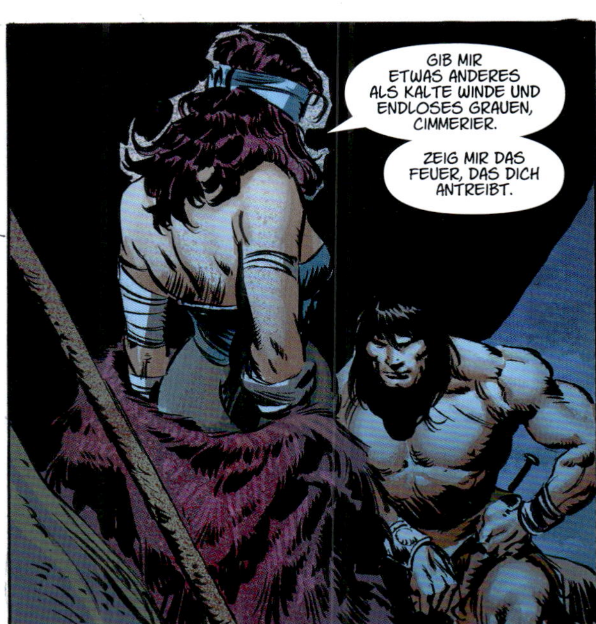
GIB MIR ETWAS ANDERES ALS KALTE WINDE UND ENDLOSES GRAUEN, CIMMERIER.
ZEIG MIR DAS FEUER, DAS DICH ANTREIBT.

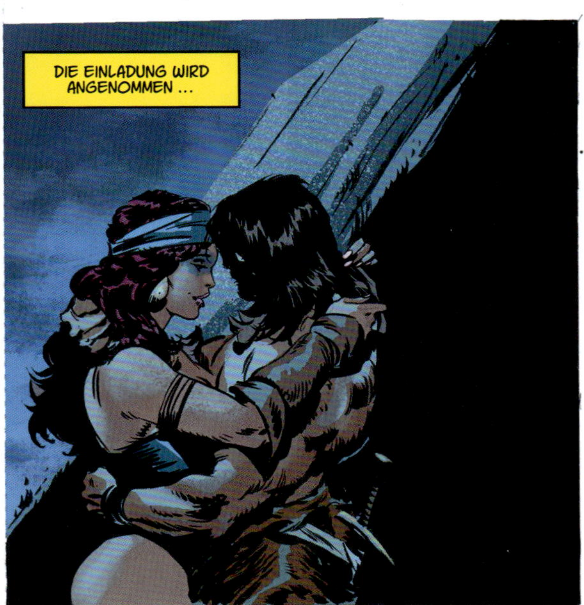
DIE EINLADUNG WIRD ANGENOMMEN …

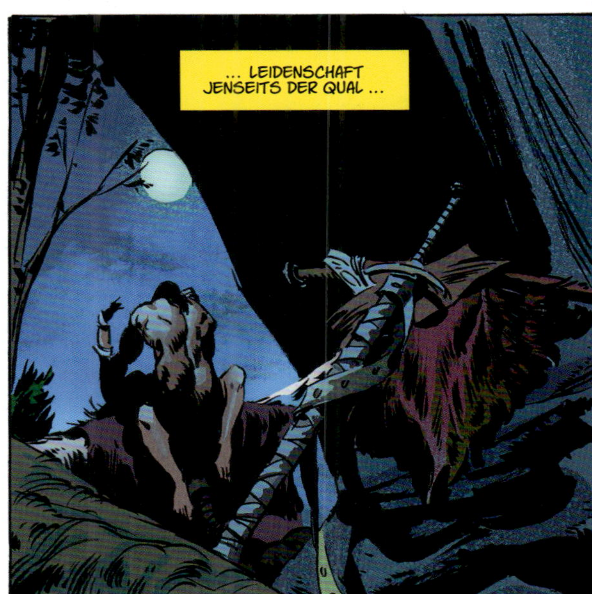
… LEIDENSCHAFT JENSEITS DER QUAL …

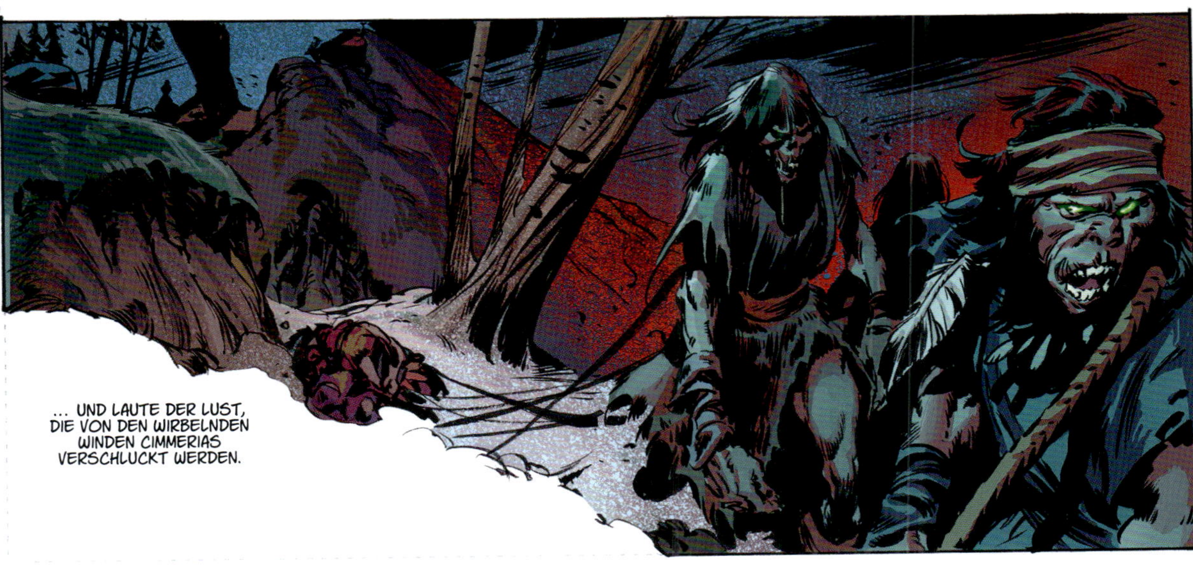
… UND LAUTE DER LUST, DIE VON DEN WIRBELNDEN WINDEN CIMMERIAS VERSCHLUCKT WERDEN.

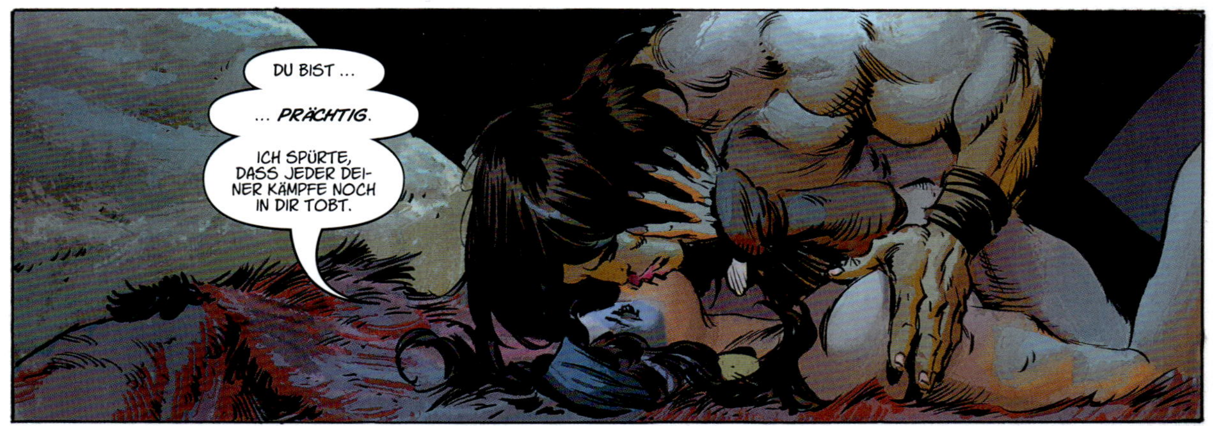
DU BIST …
… *PRÄCHTIG*.
ICH SPÜRTE, DASS JEDER DEINER KÄMPFE NOCH IN DIR TOBT.

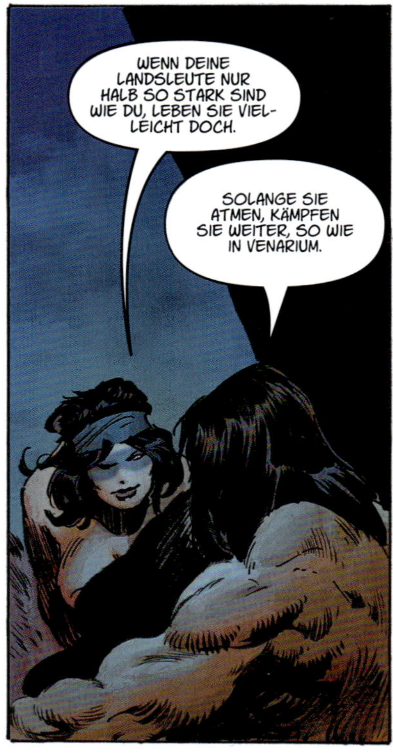
WENN DEINE LANDSLEUTE NUR HALB SO STARK SIND WIE DU, LEBEN SIE VIELLEICHT DOCH.
SOLANGE SIE ATMEN, KÄMPFEN SIE WEITER, SO WIE IN VENARIUM.

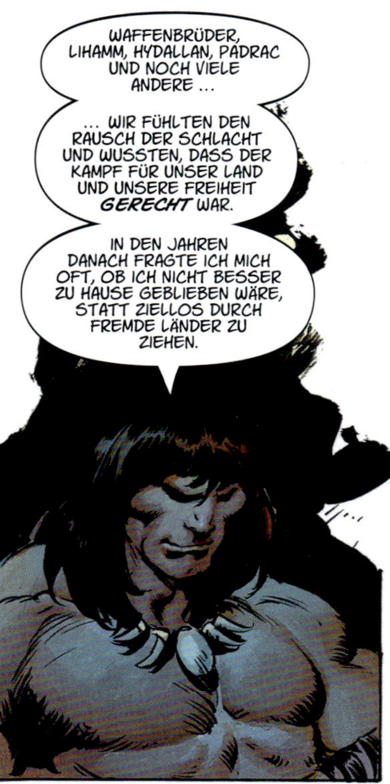
WAFFENBRÜDER, LIHAMM, HYDALLAN, PADRAC UND NOCH VIELE ANDERE …
… WIR FÜHLTEN DEN RAUSCH DER SCHLACHT UND WUSSTEN, DASS DER KAMPF FÜR UNSER LAND UND UNSERE FREIHEIT *GERECHT* WAR.
IN DEN JAHREN DANACH FRAGTE ICH MICH OFT, OB ICH NICHT BESSER ZU HAUSE GEBLIEBEN WÄRE, STATT ZIELLOS DURCH FREMDE LÄNDER ZU ZIEHEN.

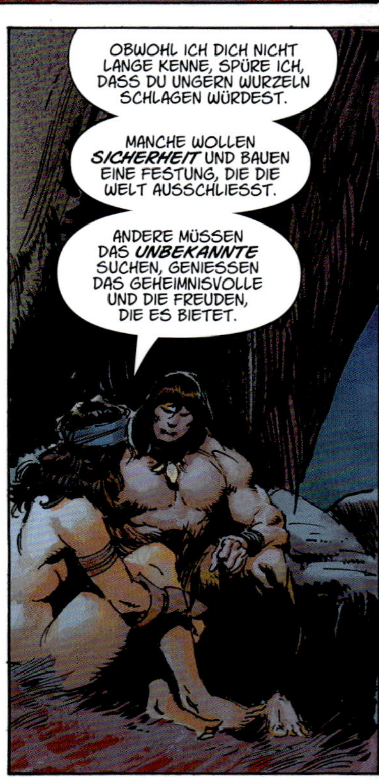
OBWOHL ICH DICH NICHT LANGE KENNE, SPÜRE ICH, DASS DU UNGERN WURZELN SCHLAGEN WÜRDEST.
MANCHE WOLLEN *SICHERHEIT* UND BAUEN EINE FESTUNG, DIE DIE WELT AUSSCHLIESST.
ANDERE MÜSSEN DAS *UNBEKANNTE* SUCHEN, GENIESSEN DAS GEHEIMNISVOLLE UND DIE FREUDEN, DIE ES BIETET.

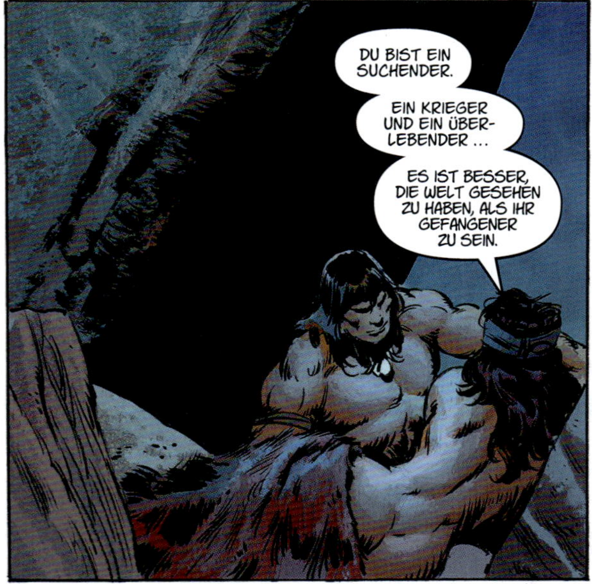
DU BIST EIN SUCHENDER.
EIN KRIEGER UND EIN ÜBERLEBENDER …
ES IST BESSER, DIE WELT GESEHEN ZU HABEN, ALS IHR GEFANGENER ZU SEIN.

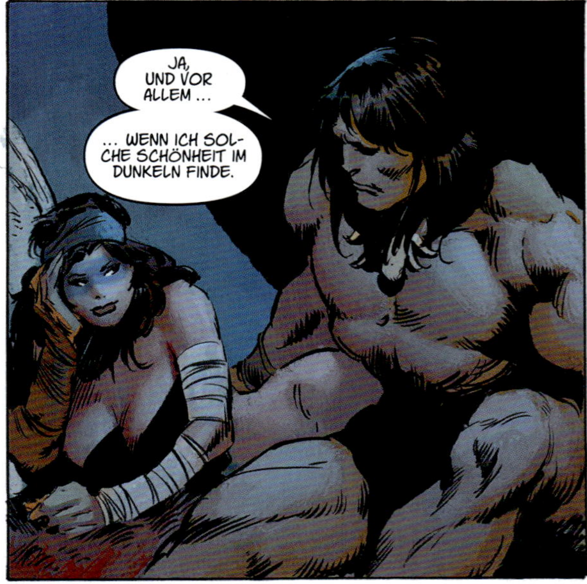
JA, UND VOR ALLEM …
… WENN ICH SOLCHE SCHÖNHEIT IM DUNKELN FINDE.

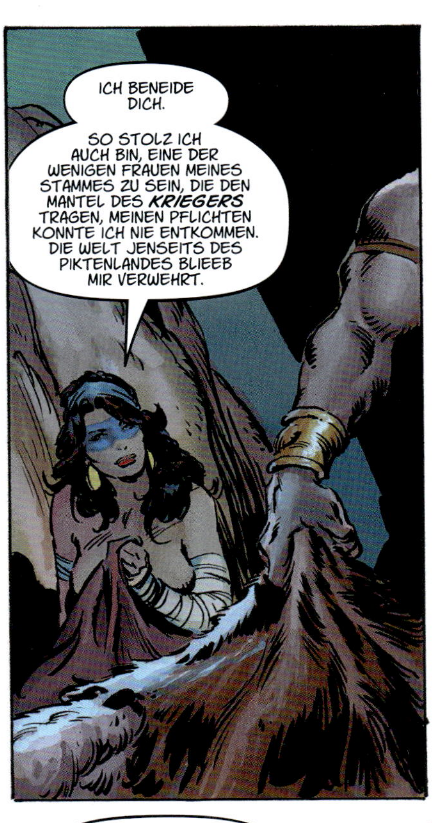
ICH BENEIDE DICH.
SO STOLZ ICH AUCH BIN, EINE DER WENIGEN FRAUEN MEINES STAMMES ZU SEIN, DIE DEN MANTEL DES **KRIEGERS** TRAGEN, MEINEN PFLICHTEN KONNTE ICH NIE ENTKOMMEN. DIE WELT JENSEITS DES PIKTENLANDES BLIEEB MIR VERWEHRT.

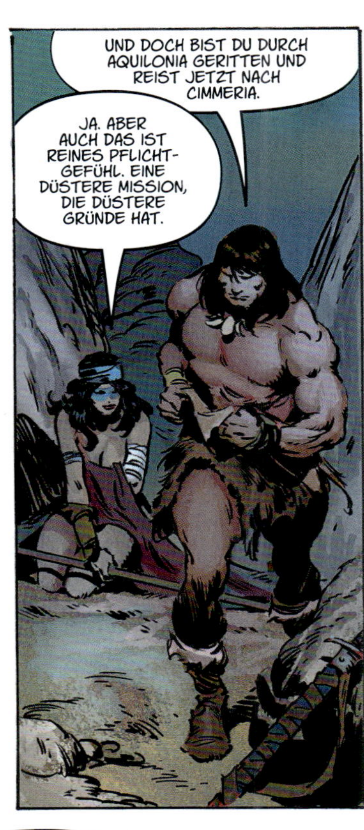
UND DOCH BIST DU DURCH AQUILONIA GERITTEN UND REIST JETZT NACH CIMMERIA.
JA. ABER AUCH DAS IST REINES PFLICHT-GEFÜHL. EINE DÜSTERE MISSION, DIE DÜSTERE GRÜNDE HAT.

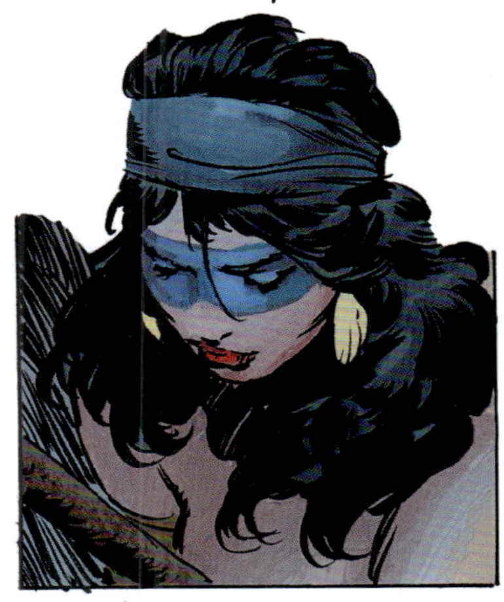
MEINE FA-MILIE IST **TOT**, MEIN DORF ZER-STÖRT.
WAS VON MEINEM VOLK ÜBRIG IST, WURDE IN EINE HORDE DES TODES VERWANDELT.
ICH FRAGE MICH, OB DIE GÖTTER DIE PIKTEN AUF EWIG VER-LASSEN HABEN …

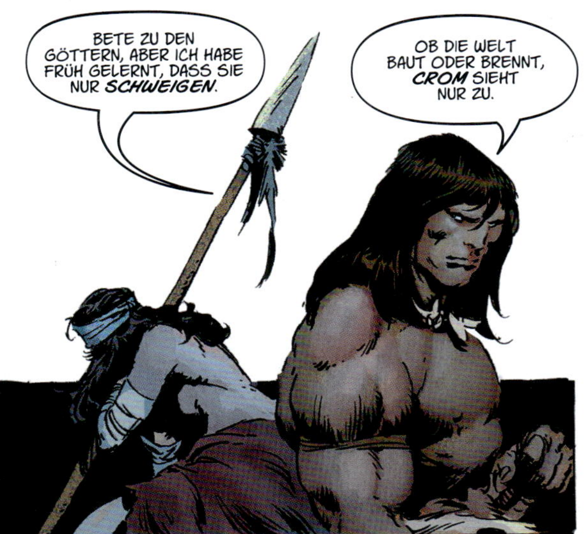
BETE ZU DEN GÖTTERN, ABER ICH HABE FRÜH GELERNT, DASS SIE NUR **SCHWEIGEN**.
OB DIE WELT BAUT ODER BRENNT, **CROM** SIEHT NUR ZU.

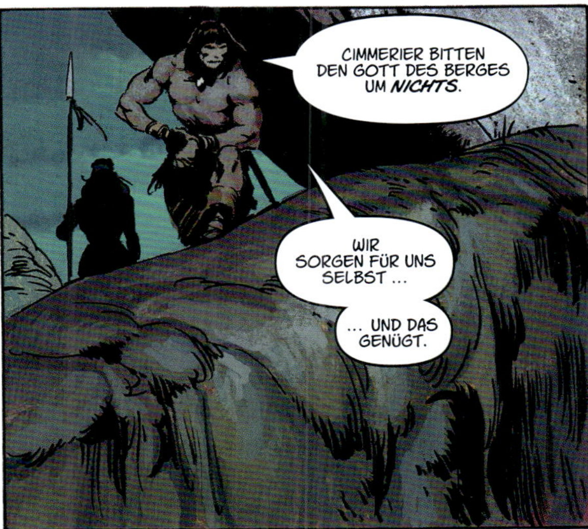
CIMMERIER BITTEN DEN GOTT DES BERGES UM **NICHTS**.
WIR SORGEN FÜR UNS SELBST …
… UND DAS GENÜGT.

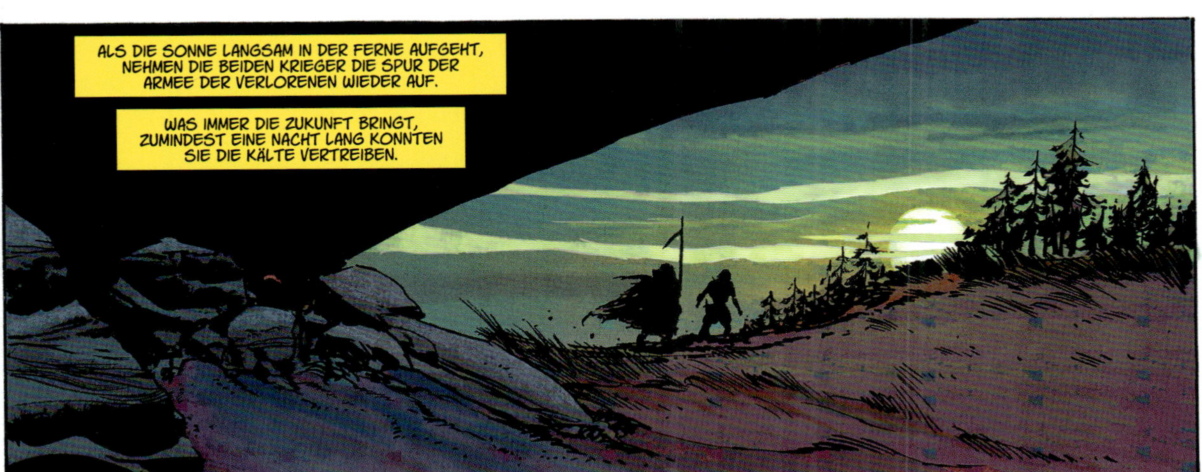
ALS DIE SONNE LANGSAM IN DER FERNE AUFGEHT, NEHMEN DIE BEIDEN KRIEGER DIE SPUR DER ARMEE DER VERLORENEN WIEDER AUF.
WAS IMMER DIE ZUKUNFT BRINGT, ZUMINDEST EINE NACHT LANG KONNTEN SIE DIE KÄLTE VERTREIBEN.

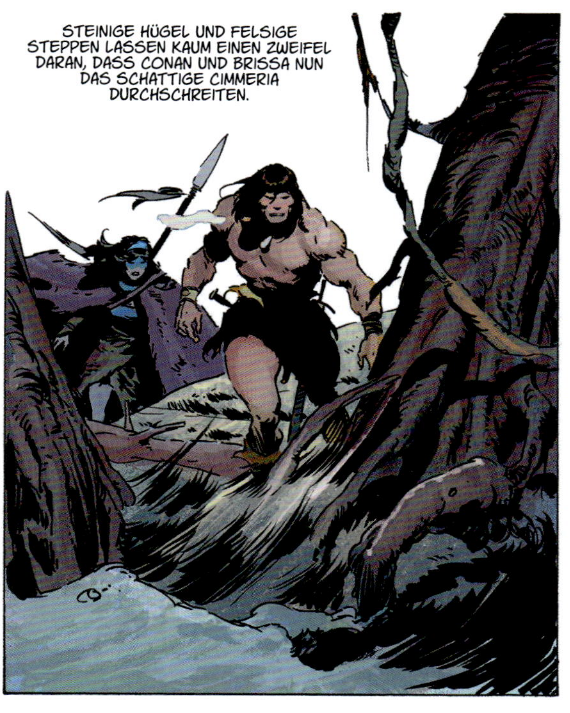
STEINIGE HÜGEL UND FELSIGE STEPPEN LASSEN KAUM EINEN ZWEIFEL DARAN, DASS CONAN UND BRISSA NUN DAS SCHATTIGE CIMMERIA DURCHSCHREITEN.

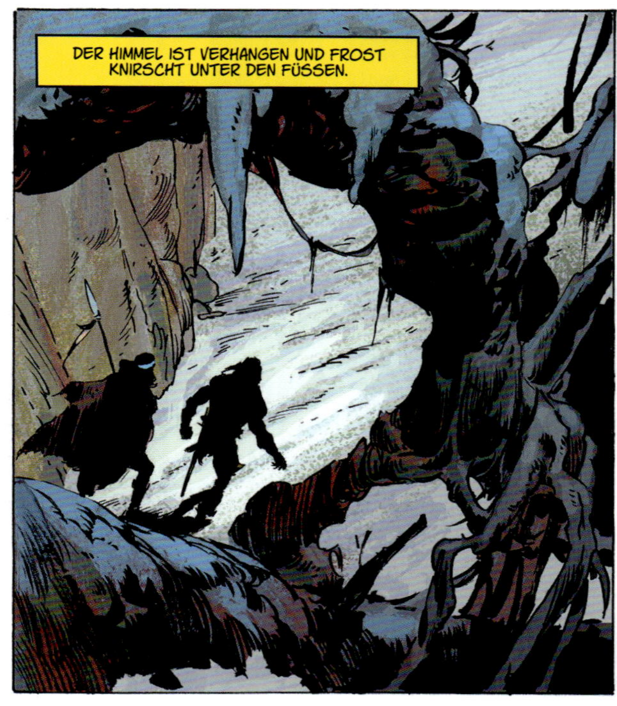
DER HIMMEL IST VERHANGEN UND FROST KNIRSCHT UNTER DEN FÜSSEN.

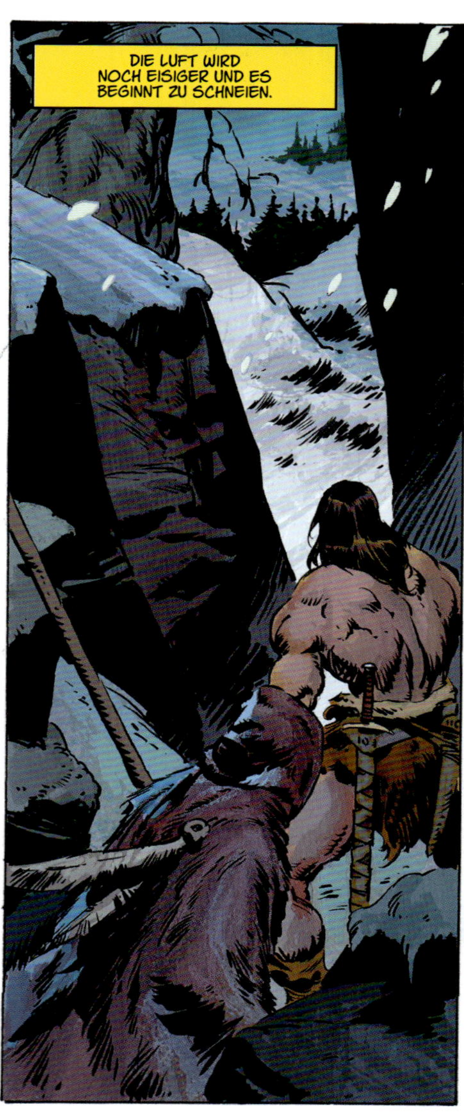
DIE LUFT WIRD NOCH EISIGER UND ES BEGINNT ZU SCHNEIEN.

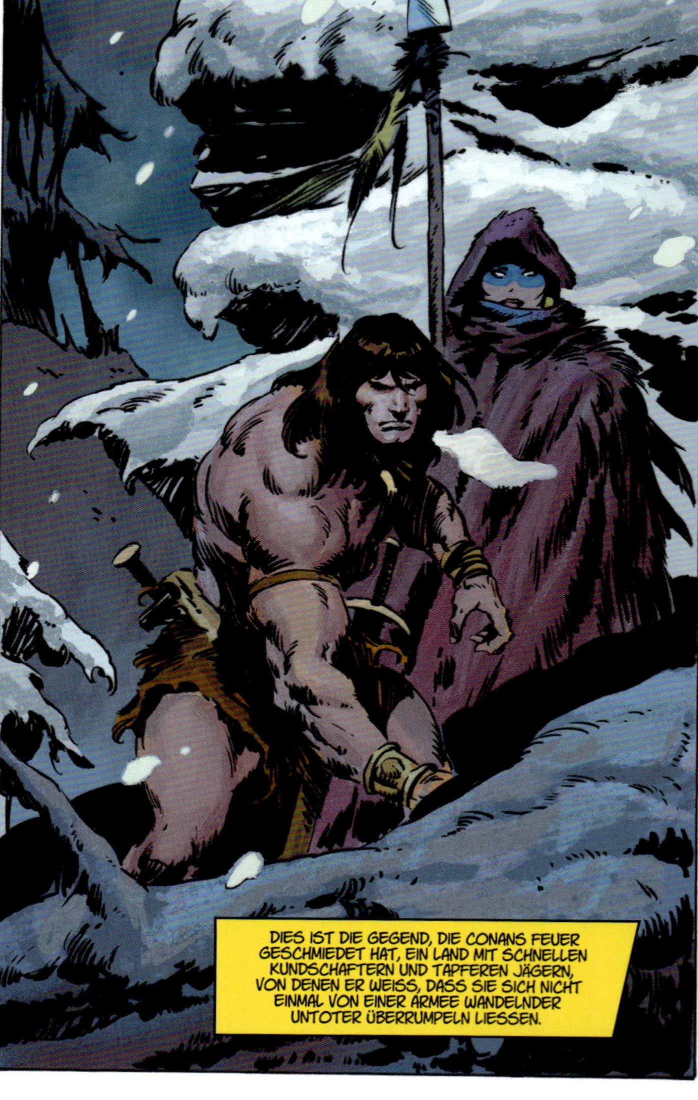
DIES IST DIE GEGEND, DIE CONANS FEUER GESCHMIEDET HAT, EIN LAND MIT SCHNELLEN KUNDSCHAFTERN UND TAPFEREN JÄGERN, VON DENEN ER WEISS, DASS SIE SICH NICHT EINMAL VON EINER ARMEE WANDELNDER UNTOTER ÜBERRUMPELN LIESSEN.

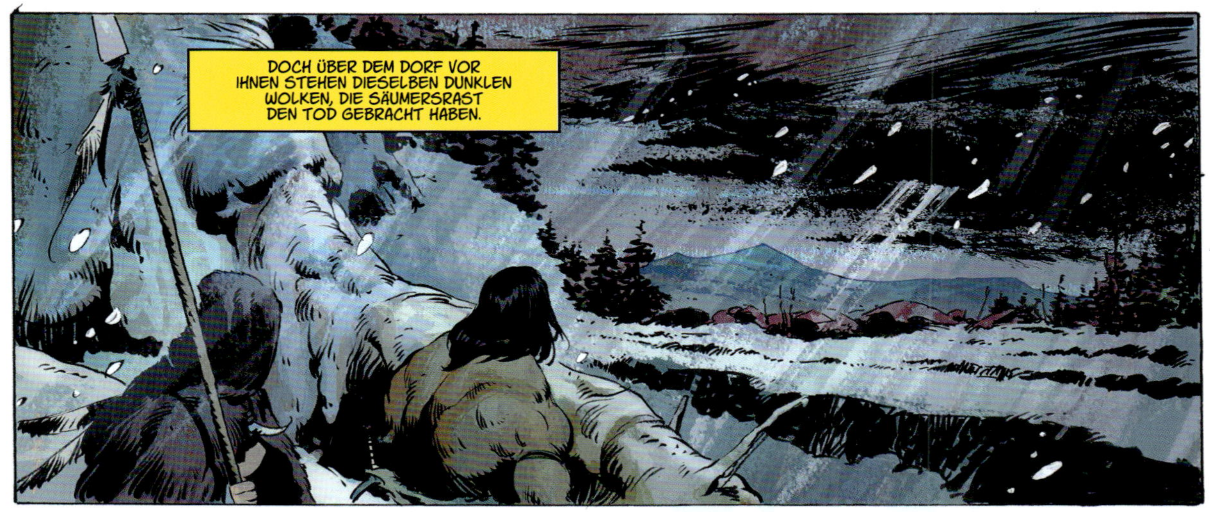
DOCH ÜBER DEM DORF VOR IHNEN STEHEN DIESELBEN DUNKLEN WOLKEN, DIE SÄUMERSRAST DEN TOD GEBRACHT HABEN.

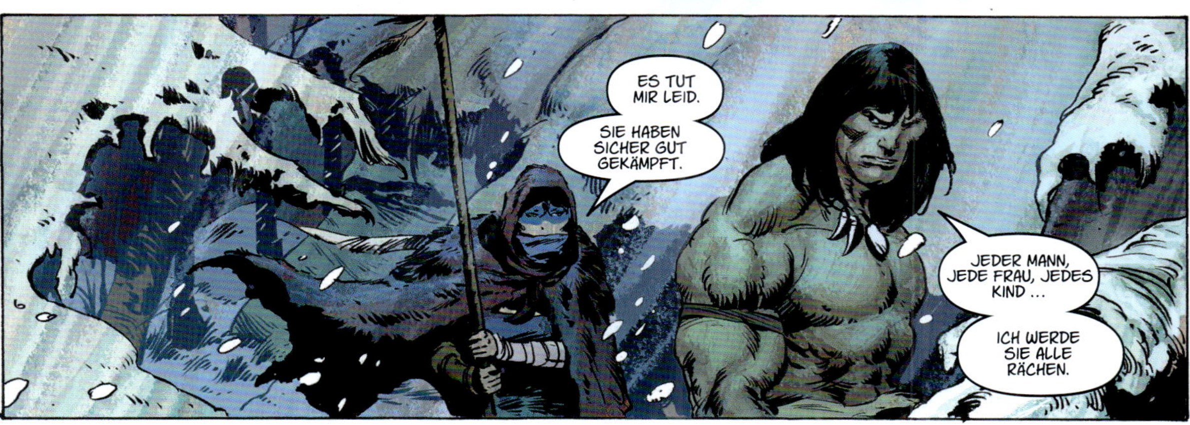
ES TUT MIR LEID.
SIE HABEN SICHER GUT GEKÄMPFT.
JEDER MANN, JEDE FRAU, JEDES KIND ...
ICH WERDE SIE ALLE RÄCHEN.

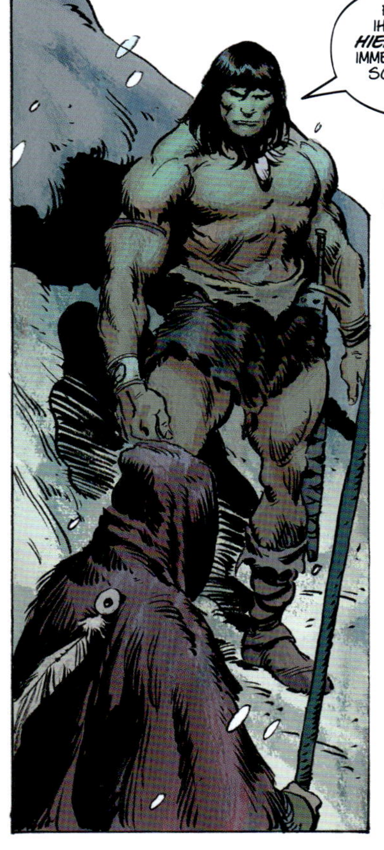
DEINE VERFLUCHTE SIPPE HAT IHRE FINSTERE BEUTE *HIERHER* GEBRACHT. WAS IMMER SIE VORHABEN, DIES SCHEINT EINE ART VERSAMMLUNGSORT ZU SEIN.
GEH NACH SÜDEN NACH *TARANTIA*, DER AQUILONISCHEN HAUPTSTADT. WARNE SIE, DASS IHRE STÄDTE ALS NÄCHSTES FALLEN, WENN SIE SICH NICHT VORBEREITEN.

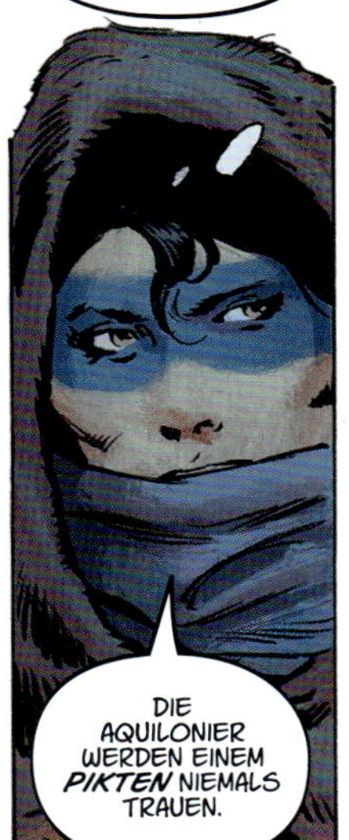
DIE AQUILONIER WERDEN EINEM *PIKTEN* NIEMALS TRAUEN.

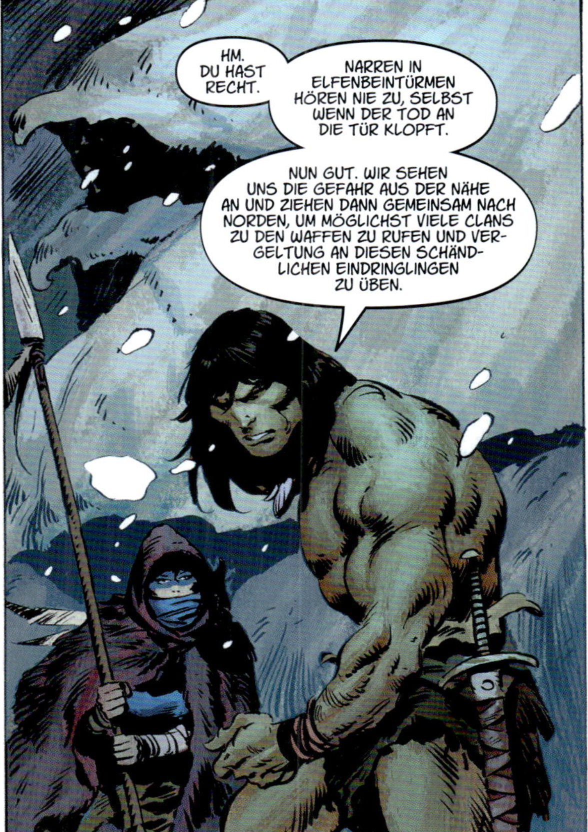
HM. DU HAST RECHT.
NARREN IN ELFENBEINTÜRMEN HÖREN NIE ZU, SELBST WENN DER TOD AN DIE TÜR KLOPFT.
NUN GUT. WIR SEHEN UNS DIE GEFAHR AUS DER NÄHE AN UND ZIEHEN DANN GEMEINSAM NACH NORDEN, UM MÖGLICHST VIELE CLANS ZU DEN WAFFEN ZU RUFEN UND VERGELTUNG AN DIESEN SCHÄNDLICHEN EINDRINGLINGEN ZU ÜBEN.

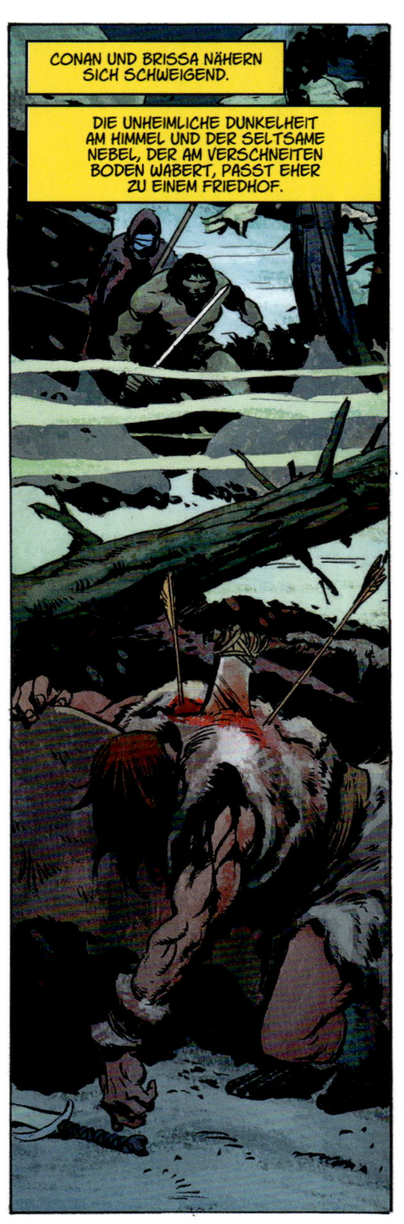
CONAN UND BRISSA NÄHERN SICH SCHWEIGEND.
DIE UNHEIMLICHE DUNKELHEIT AM HIMMEL UND DER SELTSAME NEBEL, DER AM VERSCHNEITEN BODEN WABERT, PASST EHER ZU EINEM FRIEDHOF.

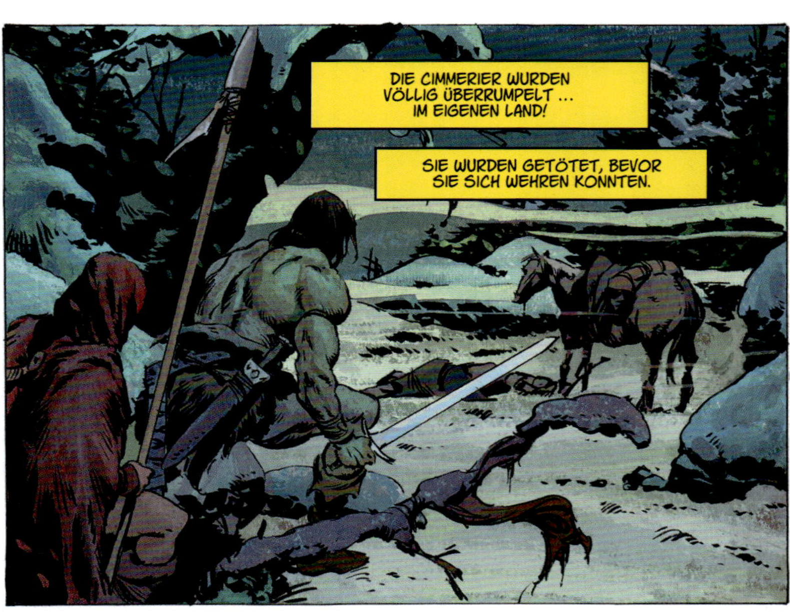
DIE CIMMERIER WURDEN VÖLLIG ÜBERRUMPELT ... IM EIGENEN LAND!
SIE WURDEN GETÖTET, BEVOR SIE SICH WEHREN KONNTEN.

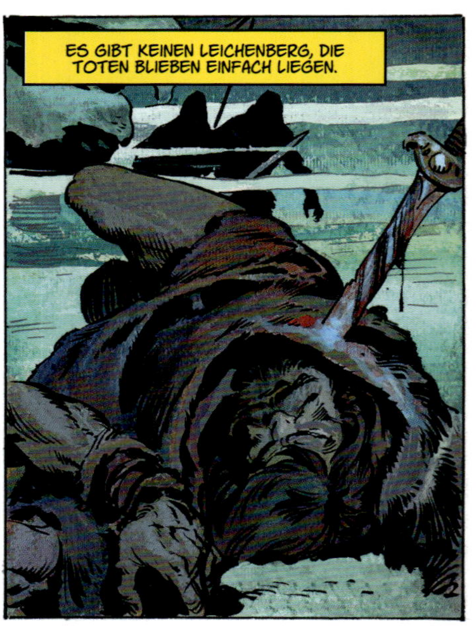
ES GIBT KEINEN LEICHENBERG, DIE TOTEN BLIEBEN EINFACH LIEGEN.

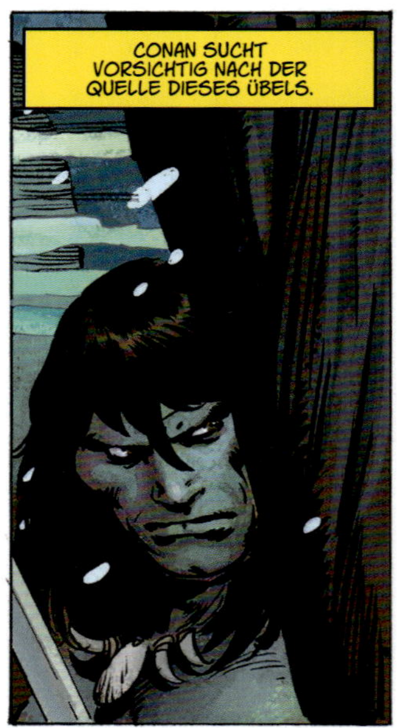
CONAN SUCHT VORSICHTIG NACH DER QUELLE DIESES ÜBELS.

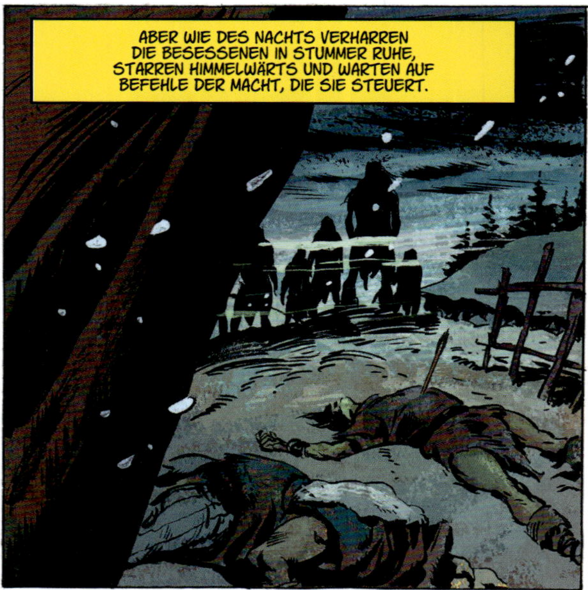
ABER WIE DES NACHTS VERHARREN DIE BESESSENEN IN STUMMER RUHE, STARREN HIMMELWÄRTS UND WARTEN AUF BEFEHLE DER MACHT, DIE SIE STEUERT.

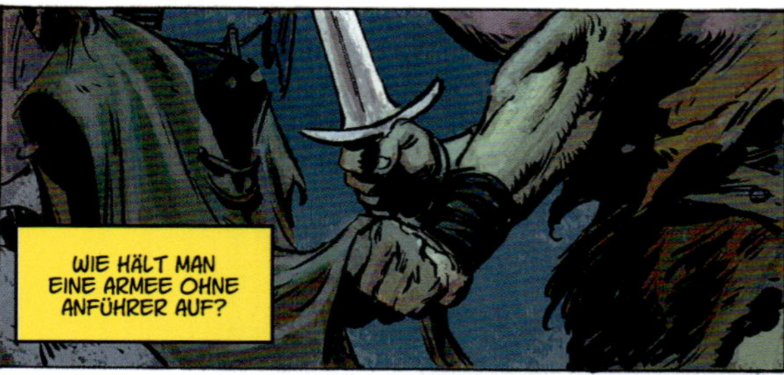
WIE HÄLT MAN EINE ARMEE OHNE ANFÜHRER AUF?

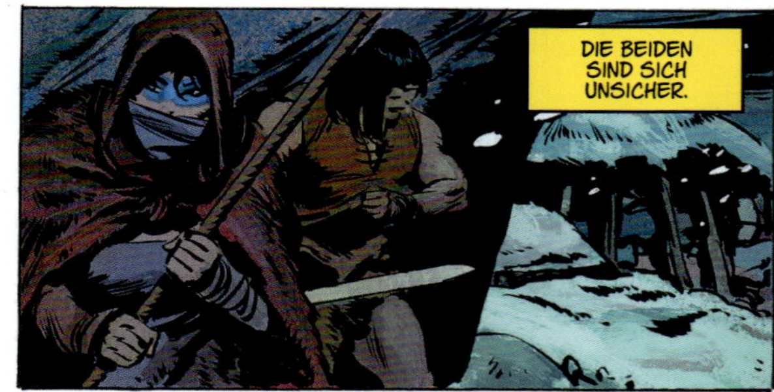
DIE BEIDEN SIND SICH UNSICHER.

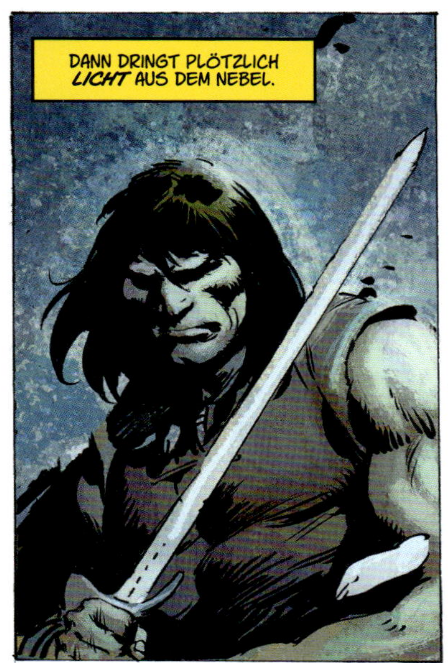
DANN DRINGT PLÖTZLICH
LICHT AUS DEM NEBEL.

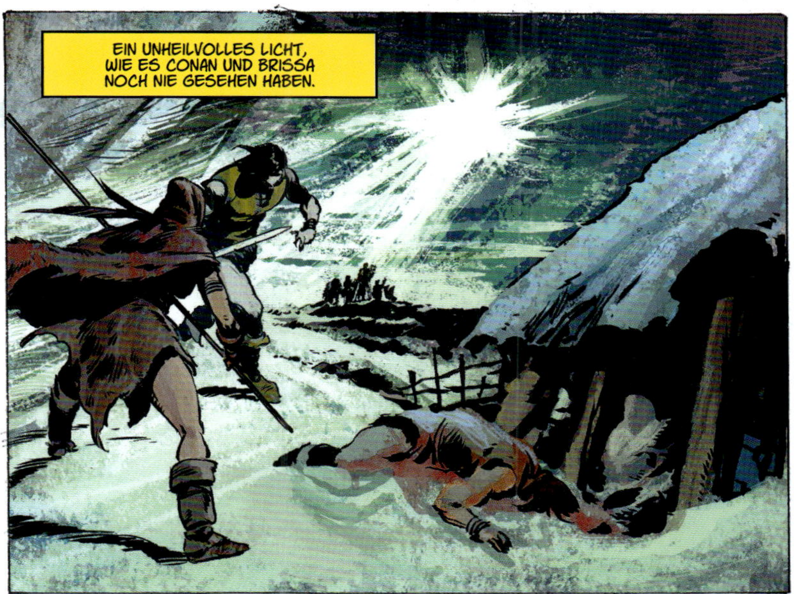
EIN UNHEILVOLLES LICHT,
WIE ES CONAN UND BRISSA
NOCH NIE GESEHEN HABEN.

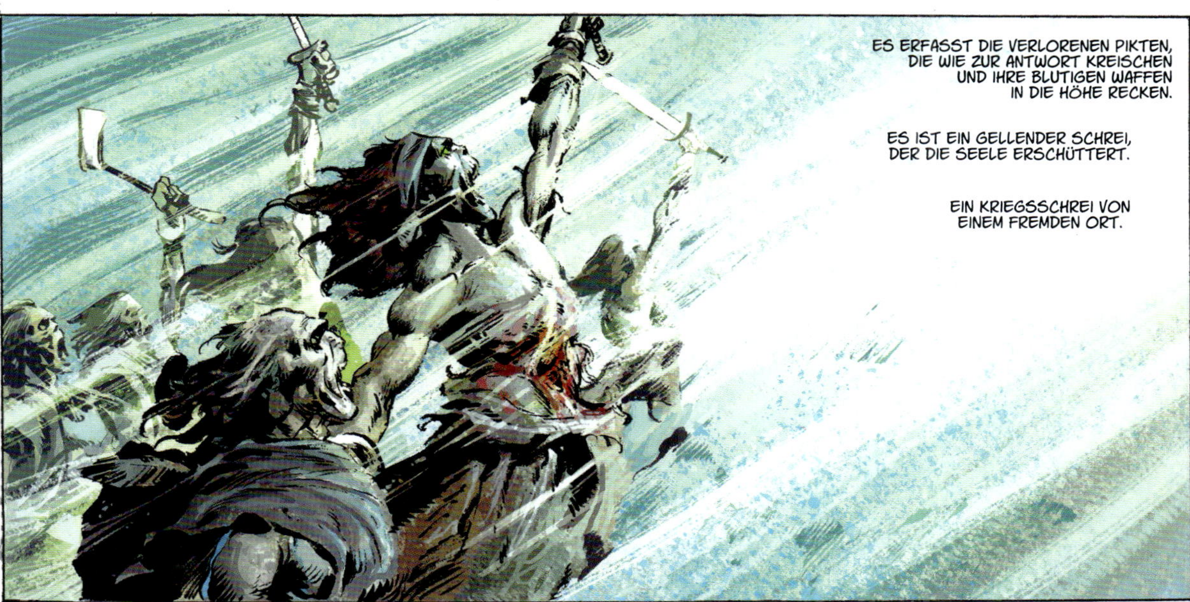
ES ERFASST DIE VERLORENEN PIKTEN,
DIE WIE ZUR ANTWORT KREISCHEN
UND IHRE BLUTIGEN WAFFEN
IN DIE HÖHE RECKEN.
ES IST EIN GELLENDER SCHREI,
DER DIE SEELE ERSCHÜTTERT.
EIN KRIEGSSCHREI VON
EINEM FREMDEN ORT.

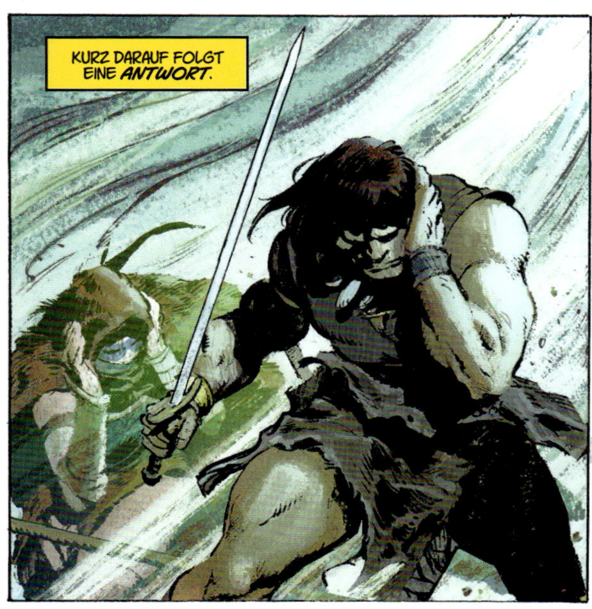
KURZ DARAUF FOLGT
EINE ANTWORT.

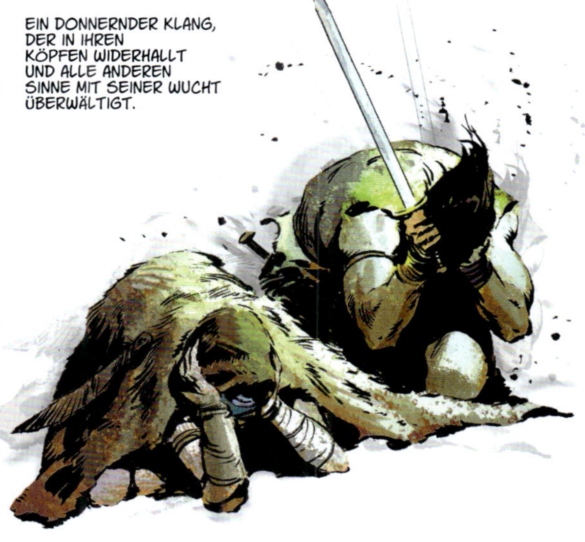
EIN DONNERNDER KLANG,
DER IN IHREN
KÖPFEN WIDERHALLT
UND ALLE ANDEREN
SINNE MIT SEINER WUCHT
ÜBERWÄLTIGT.

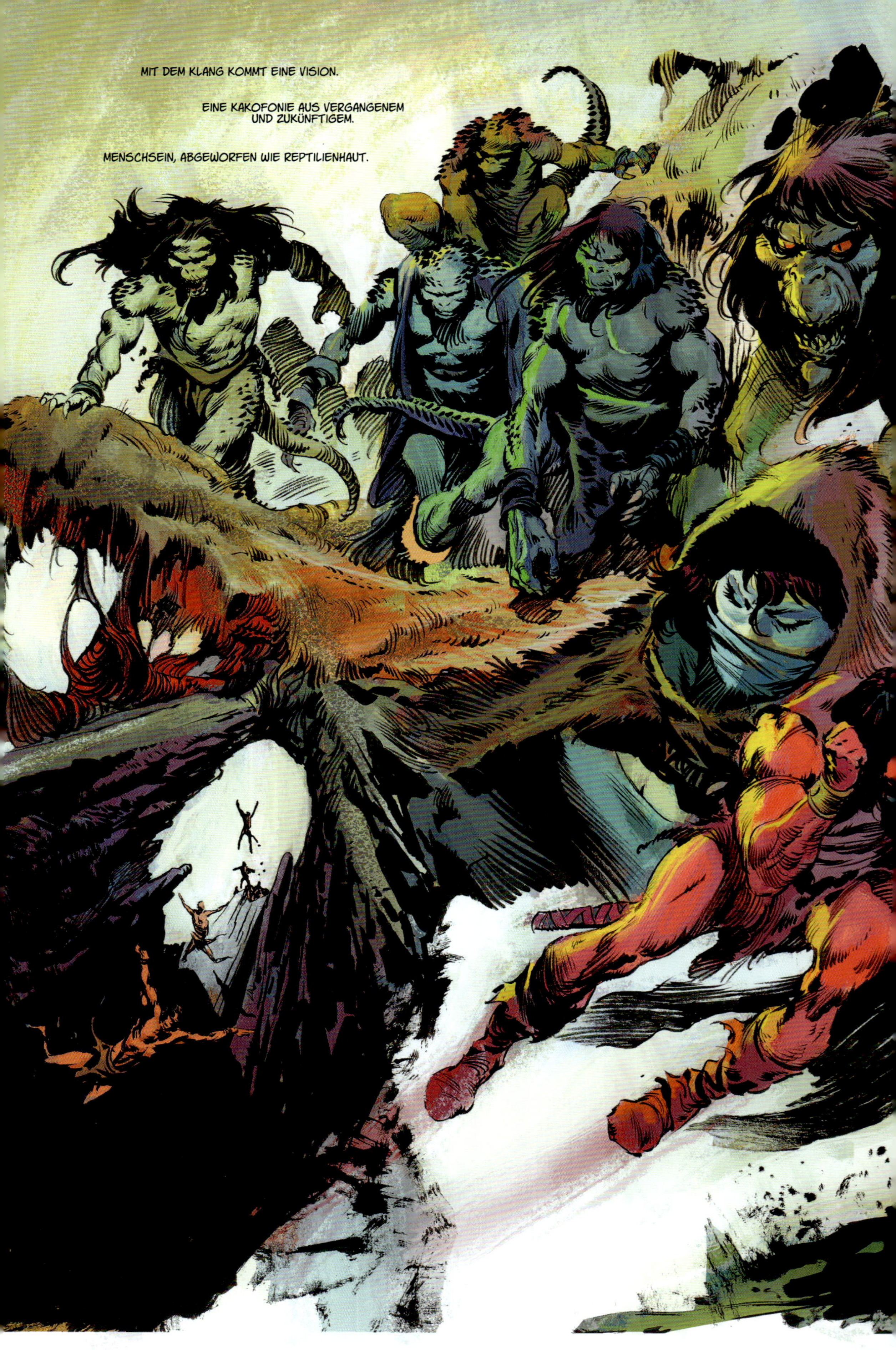
MIT DEM KLANG KOMMT EINE VISION.
EINE KAKOFONIE AUS VERGANGENEM UND ZUKÜNFTIGEM.
MENSCHSEIN, ABGEWORFEN WIE REPTILIENHAUT.

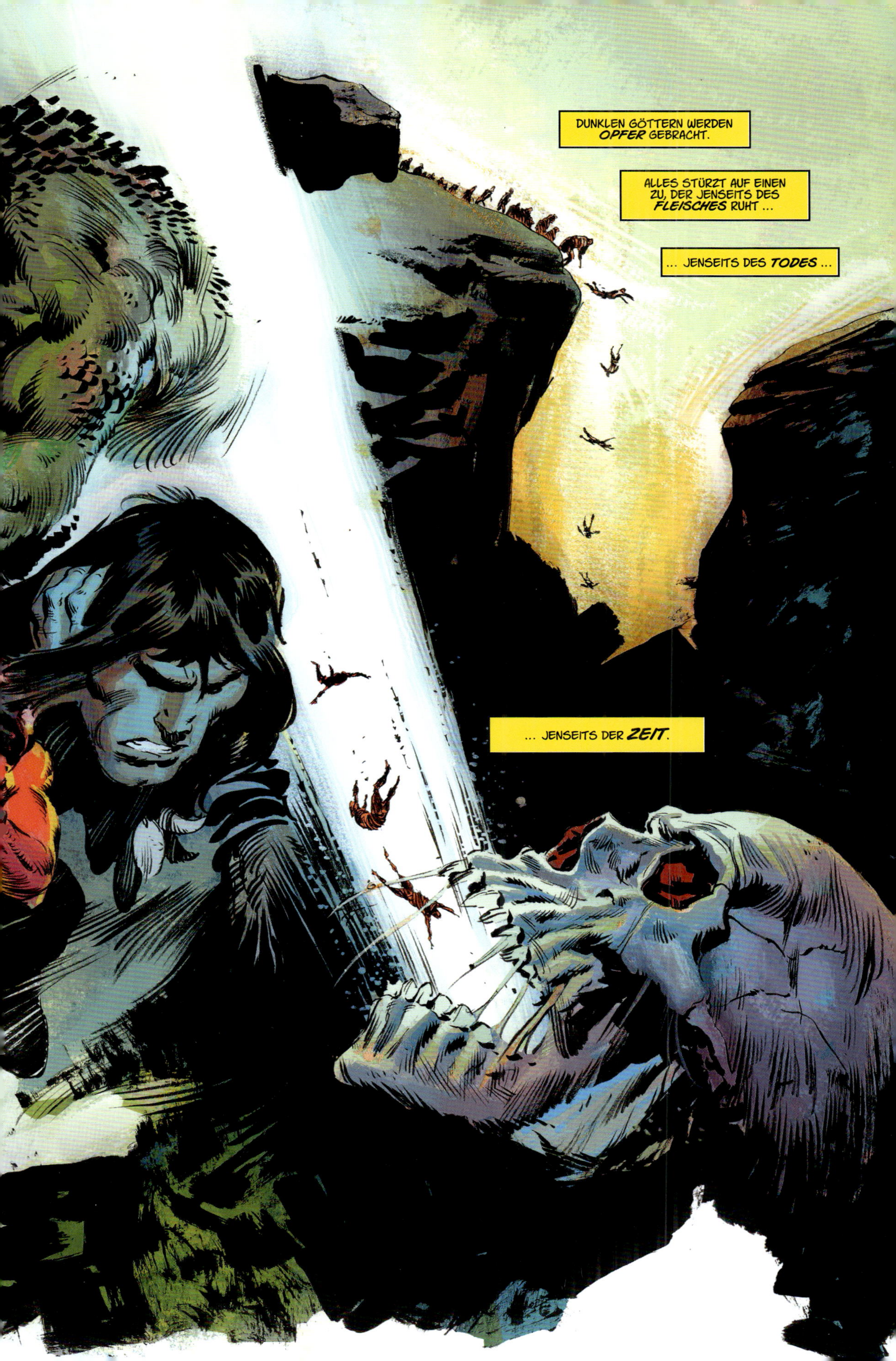
DUNKLEN GÖTTERN WERDEN OPFER GEBRACHT.
ALLES STÜRZT AUF EINEN ZU, DER JENSEITS DES FLEISCHES RUHT …
… JENSEITS DES TODES …
… JENSEITS DER ZEIT.

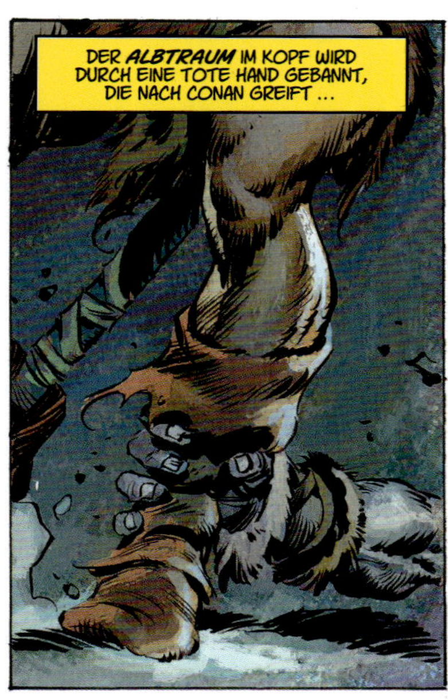
DER ALBTRAUM IM KOPF WIRD DURCH EINE TOTE HAND GEBANNT, DIE NACH CONAN GREIFT …

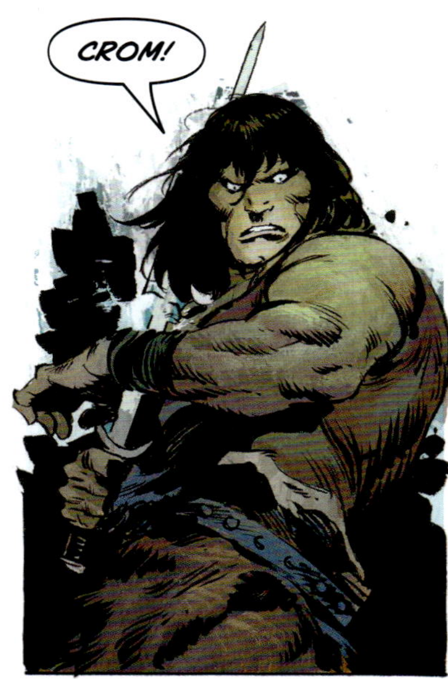
CROM!

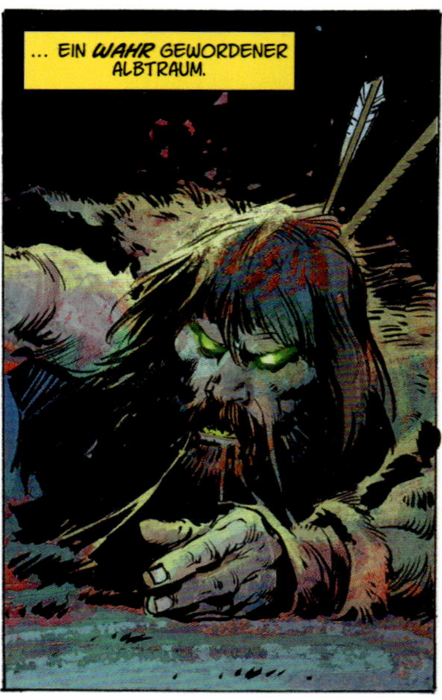
… EIN WAHR GEWORDENER ALBTRAUM.

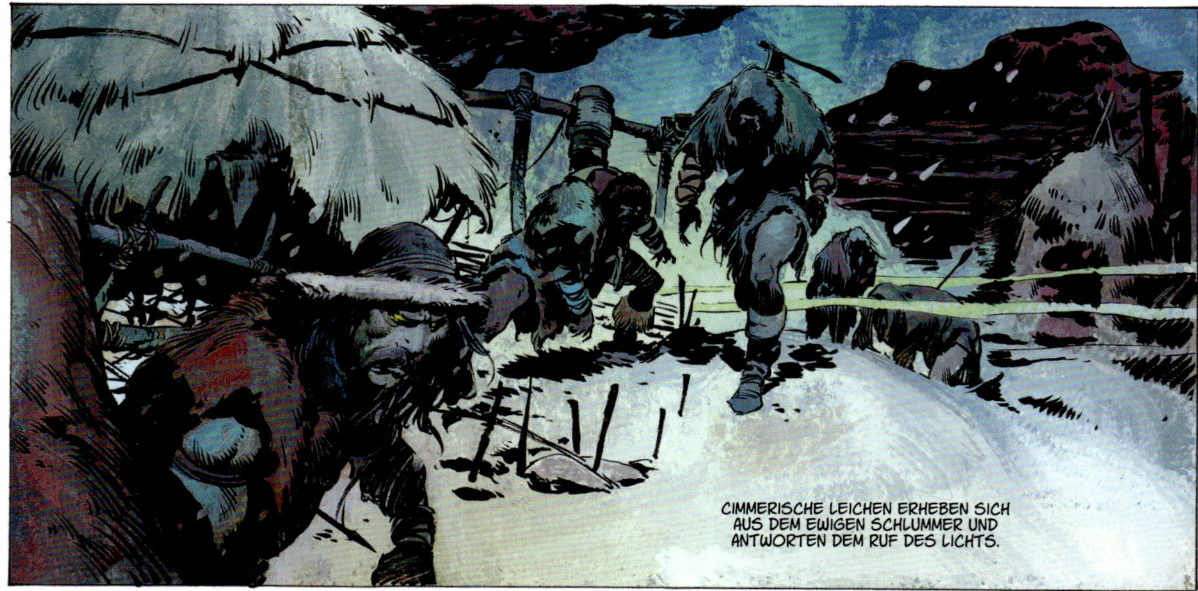
CIMMERISCHE LEICHEN ERHEBEN SICH AUS DEM EWIGEN SCHLUMMER UND ANTWORTEN DEM RUF DES LICHTS.

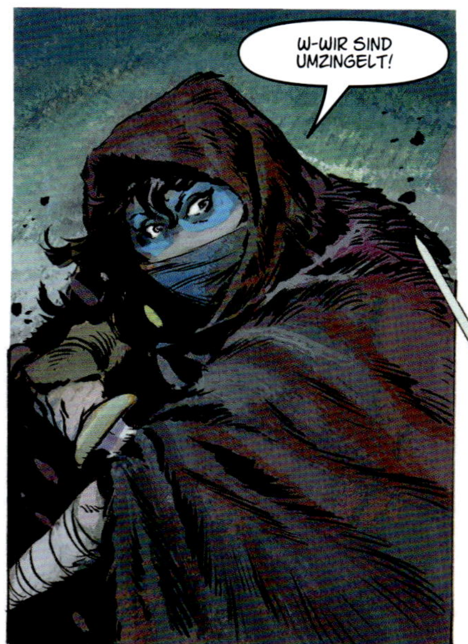
W-WIR SIND UMZINGELT!

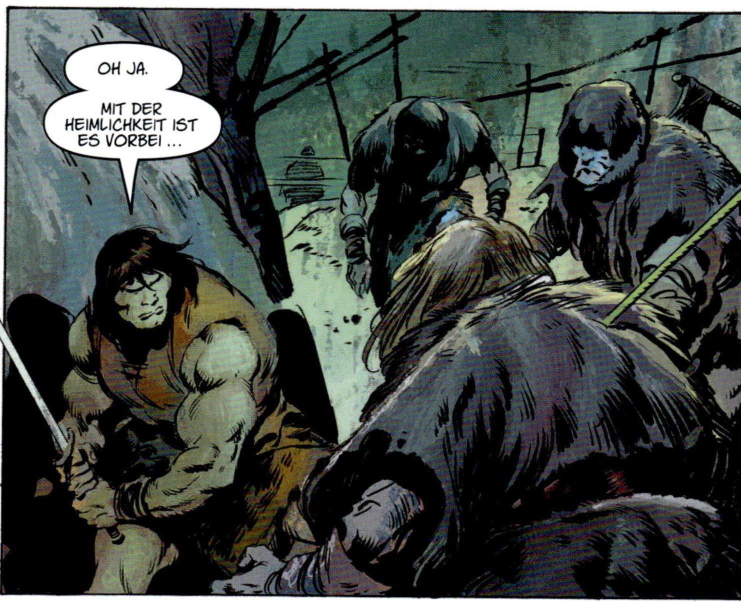
OH JA.
MIT DER HEIMLICHKEIT IST ES VORBEI …

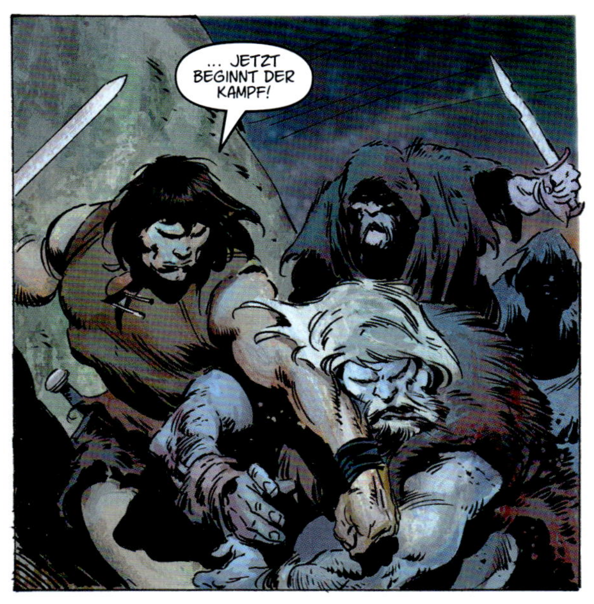
… JETZT BEGINNT DER KAMPF!

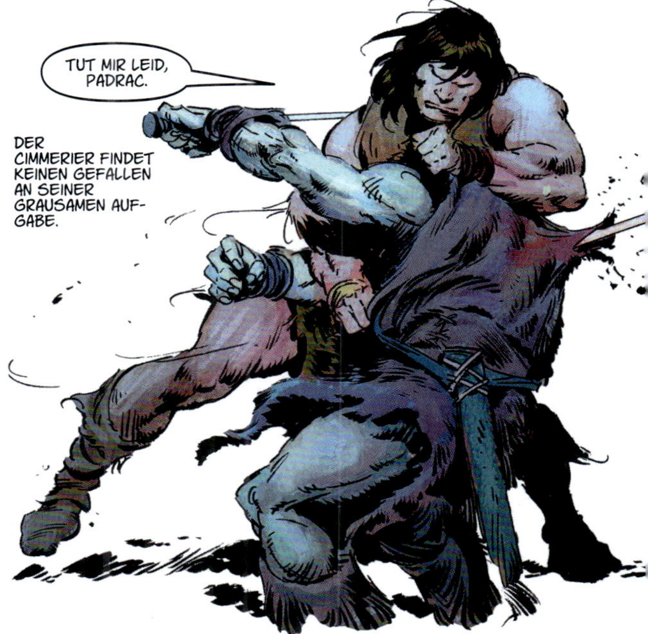
TUT MIR LEID, PADRAC.
DER CIMMERIER FINDET KEINEN GEFALLEN AN SEINER GRAUSAMEN AUFGABE.

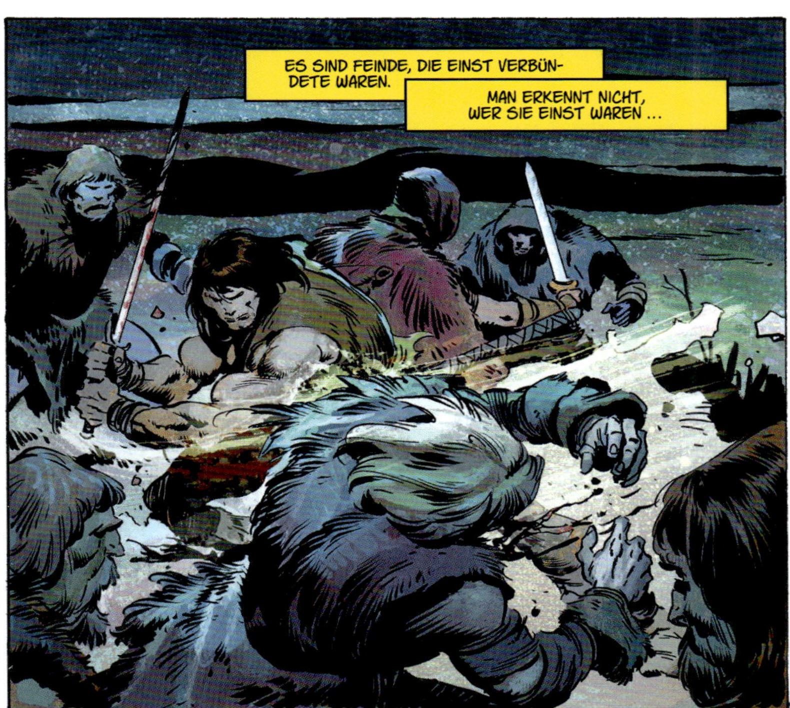
ES SIND FEINDE, DIE EINST VERBÜNDETE WAREN.
MAN ERKENNT NICHT, WER SIE EINST WAREN …

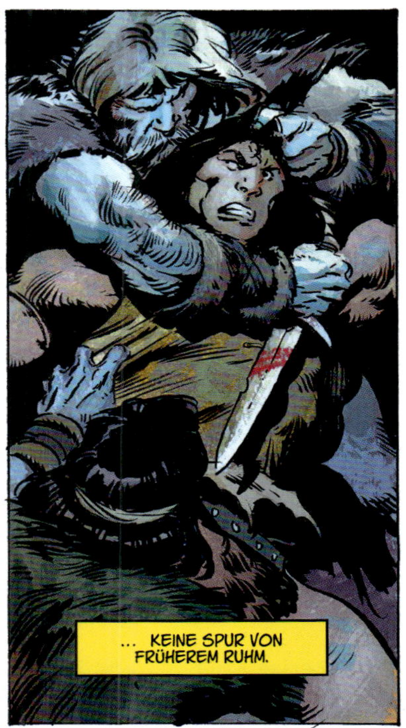
… KEINE SPUR VON FRÜHEREM RUHM.

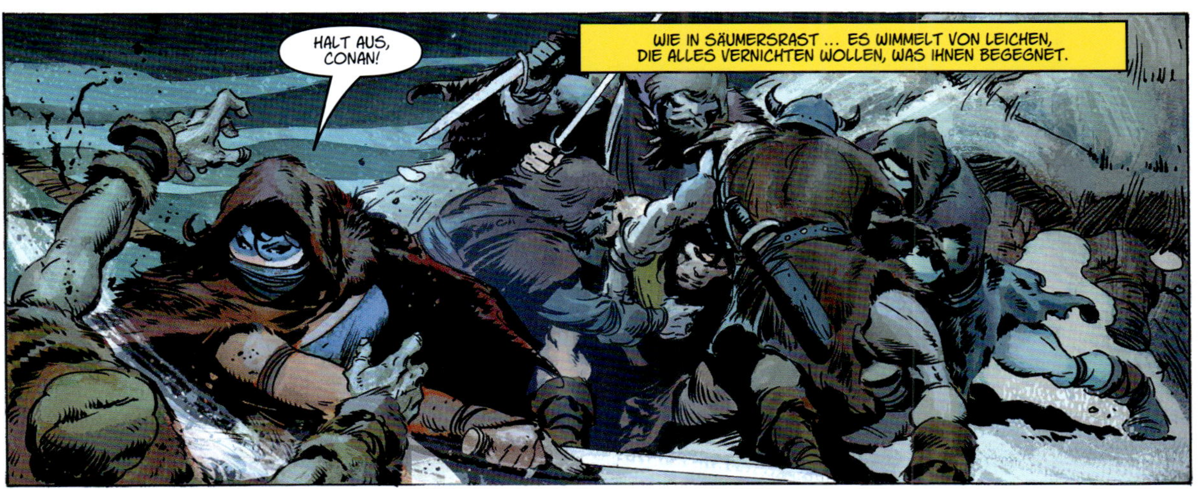
WIE IN SÄUMERSRAST … ES WIMMELT VON LEICHEN, DIE ALLES VERNICHTEN WOLLEN, WAS IHNEN BEGEGNET.
HALT AUS, CONAN!

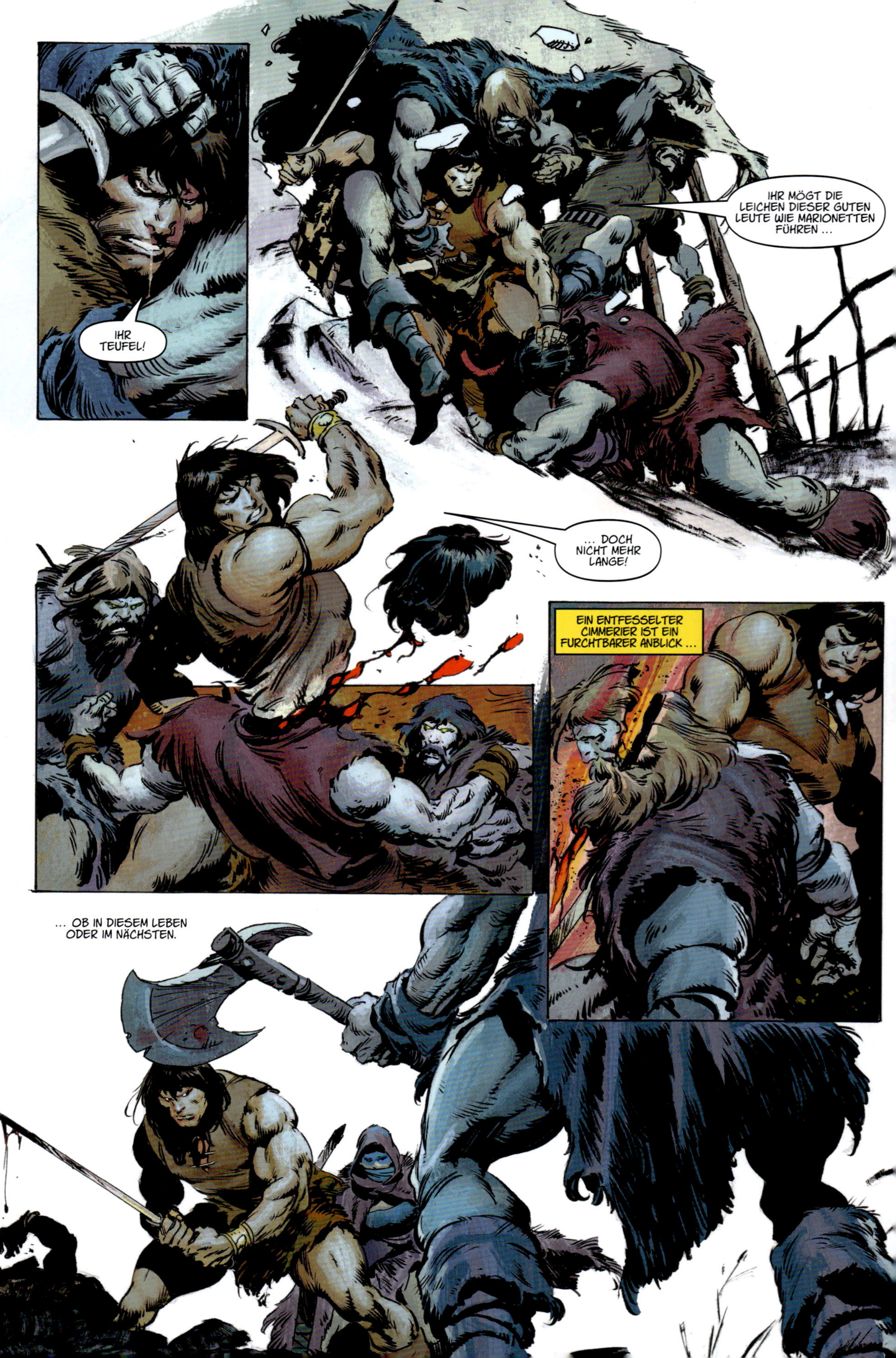
IHR TEUFEL!
IHR MÖGT DIE LEICHEN DIESER GUTEN LEUTE WIE MARIONETTEN FÜHREN …
… DOCH NICHT MEHR LANGE!
EIN ENTFESSELTER CIMMERIER IST EIN FURCHTBARER ANBLICK …
… OB IN DIESEM LEBEN ODER IM NÄCHSTEN.

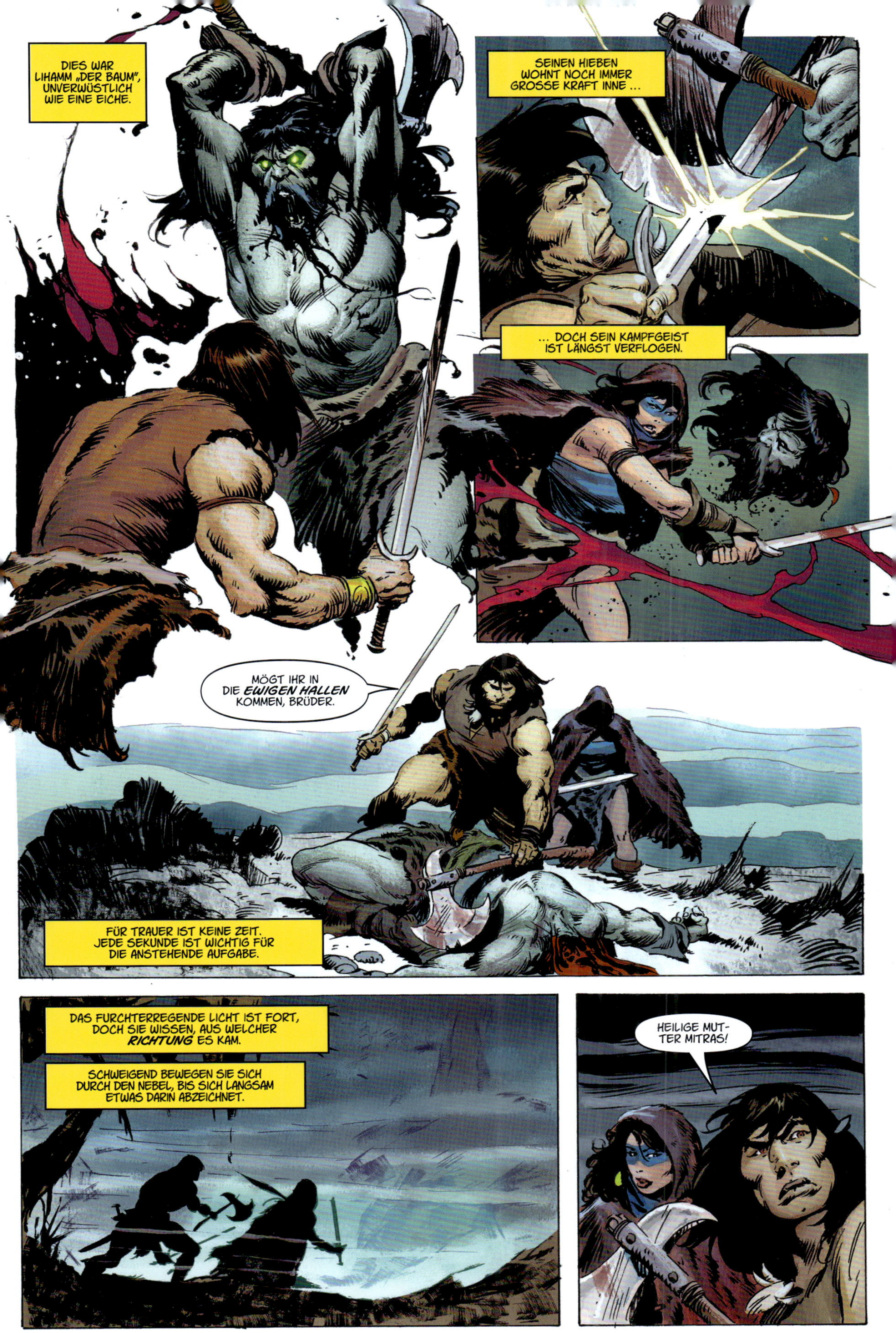

DIES WAR LIHAMM „DER BAUM", UNVERWÜSTLICH WIE EINE EICHE.

SEINEN HIEBEN WOHNT NOCH IMMER GROSSE KRAFT INNE ...

... DOCH SEIN KAMPFGEIST IST LÄNGST VERFLOGEN.

MÖGT IHR IN DIE ***EWIGEN HALLEN*** KOMMEN, BRÜDER.

FÜR TRAUER IST KEINE ZEIT. JEDE SEKUNDE IST WICHTIG FÜR DIE ANSTEHENDE AUFGABE.

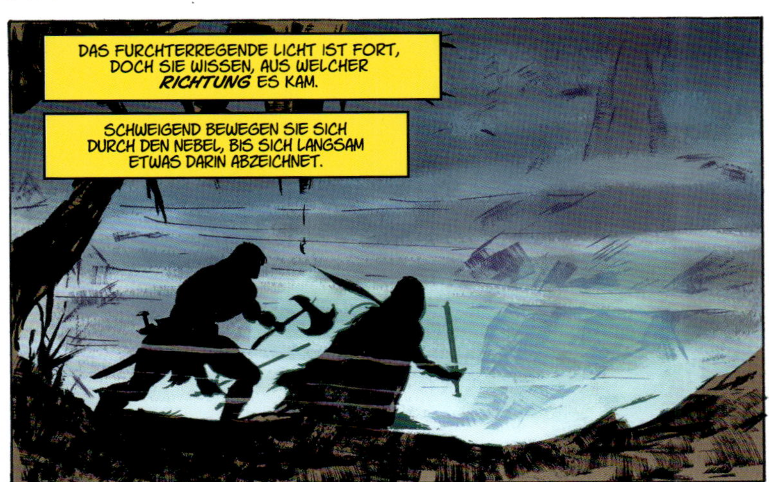

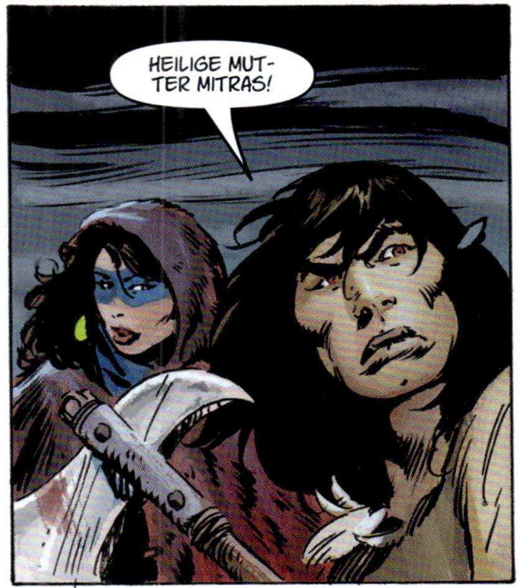

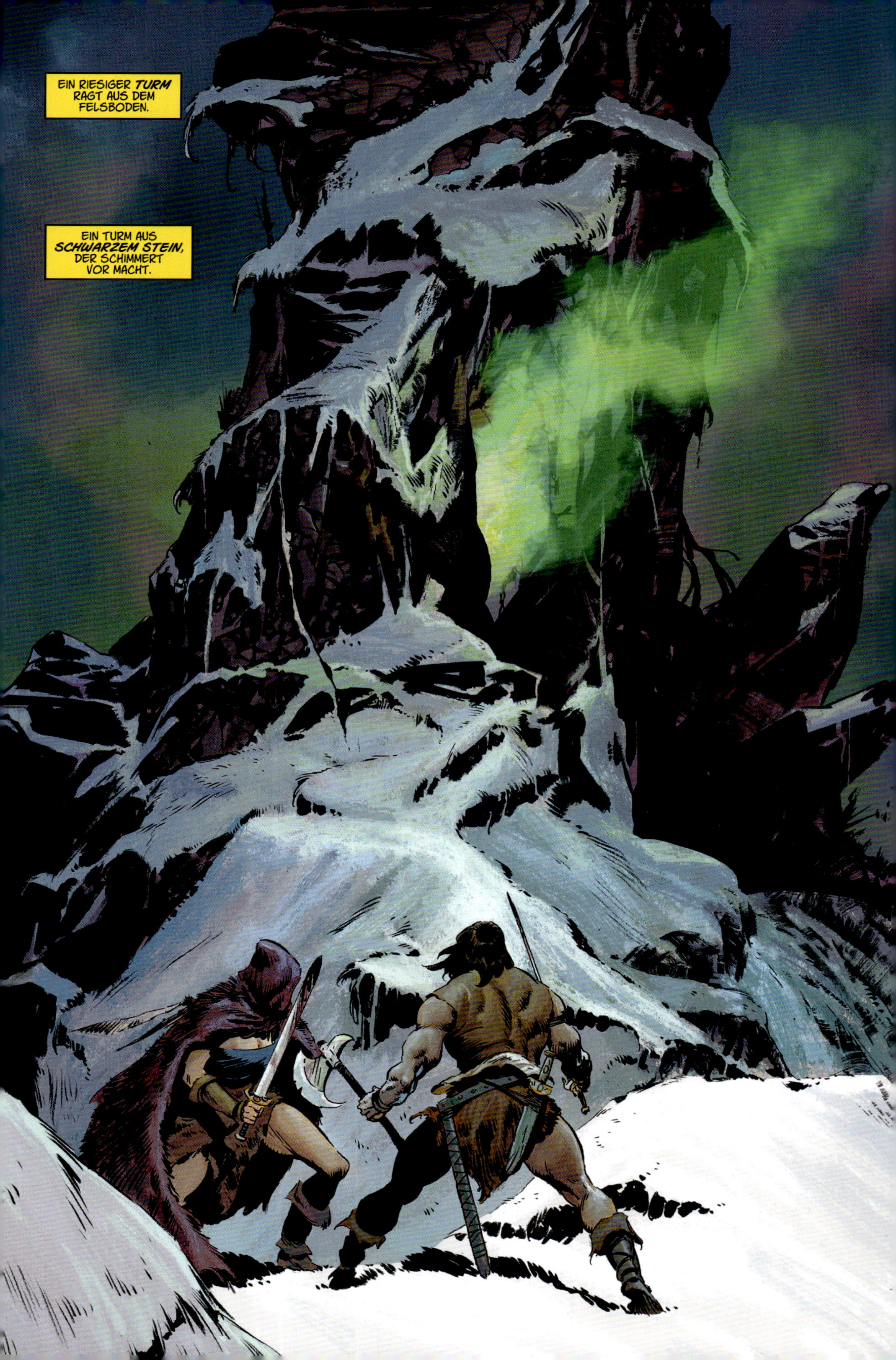
EIN RIESIGER TURM RAGT AUS DEM FELSBODEN.
EIN TURM AUS SCHWARZEM STEIN, DER SCHIMMERT VOR MACHT.

DER FLUCH DES SCHWARZEN STEINS, TEIL 3:
DIE FESTUNG

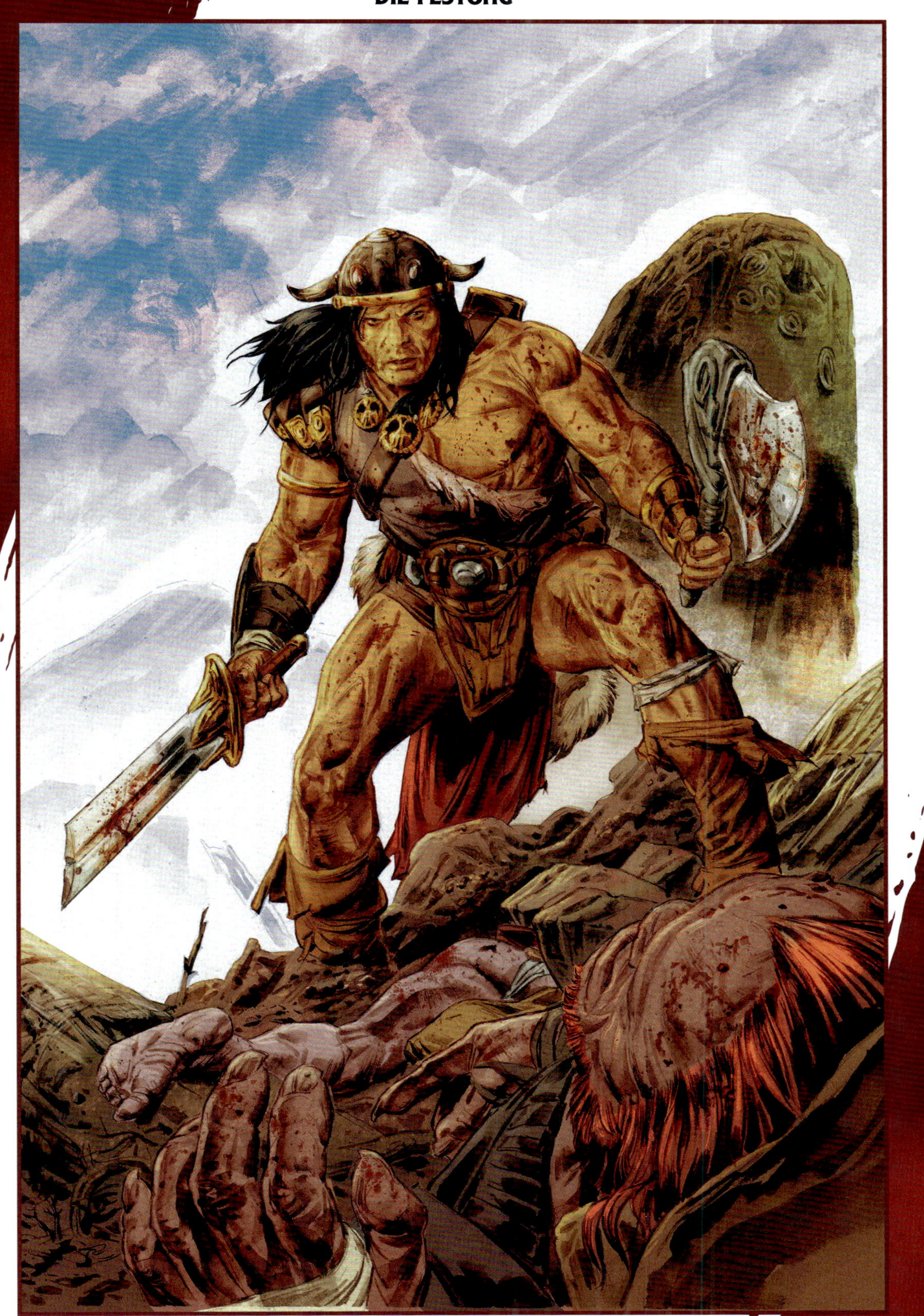

Conan: The Barbarian (2023) 3
Cover von **DOUG BRAITHWAITE**

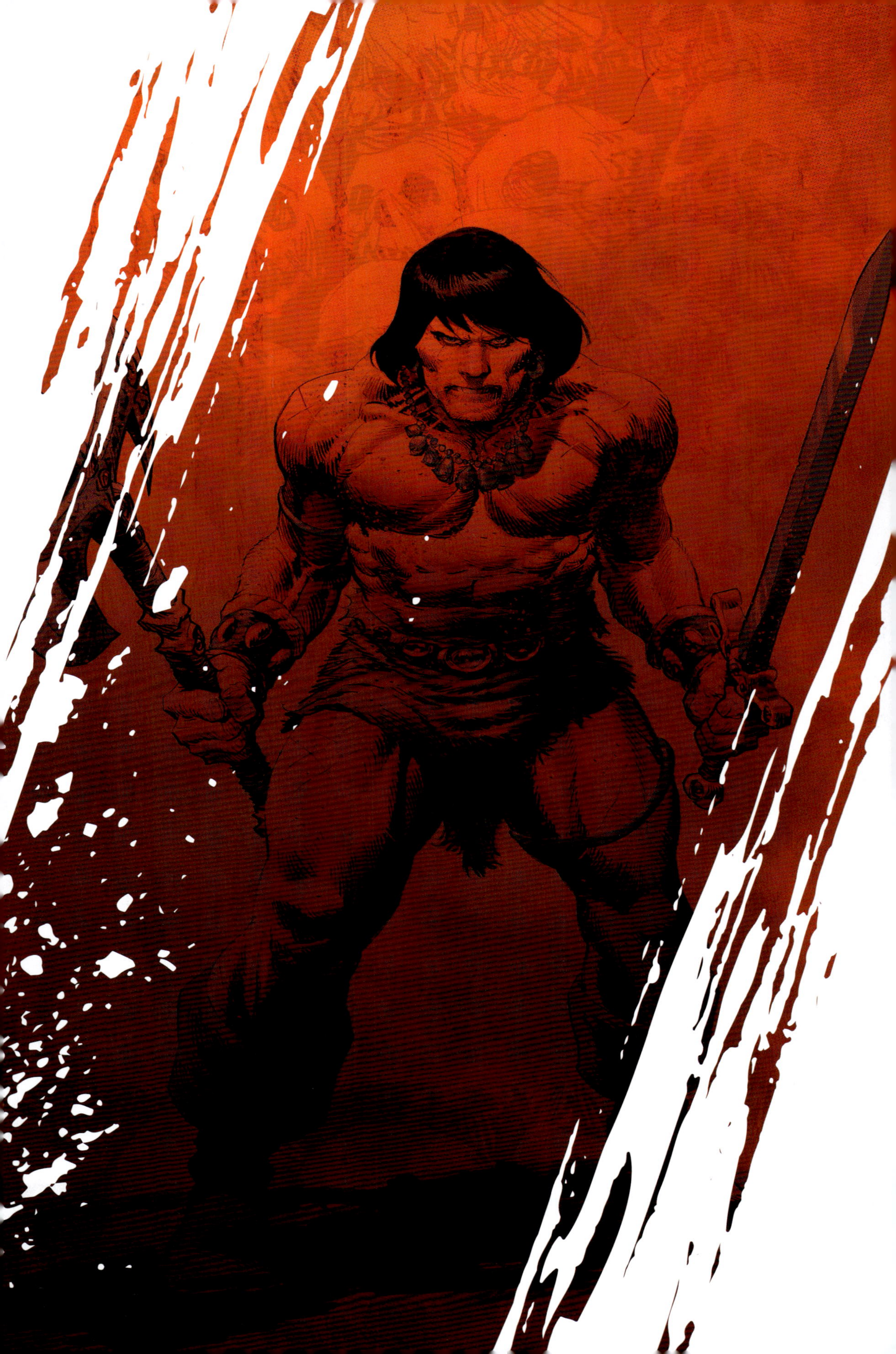

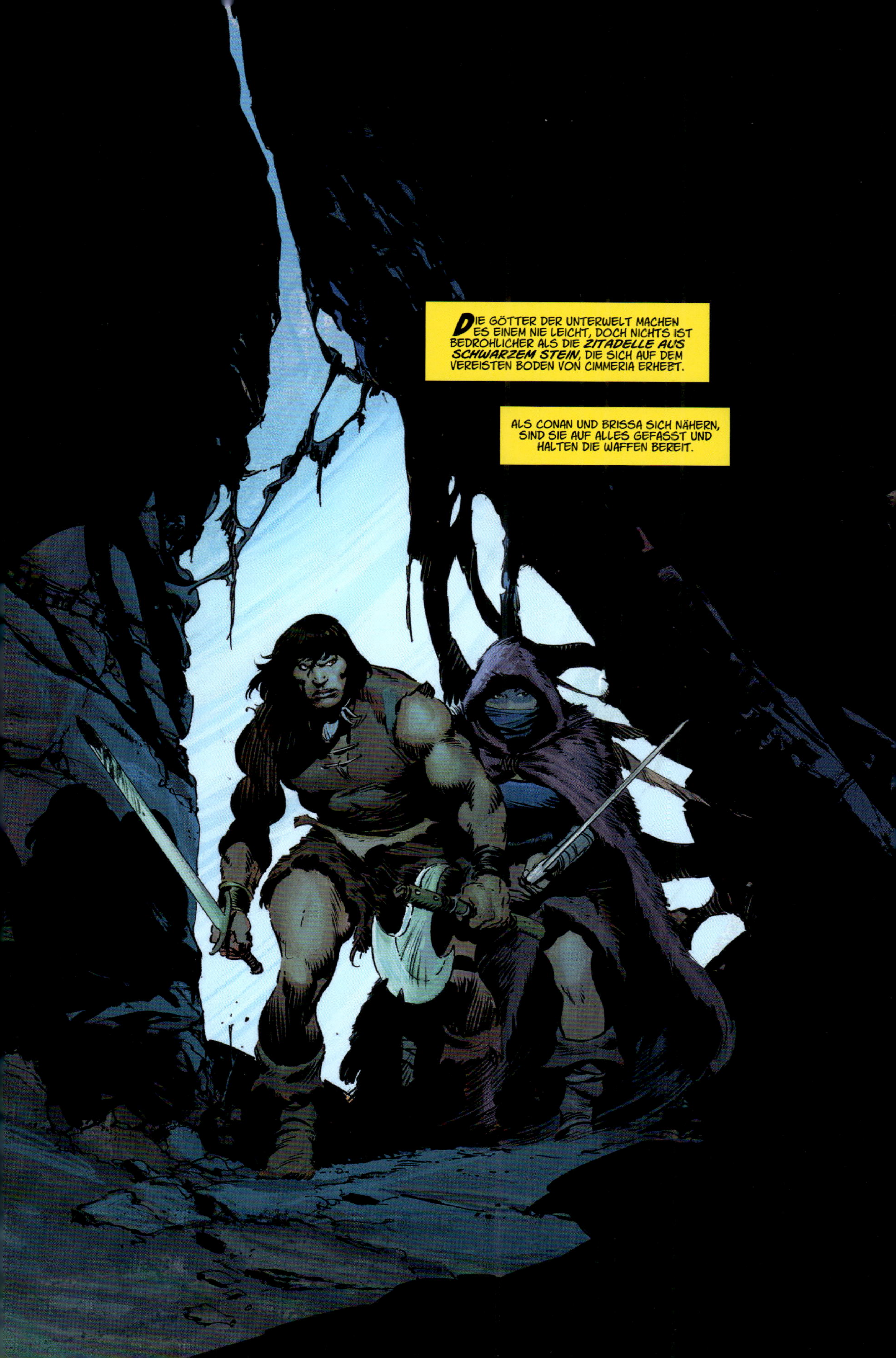
DIE GÖTTER DER UNTERWELT MACHEN ES EINEM NIE LEICHT, DOCH NICHTS IST BEDROHLICHER ALS DIE ZITADELLE AUS SCHWARZEM STEIN, DIE SICH AUF DEM VEREISTEN BODEN VON CIMMERIA ERHEBT.
ALS CONAN UND BRISSA SICH NÄHERN, SIND SIE AUF ALLES GEFASST UND HALTEN DIE WAFFEN BEREIT.

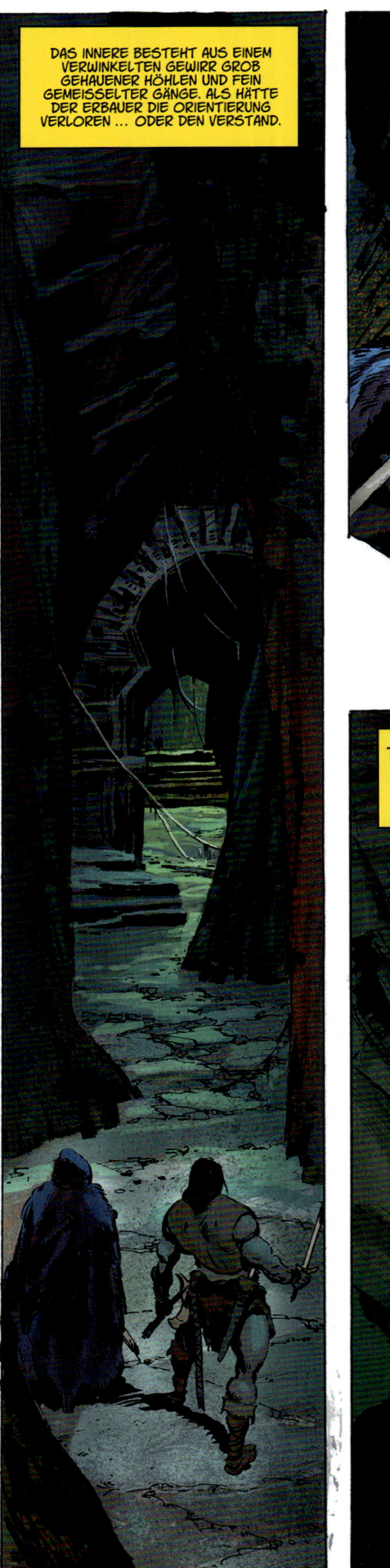
DAS INNERE BESTEHT AUS EINEM VERWINKELTEN GEWIRR GROB GEHAUENER HÖHLEN UND FEIN GEMEISSELTER GÄNGE. ALS HÄTTE DER ERBAUER DIE ORIENTIERUNG VERLOREN ... ODER DEN VERSTAND.

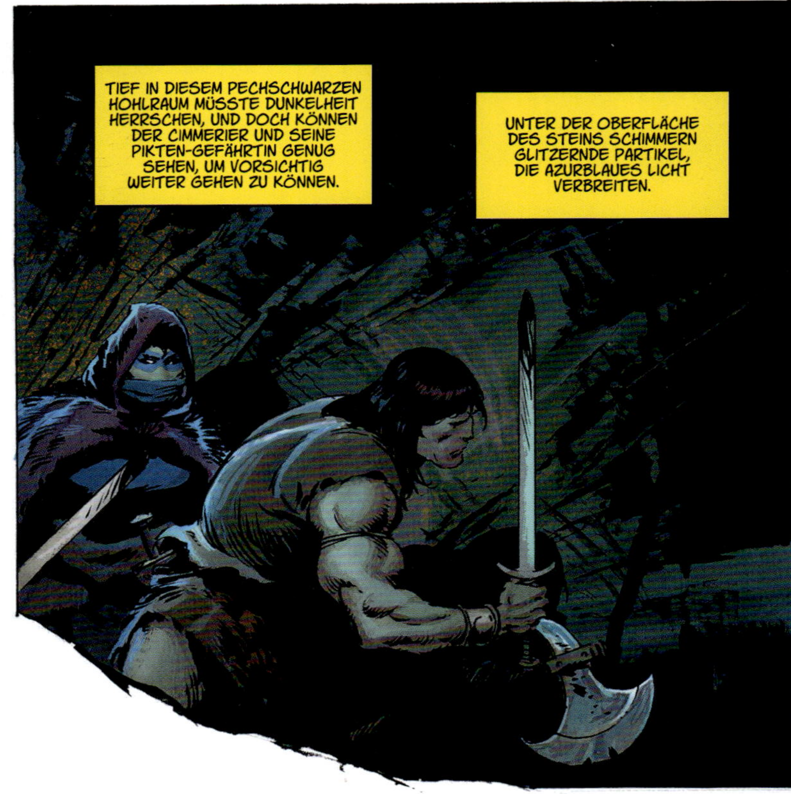
TIEF IN DIESEM PECHSCHWARZEN HOHLRAUM MÜSSTE DUNKELHEIT HERRSCHEN, UND DOCH KÖNNEN DER CIMMERIER UND SEINE PIKTEN-GEFÄHRTIN GENUG SEHEN, UM VORSICHTIG WEITER GEHEN ZU KÖNNEN.
UNTER DER OBERFLÄCHE DES STEINS SCHIMMERN GLITZERNDE PARTIKEL, DIE AZURBLAUES LICHT VERBREITEN.

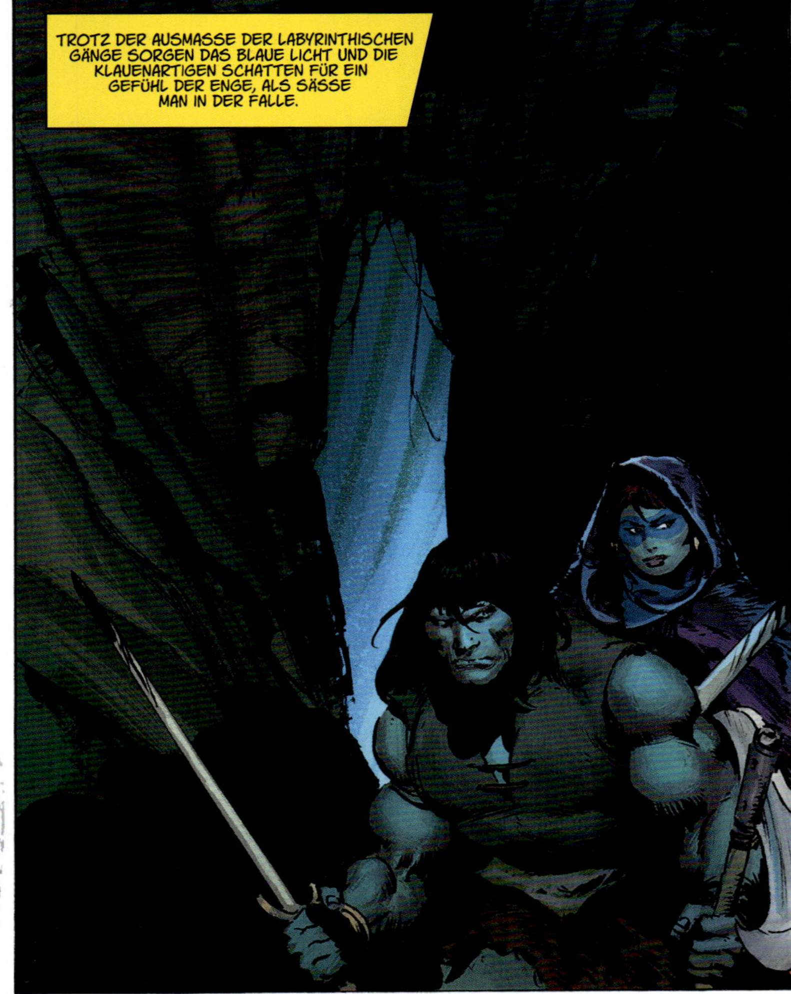
TROTZ DER AUSMASSE DER LABYRINTHISCHEN GÄNGE SORGEN DAS BLAUE LICHT UND DIE KLAUENARTIGEN SCHATTEN FÜR EIN GEFÜHL DER ENGE, ALS SÄSSE MAN IN DER FALLE.

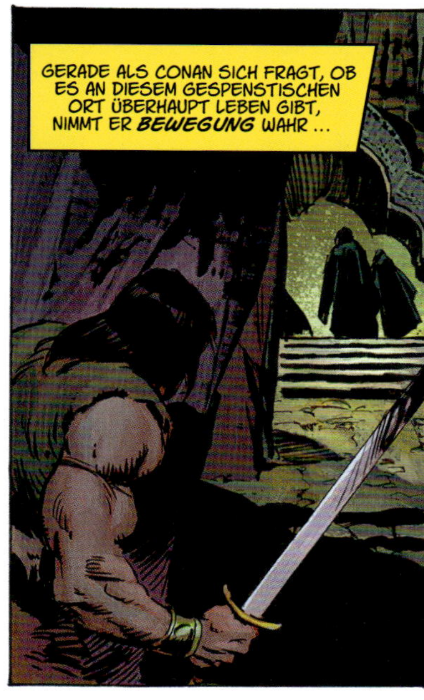
GERADE ALS CONAN SICH FRAGT, OB ES AN DIESEM GESPENSTISCHEN ORT ÜBERHAUPT LEBEN GIBT, NIMMT ER **BEWEGUNG** WAHR …

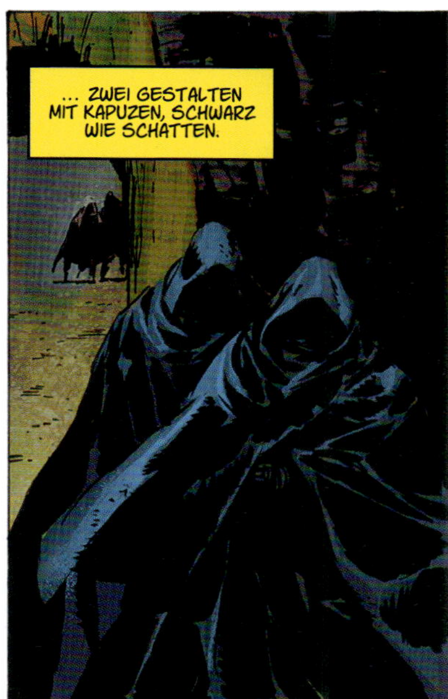
… ZWEI GESTALTEN MIT KAPUZEN, SCHWARZ WIE SCHATTEN.

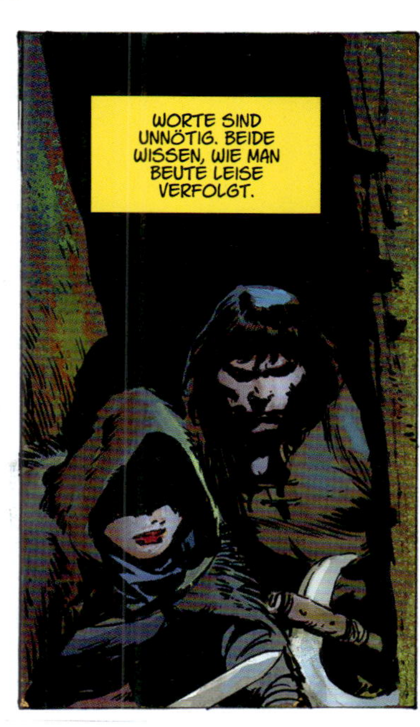
WORTE SIND UNNÖTIG. BEIDE WISSEN, WIE MAN BEUTE LEISE VERFOLGT.

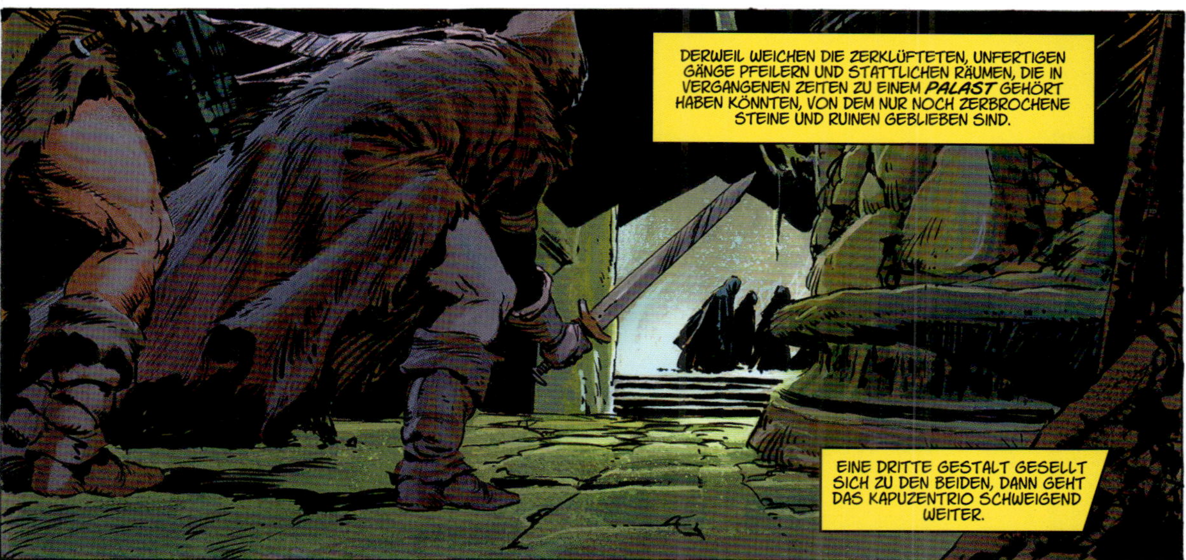
DERWEIL WEICHEN DIE ZERKLÜFTETEN, UNFERTIGEN GÄNGE PFEILERN UND STATTLICHEN RÄUMEN, DIE IN VERGANGENEN ZEITEN ZU EINEM **PALAST** GEHÖRT HABEN KÖNNTEN, VON DEM NUR NOCH ZERBROCHENE STEINE UND RUINEN GEBLIEBEN SIND.
EINE DRITTE GESTALT GESELLT SICH ZU DEN BEIDEN, DANN GEHT DAS KAPUZENTRIO SCHWEIGEND WEITER.

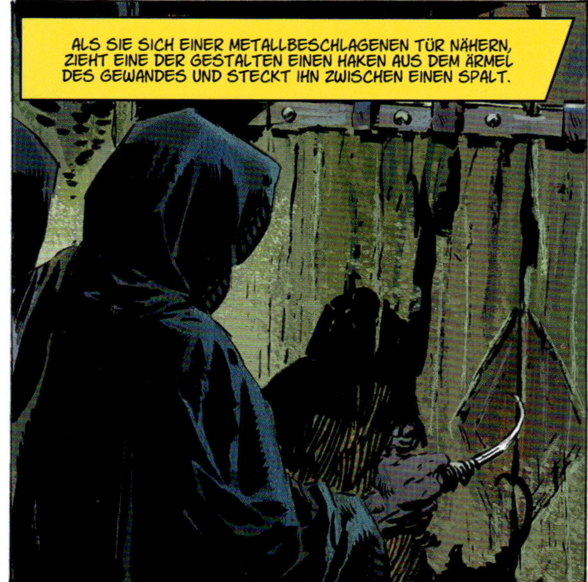
ALS SIE SICH EINER METALLBESCHLAGENEN TÜR NÄHERN, ZIEHT EINE DER GESTALTEN EINEN HAKEN AUS DEM ÄRMEL DES GEWANDES UND STECKT IHN ZWISCHEN EINEN SPALT.

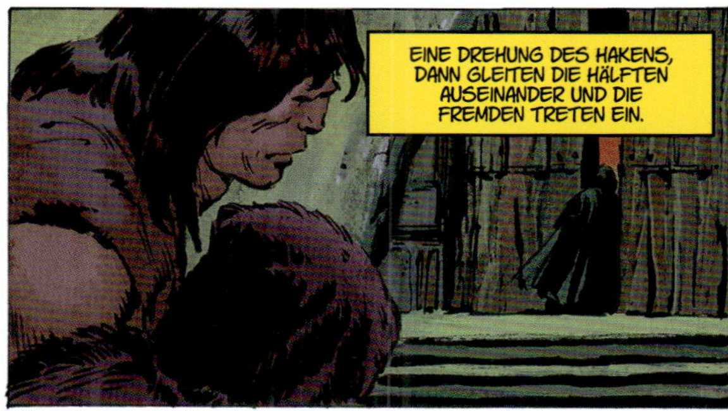
EINE DREHUNG DES HAKENS, DANN GLEITEN DIE HÄLFTEN AUSEINANDER UND DIE FREMDEN TRETEN EIN.

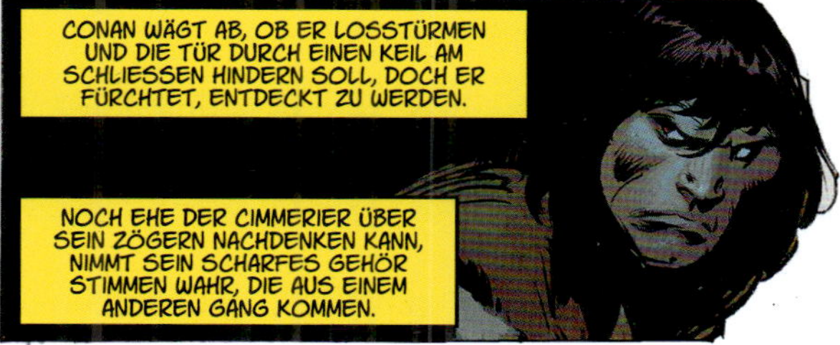
CONAN WÄGT AB, OB ER LOSSTÜRMEN UND DIE TÜR DURCH EINEN KEIL AM SCHLIESSEN HINDERN SOLL, DOCH ER FÜRCHTET, ENTDECKT ZU WERDEN.
NOCH EHE DER CIMMERIER ÜBER SEIN ZÖGERN NACHDENKEN KANN, NIMMT SEIN SCHARFES GEHÖR STIMMEN WAHR, DIE AUS EINEM ANDEREN GANG KOMMEN.

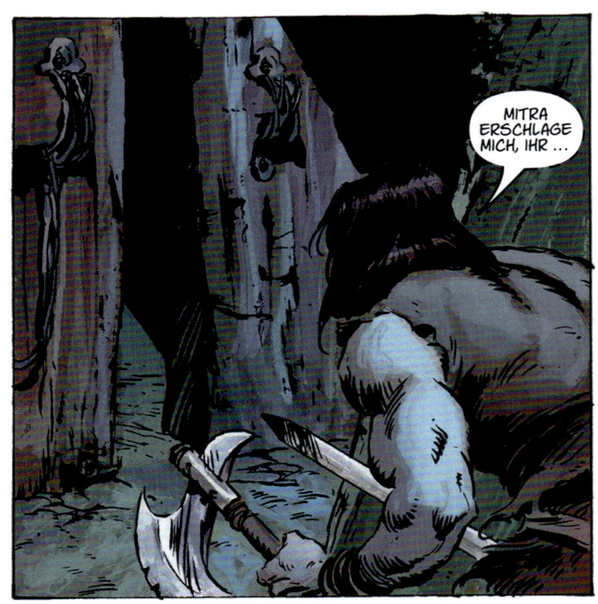
MITRA ERSCHLAGE MICH, IHR …

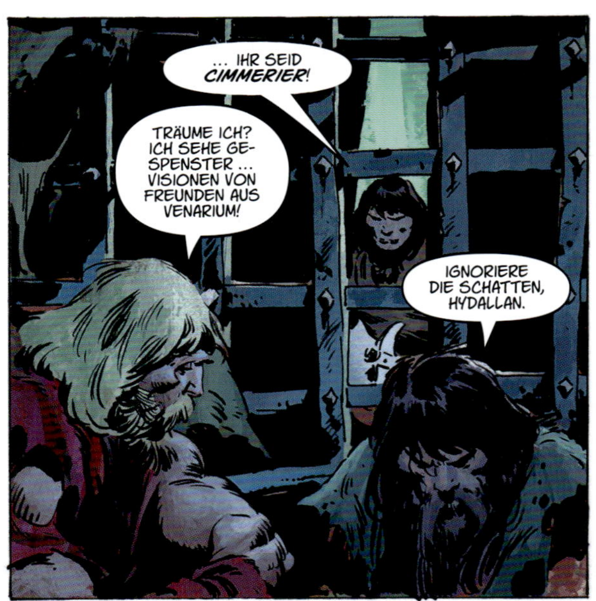
… IHR SEID *CIMMERIER*!
TRÄUME ICH? ICH SEHE GESPENSTER … VISIONEN VON FREUNDEN AUS VENARIUM!
IGNORIERE DIE SCHATTEN, HYDALLAN.

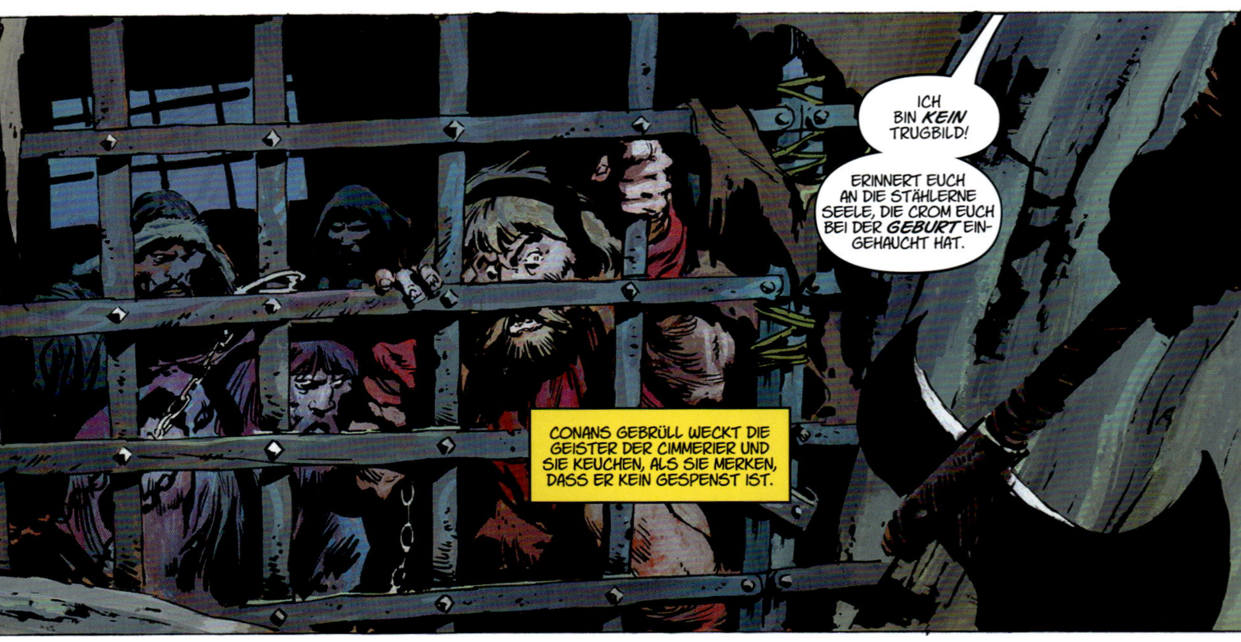
ICH BIN *KEIN* TRUGBILD!
ERINNERT EUCH AN DIE STÄHLERNE SEELE, DIE CROM EUCH BEI DER *GEBURT* EINGEHAUCHT HAT.
CONANS GEBRÜLL WECKT DIE GEISTER DER CIMMERIER UND SIE KEUCHEN, ALS SIE MERKEN, DASS ER KEIN GESPENST IST.

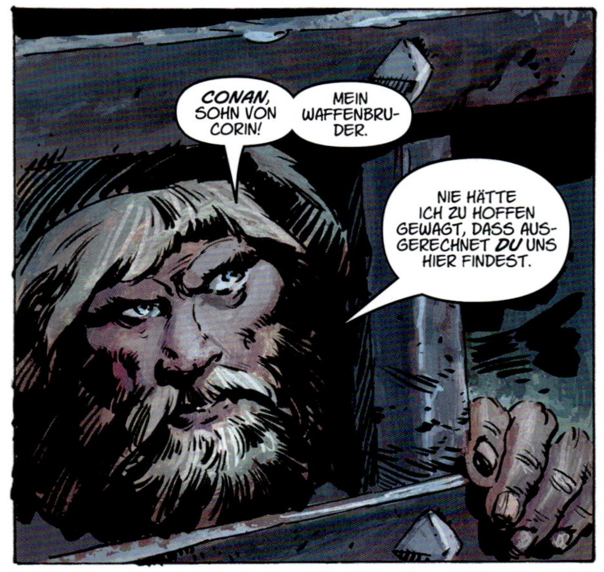
CONAN, SOHN VON CORIN!
MEIN WAFFENBRUDER.
NIE HÄTTE ICH ZU HOFFEN GEWAGT, DASS AUSGERECHNET *DU* UNS HIER FINDEST.

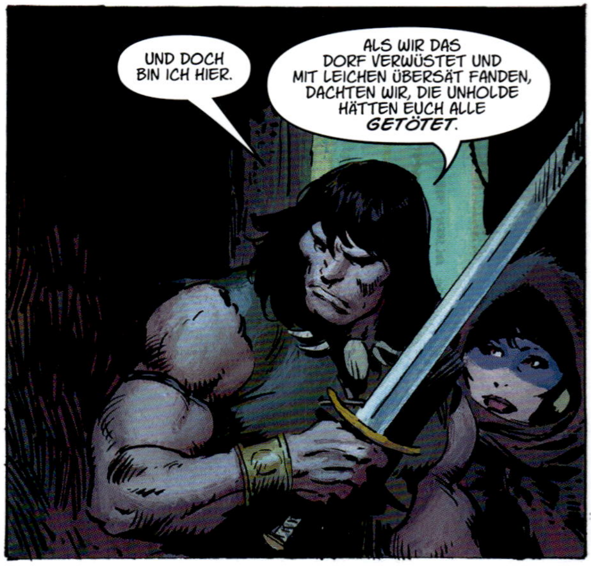
UND DOCH BIN ICH HIER.
ALS WIR DAS DORF VERWÜSTET UND MIT LEICHEN ÜBERSÄT FANDEN, DACHTEN WIR, DIE UNHOLDE HÄTTEN EUCH ALLE *GETÖTET*.

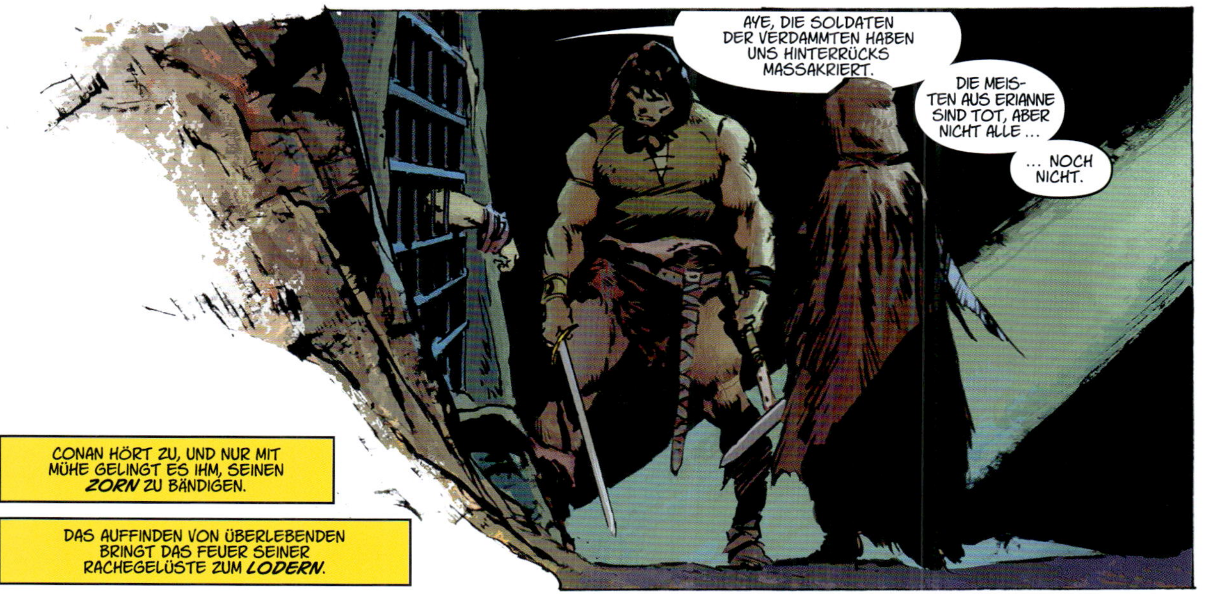
AYE, DIE SOLDATEN DER VERDAMMTEN HABEN UNS HINTERRÜCKS MASSAKRIERT.
DIE MEISTEN AUS ERIANNE SIND TOT, ABER NICHT ALLE ...
... NOCH NICHT.
CONAN HÖRT ZU, UND NUR MIT MÜHE GELINGT ES IHM, SEINEN ZORN ZU BÄNDIGEN.
DAS AUFFINDEN VON ÜBERLEBENDEN BRINGT DAS FEUER SEINER RACHEGELÜSTE ZUM LODERN.

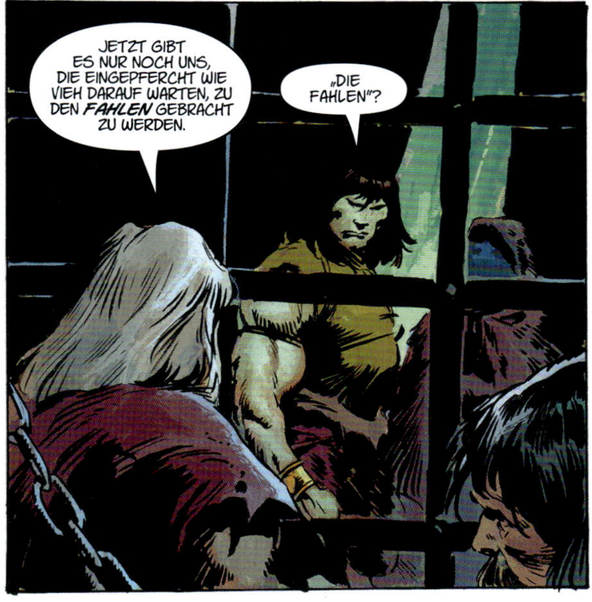
JETZT GIBT ES NUR NOCH UNS, DIE EINGEPFERCHT WIE VIEH DARAUF WARTEN, ZU DEN FAHLEN GEBRACHT ZU WERDEN.
„DIE FAHLEN"?

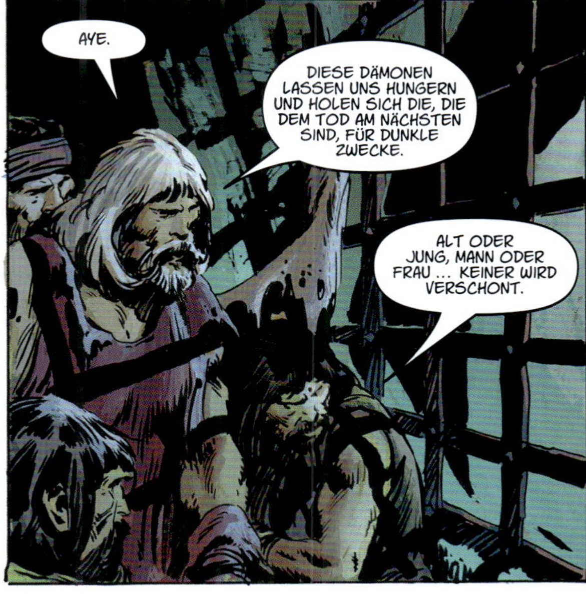
AYE.
DIESE DÄMONEN LASSEN UNS HUNGERN UND HOLEN SICH DIE, DIE DEM TOD AM NÄCHSTEN SIND, FÜR DUNKLE ZWECKE.
ALT ODER JUNG, MANN ODER FRAU ... KEINER WIRD VERSCHONT.

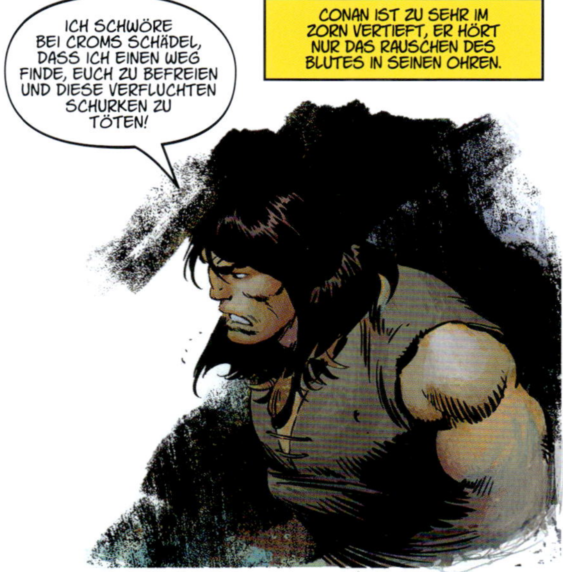
ICH SCHWÖRE BEI CROMS SCHÄDEL, DASS ICH EINEN WEG FINDE, EUCH ZU BEFREIEN UND DIESE VERFLUCHTEN SCHURKEN ZU TÖTEN!
CONAN IST ZU SEHR IM ZORN VERTIEFT, ER HÖRT NUR DAS RAUSCHEN DES BLUTES IN SEINEN OHREN.

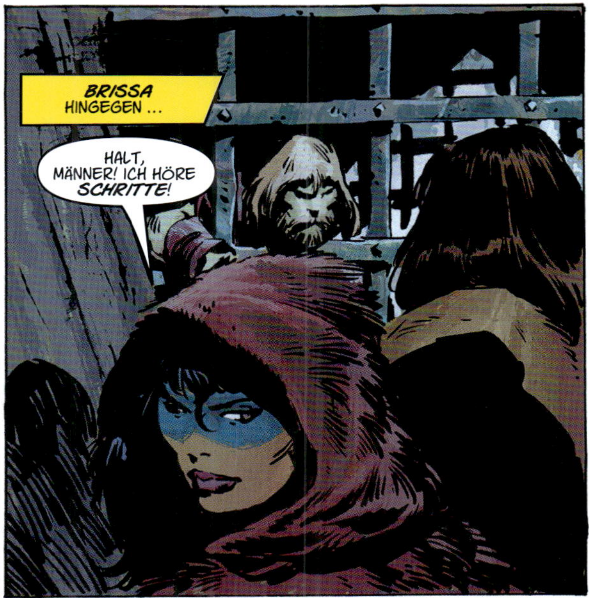
BRISSA HINGEGEN ...
HALT, MÄNNER! ICH HÖRE SCHRITTE!

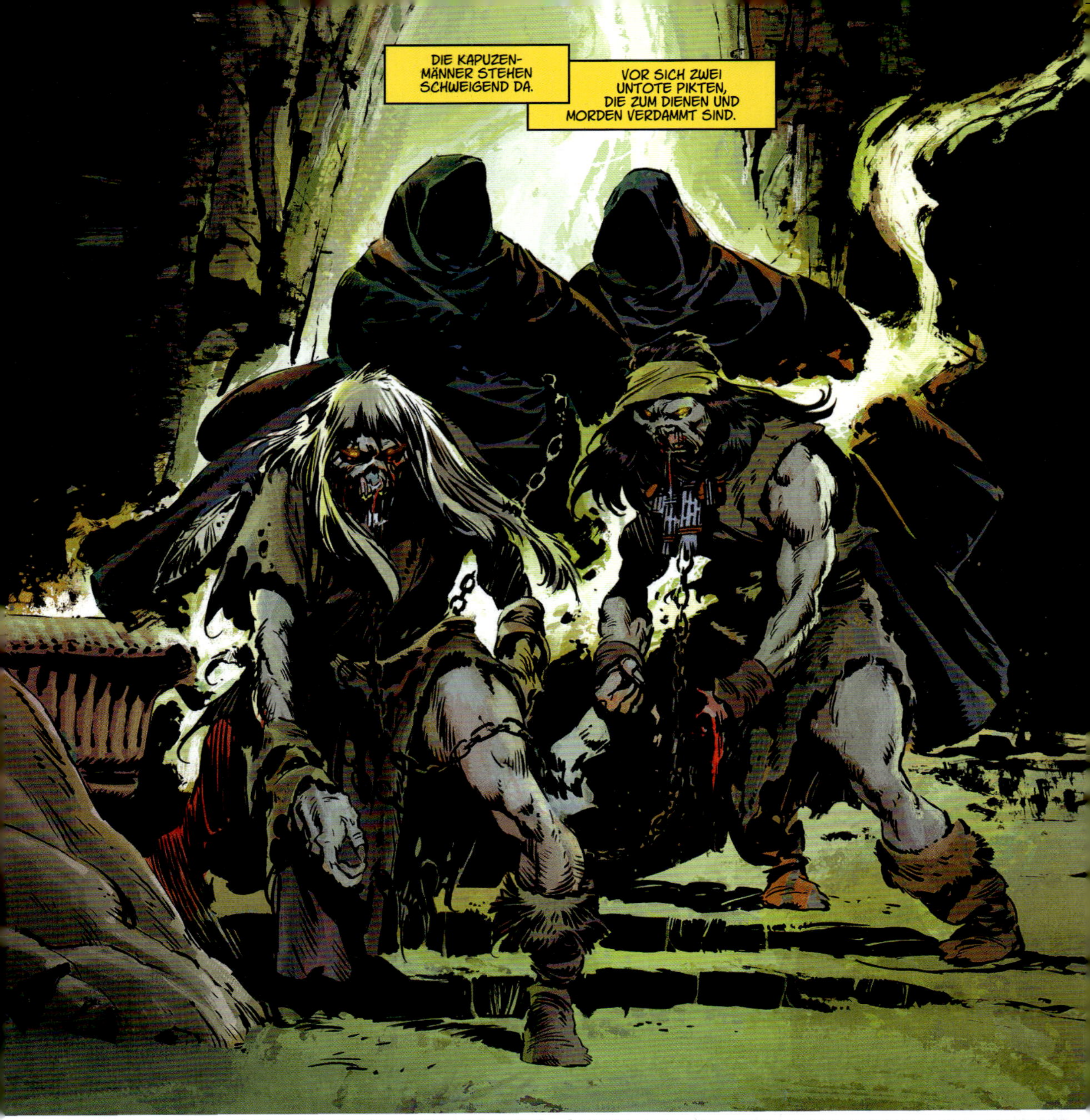

DIE KAPUZEN-
MÄNNER STEHEN
SCHWEIGEND DA.

VOR SICH ZWEI
UNTOTE PIKTEN,
DIE ZUM DIENEN UND
MORDEN VERDAMMT SIND.

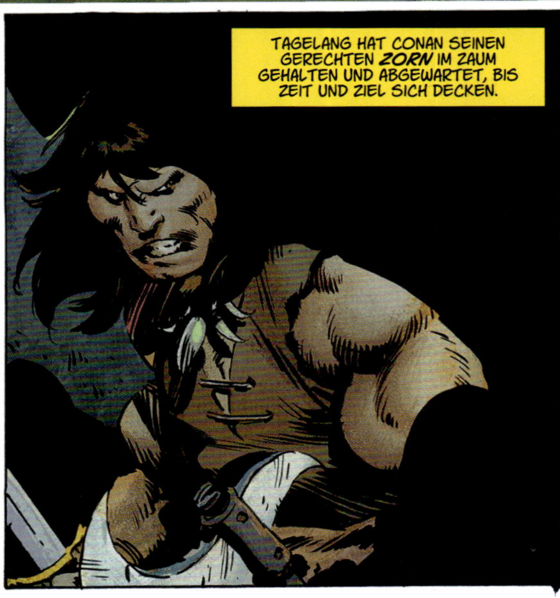

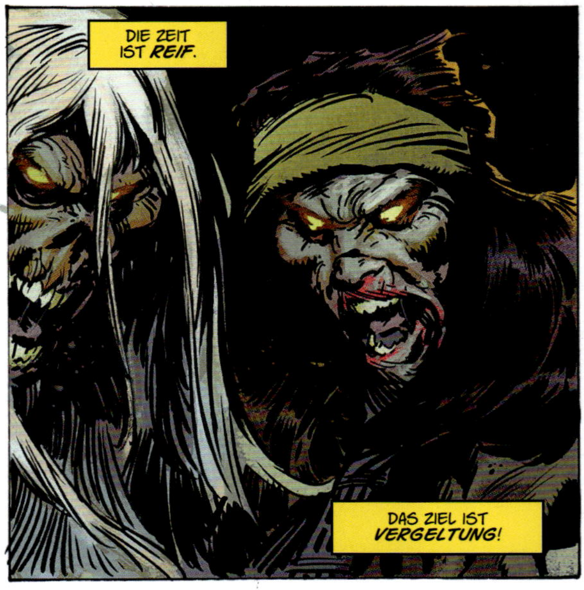

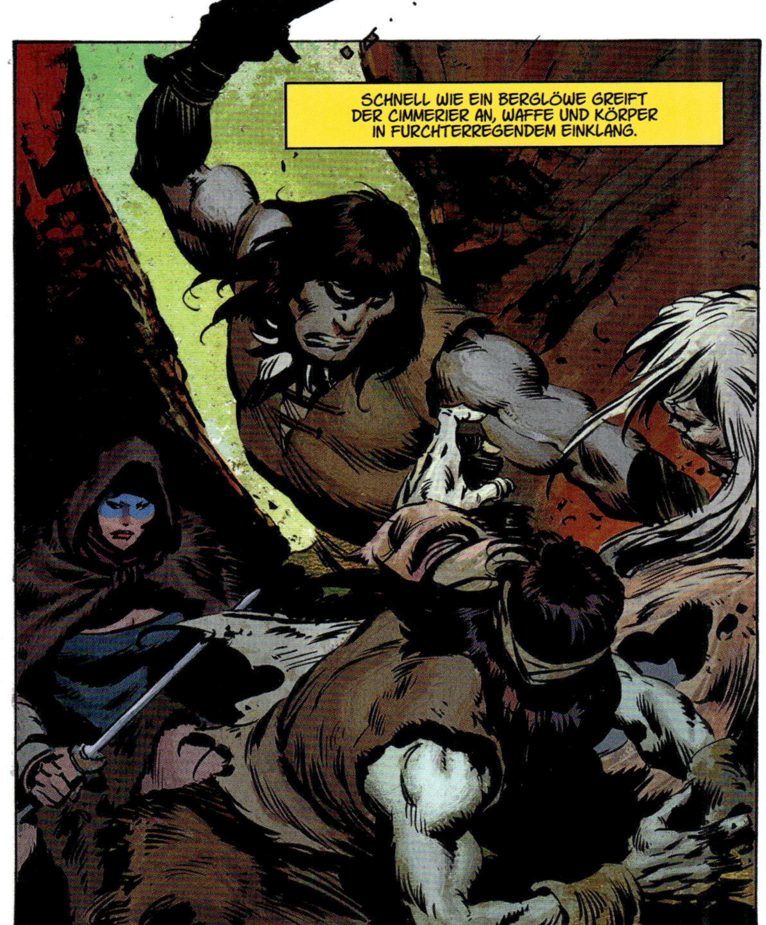
SCHNELL WIE EIN BERGLÖWE GREIFT DER CIMMERIER AN, WAFFE UND KÖRPER IN FURCHTERREGENDEM EINKLANG.

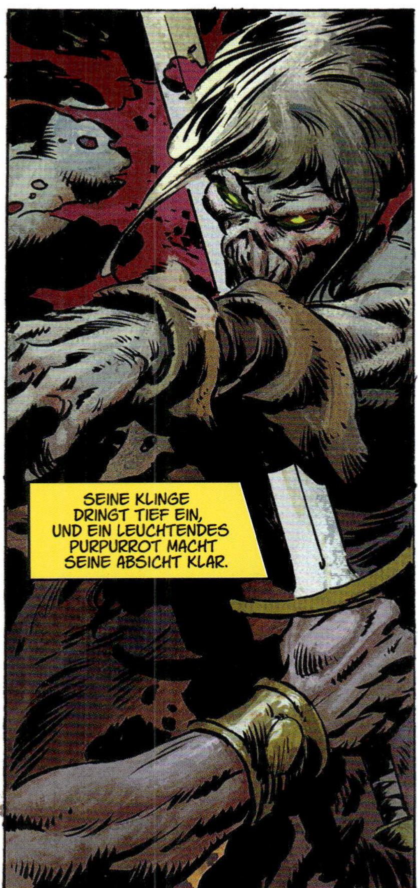
SEINE KLINGE DRINGT TIEF EIN, UND EIN LEUCHTENDES PURPURROT MACHT SEINE ABSICHT KLAR.

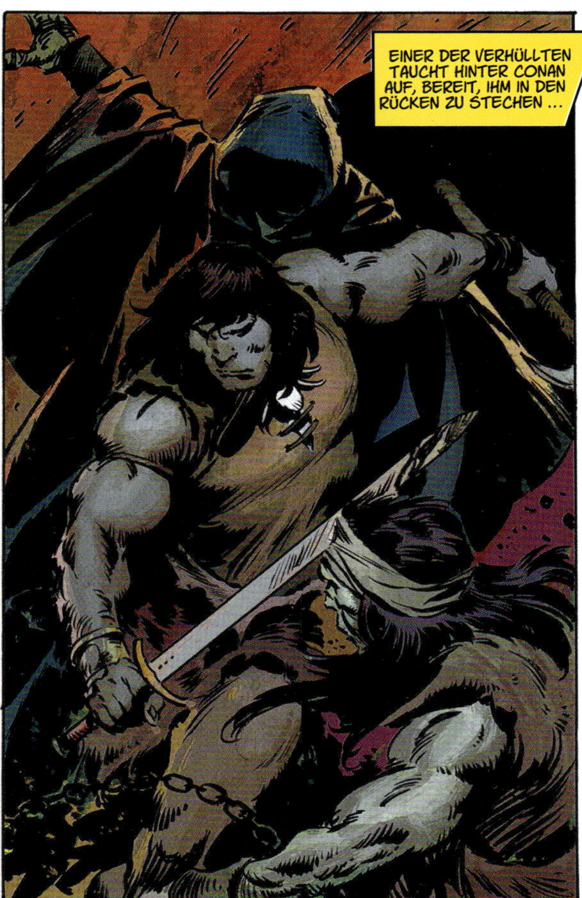
EINER DER VERHÜLLTEN TAUCHT HINTER CONAN AUF, BEREIT, IHM IN DEN RÜCKEN ZU STECHEN …

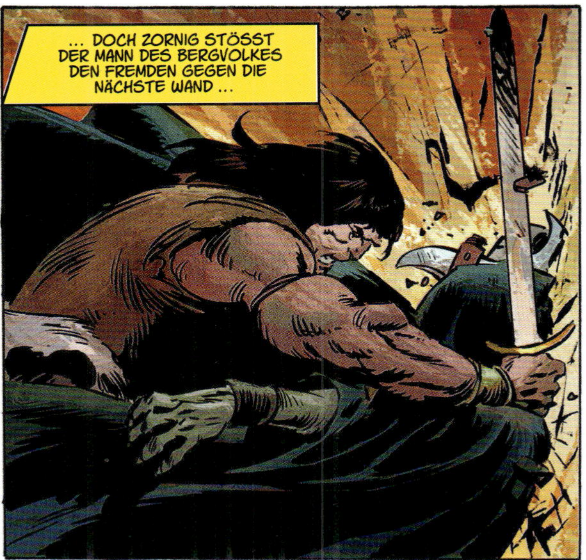
… DOCH ZORNIG STÖSST DER MANN DES BERGVOLKES DEN FREMDEN GEGEN DIE NÄCHSTE WAND …

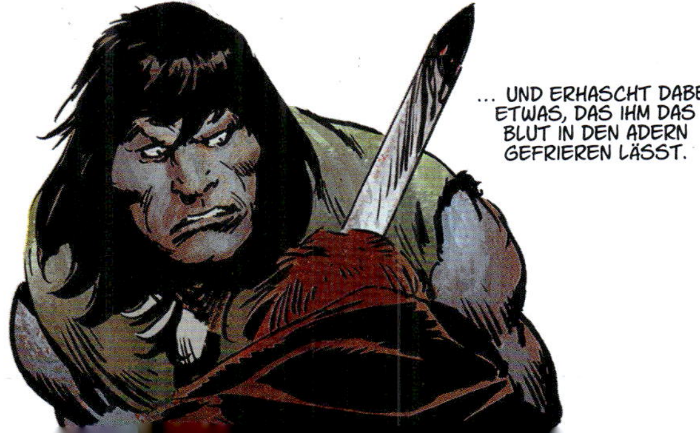
… UND ERHASCHT DABEI ETWAS, DAS IHM DAS BLUT IN DEN ADERN GEFRIEREN LÄSST.

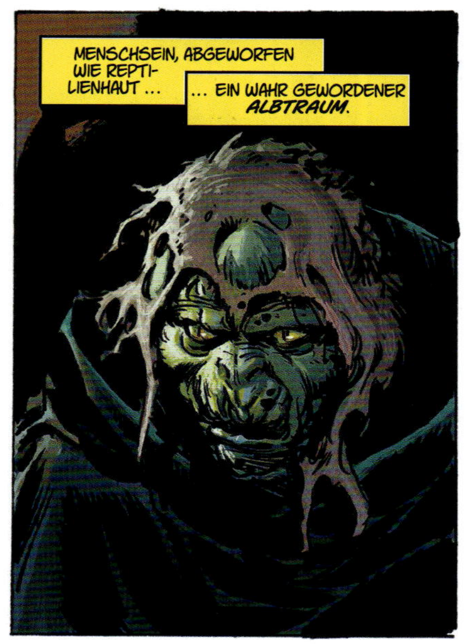
MENSCHSEIN, ABGEWORFEN WIE REPTILIENHAUT …
… EIN WAHR GEWORDENER ALBTRAUM.

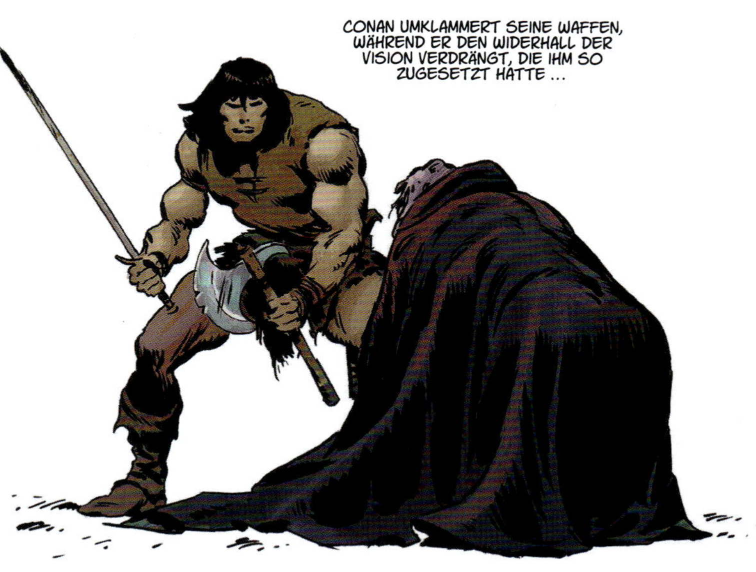
CONAN UMKLAMMERT SEINE WAFFEN, WÄHREND ER DEN WIDERHALL DER VISION VERDRÄNGT, DIE IHM SO ZUGESETZT HATTE …

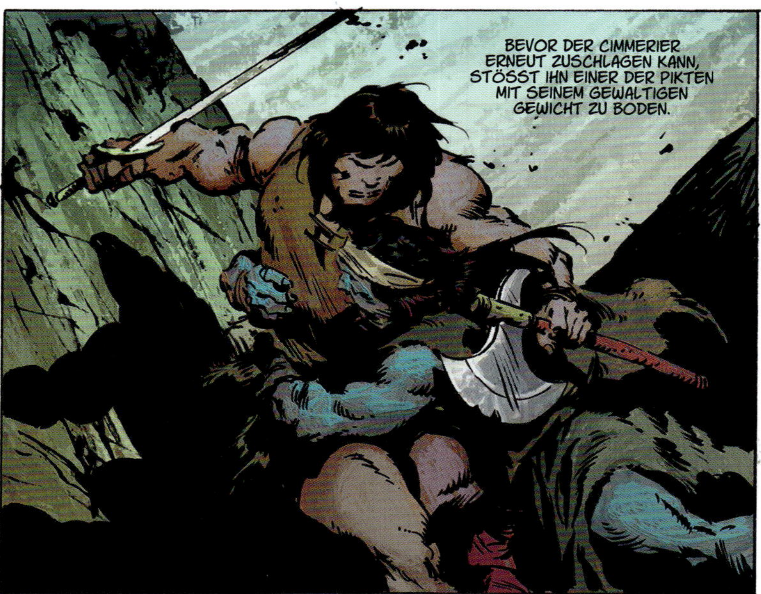
BEVOR DER CIMMERIER ERNEUT ZUSCHLAGEN KANN, STÖSST IHN EINER DER PIKTEN MIT SEINEM GEWALTIGEN GEWICHT ZU BODEN.

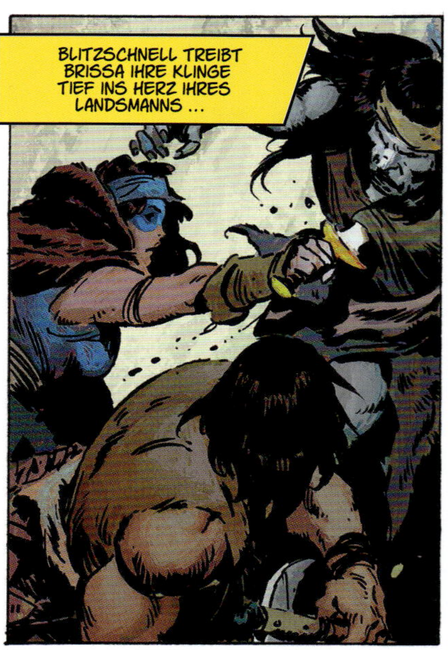
BLITZSCHNELL TREIBT BRISSA IHRE KLINGE TIEF INS HERZ IHRES LANDSMANNS …

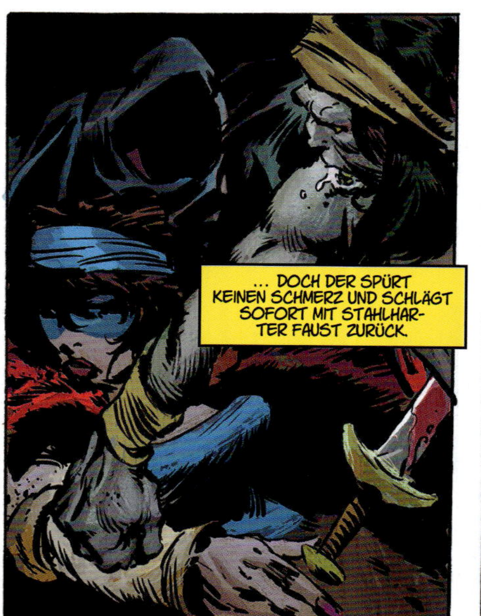
… DOCH DER SPÜRT KEINEN SCHMERZ UND SCHLÄGT SOFORT MIT STAHLHARTER FAUST ZURÜCK.

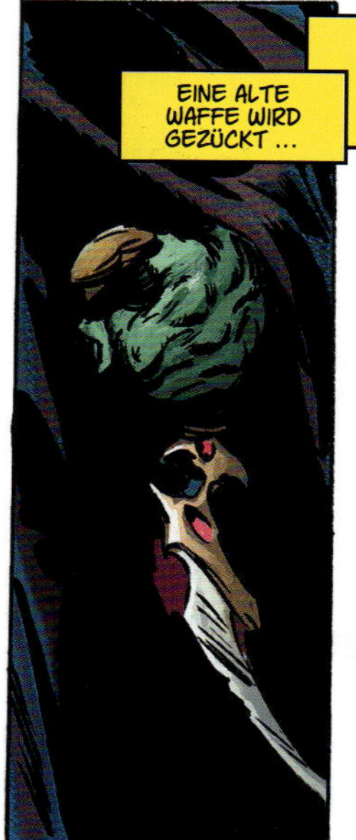
EINE ALTE WAFFE WIRD GEZÜCKT …

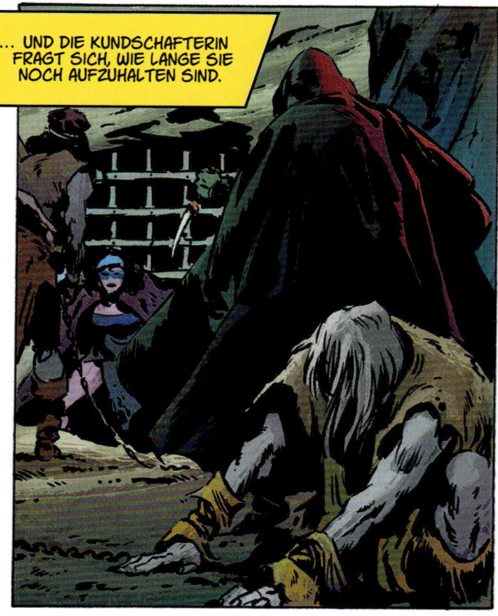
… UND DIE KUNDSCHAFTERIN FRAGT SICH, WIE LANGE SIE NOCH AUFZUHALTEN SIND.

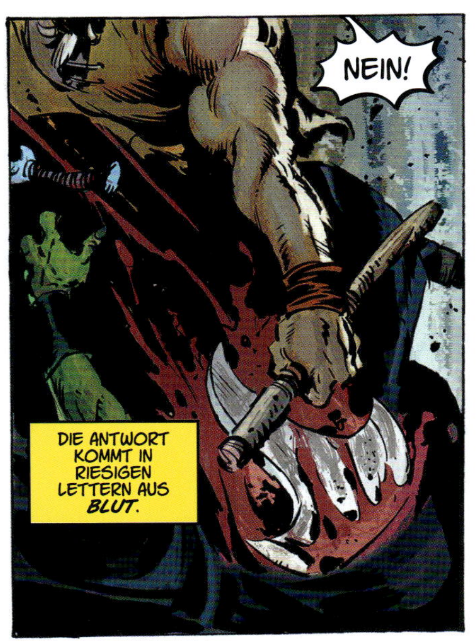
NEIN!
DIE ANTWORT KOMMT IN RIESIGEN LETTERN AUS BLUT.

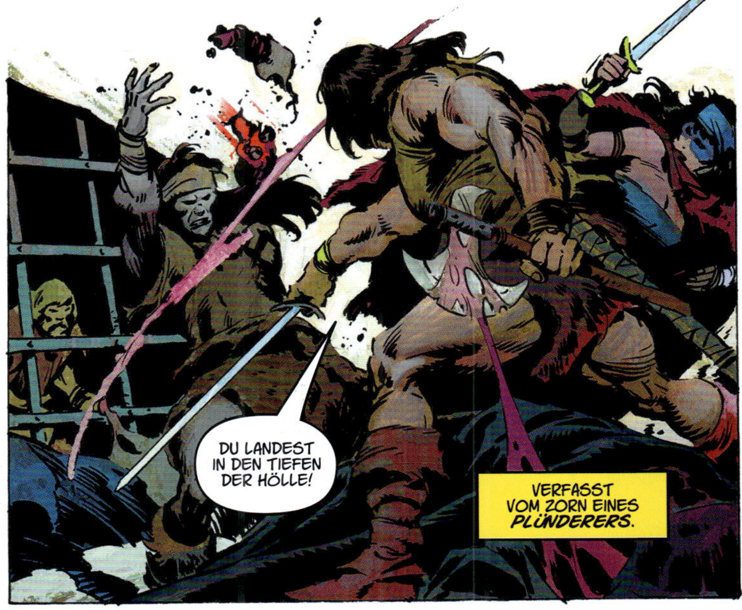
DU LANDEST IN DEN TIEFEN DER HÖLLE!
VERFASST VOM ZORN EINES PLÜNDERERS.

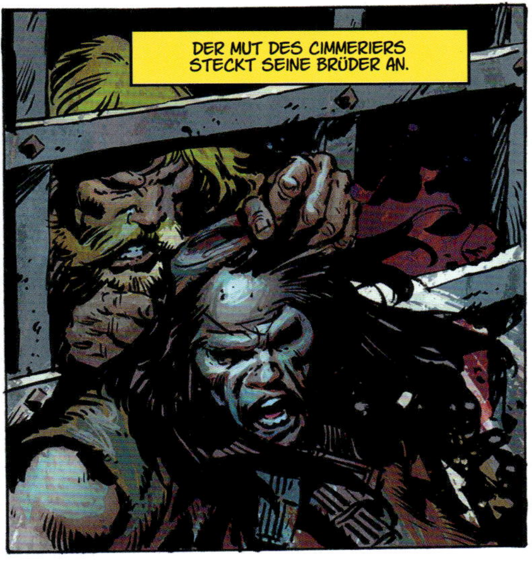
DER MUT DES CIMMERIERS STECKT SEINE BRÜDER AN.

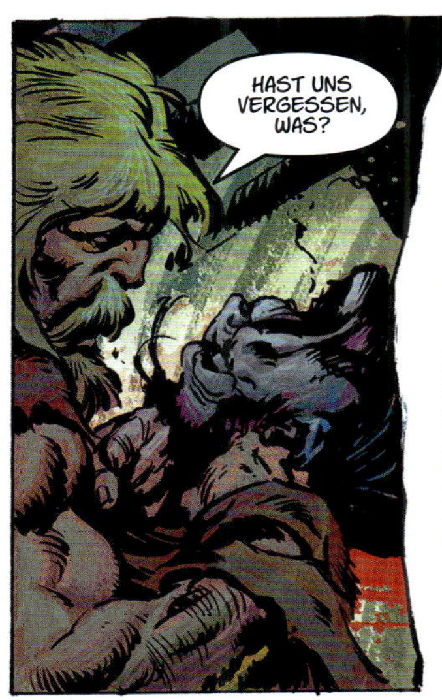
HAST UNS VERGESSEN, WAS?

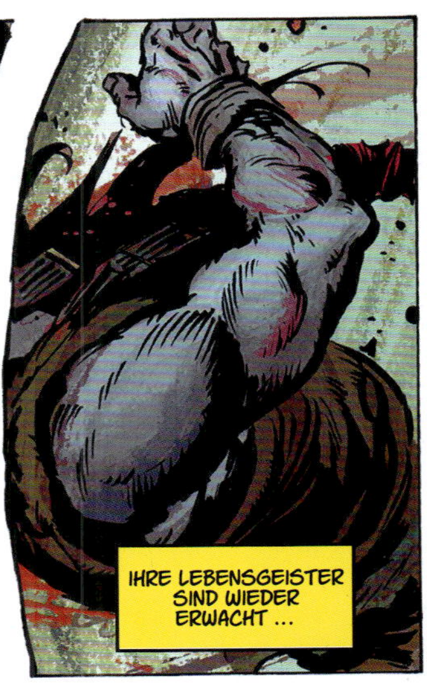
IHRE LEBENSGEISTER SIND WIEDER ERWACHT ...

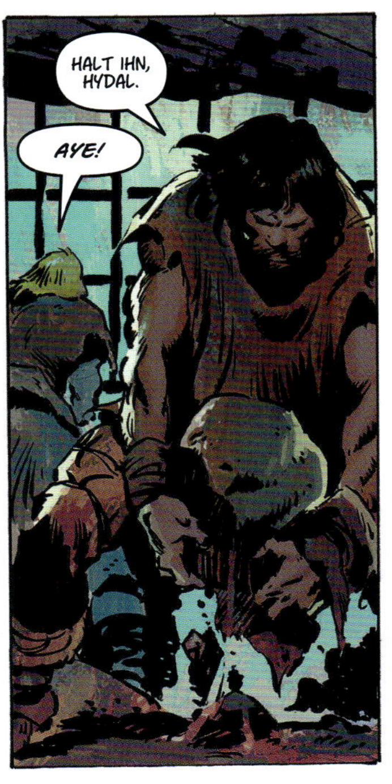
HALT IHN, HYDAL.
AYE!

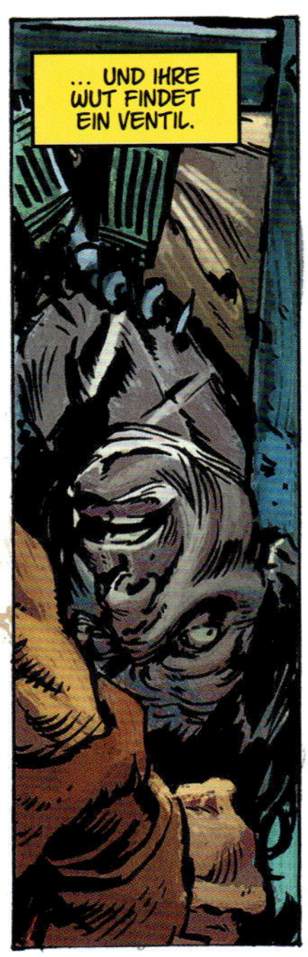
... UND IHRE WUT FINDET EIN VENTIL.

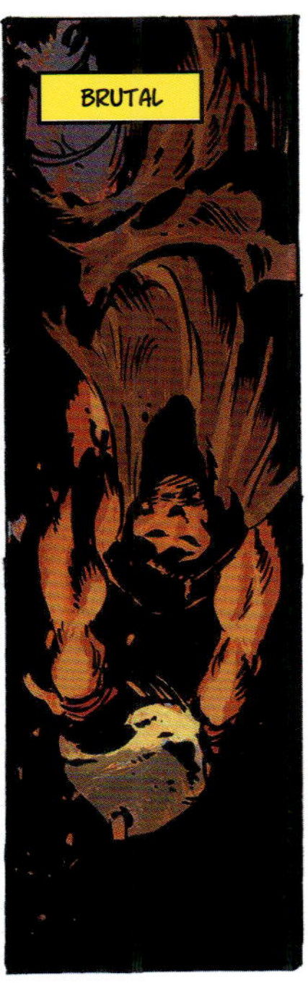
BRUTAL

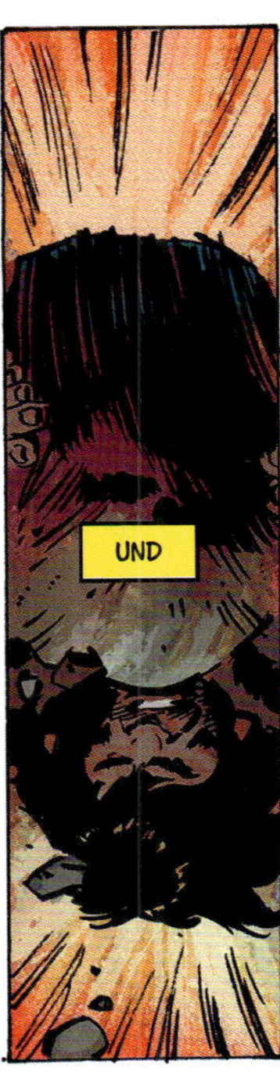
UND

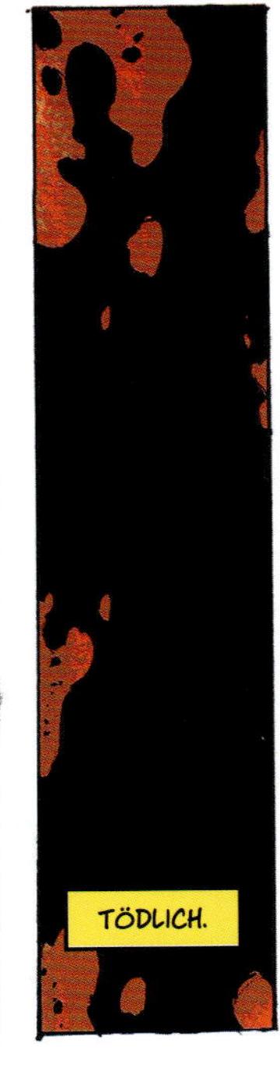
TÖDLICH.

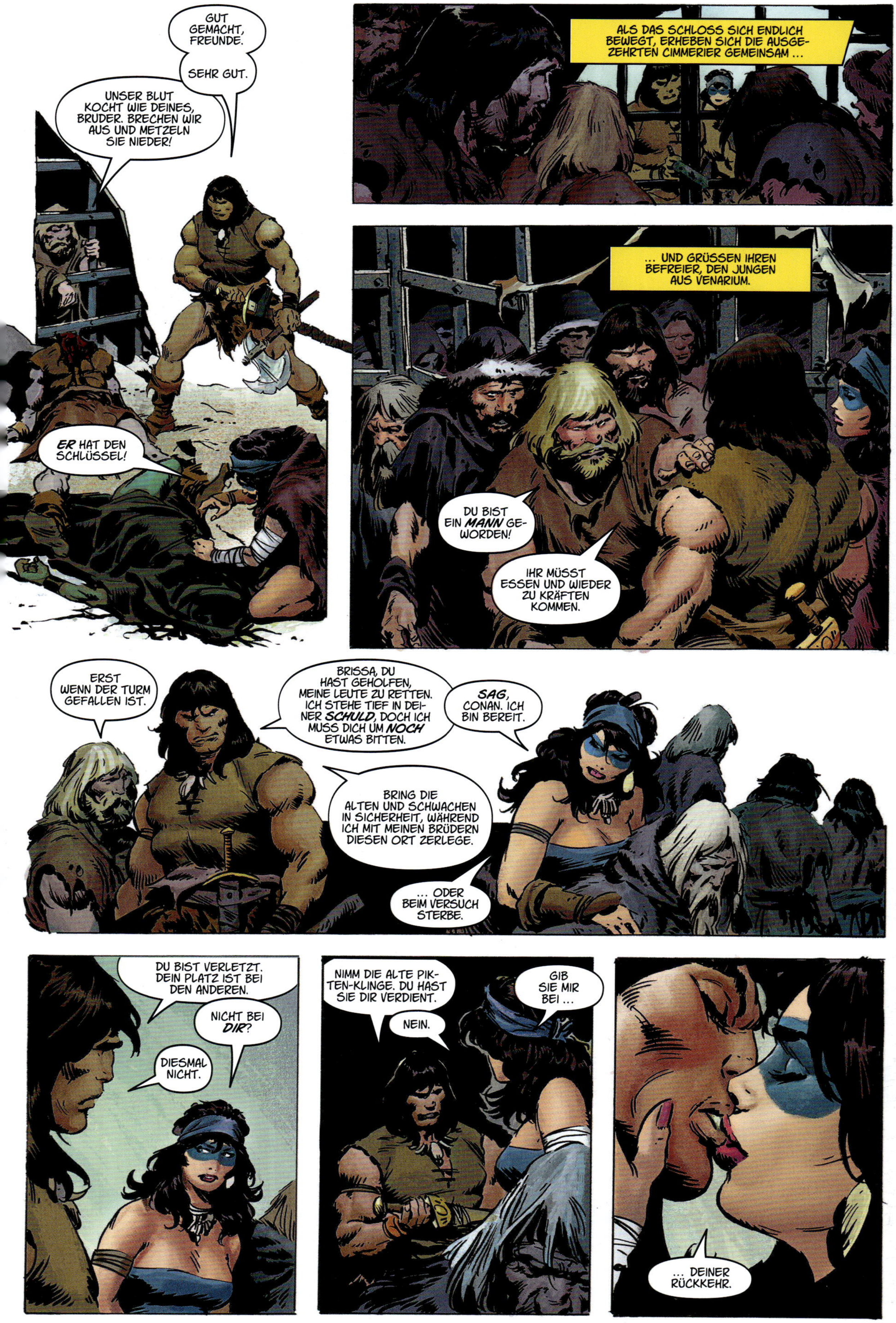

GUT GEMACHT, FREUNDE.
SEHR GUT.
UNSER BLUT KOCHT WIE DEINES, BRUDER. BRECHEN WIR AUS UND METZELN SIE NIEDER!
ER HAT DEN SCHLÜSSEL!

ALS DAS SCHLOSS SICH ENDLICH BEWEGT, ERHEBEN SICH DIE AUSGEZEHRTEN CIMMERIER GEMEINSAM …

… UND GRÜSSEN IHREN BEFREIER, DEN JUNGEN AUS VENARIUM.
DU BIST EIN ***MANN*** GEWORDEN!
IHR MÜSST ESSEN UND WIEDER ZU KRÄFTEN KOMMEN.

ERST WENN DER TURM GEFALLEN IST.
BRISSA, DU HAST GEHOLFEN, MEINE LEUTE ZU RETTEN. ICH STEHE TIEF IN DEINER ***SCHULD***, DOCH ICH MUSS DICH UM ***NOCH*** ETWAS BITTEN.
SAG, CONAN. ICH BIN BEREIT.
BRING DIE ALTEN UND SCHWACHEN IN SICHERHEIT, WÄHREND ICH MIT MEINEN BRÜDERN DIESEN ORT ZERLEGE.
… ODER BEIM VERSUCH STERBE.

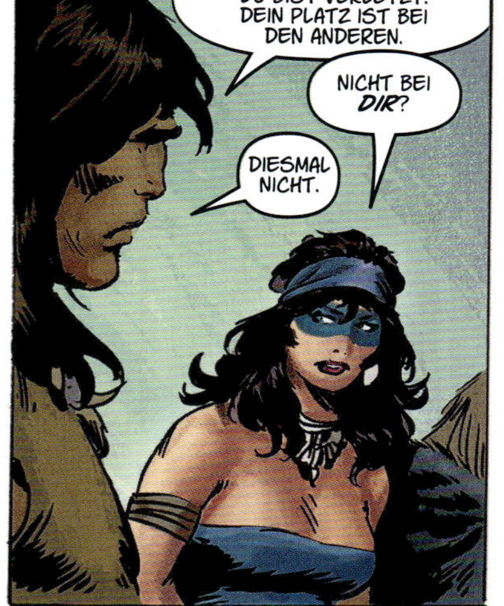

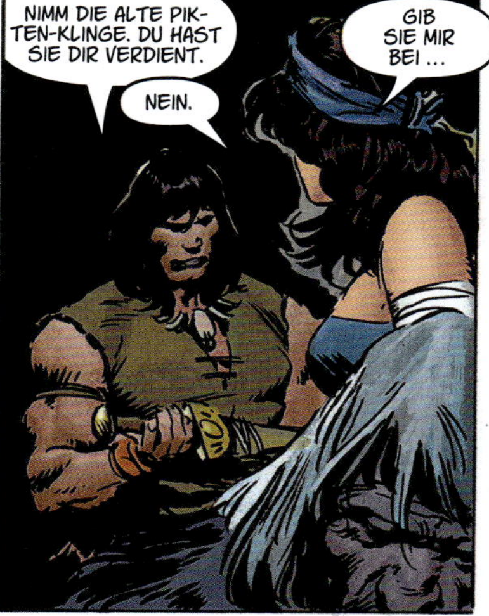

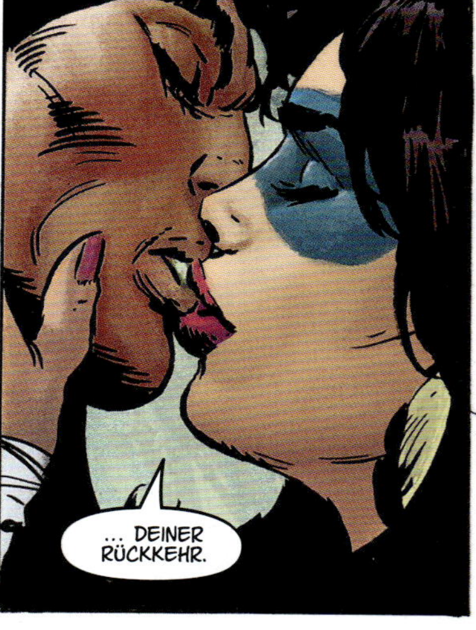

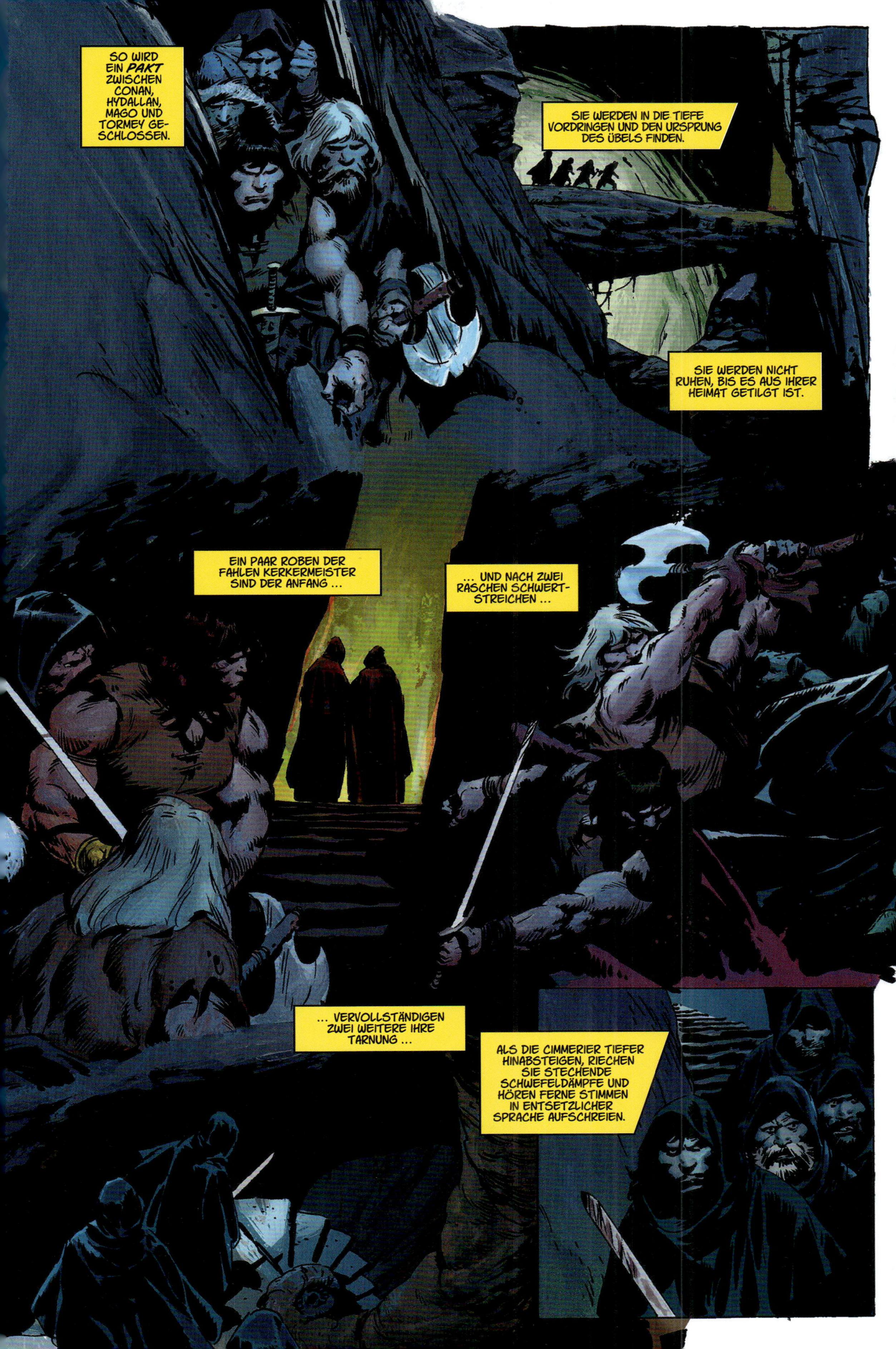
SO WIRD EIN PAKT ZWISCHEN CONAN, HYDALLAN, MAGO UND TORMEY GE-SCHLOSSEN.
SIE WERDEN IN DIE TIEFE VORDRINGEN UND DEN URSPRUNG DES ÜBELS FINDEN.
SIE WERDEN NICHT RUHEN, BIS ES AUS IHRER HEIMAT GETILGT IST.
EIN PAAR ROBEN DER FAHLEN KERKERMEISTER SIND DER ANFANG ...
... UND NACH ZWEI RASCHEN SCHWERT-STREICHEN ...
... VERVOLLSTÄNDIGEN ZWEI WEITERE IHRE TARNUNG ...
ALS DIE CIMMERIER TIEFER HINABSTEIGEN, RIECHEN SIE STECHENDE SCHWEFELDÄMPFE UND HÖREN FERNE STIMMEN IN ENTSETZLICHER SPRACHE AUFSCHREIEN.

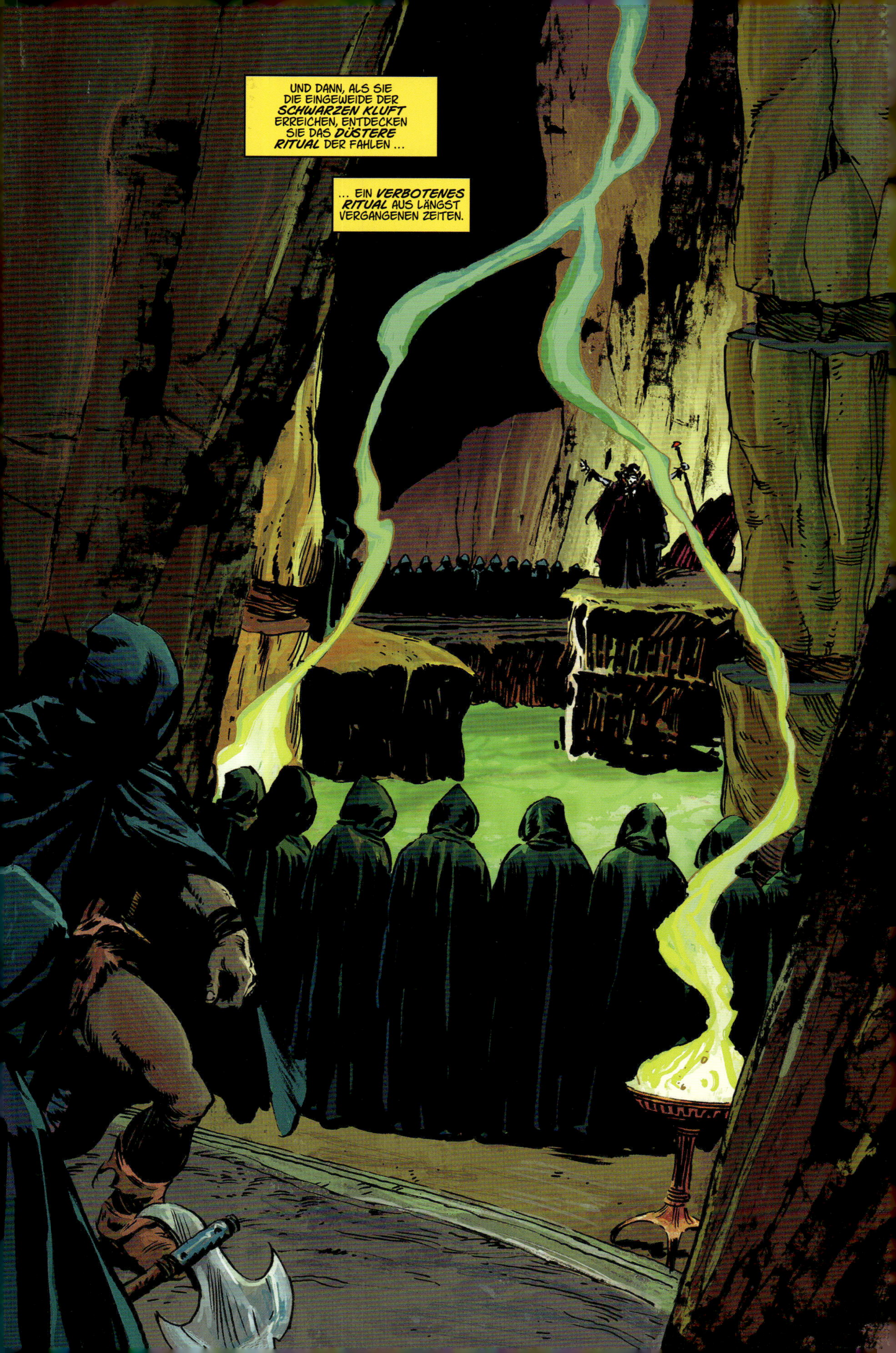
UND DANN, ALS SIE DIE EINGEWEIDE DER SCHWARZEN KLUFT ERREICHEN, ENTDECKEN SIE DAS DÜSTERE RITUAL DER FAHLEN ...
... EIN VERBOTENES RITUAL AUS LÄNGST VERGANGENEN ZEITEN.

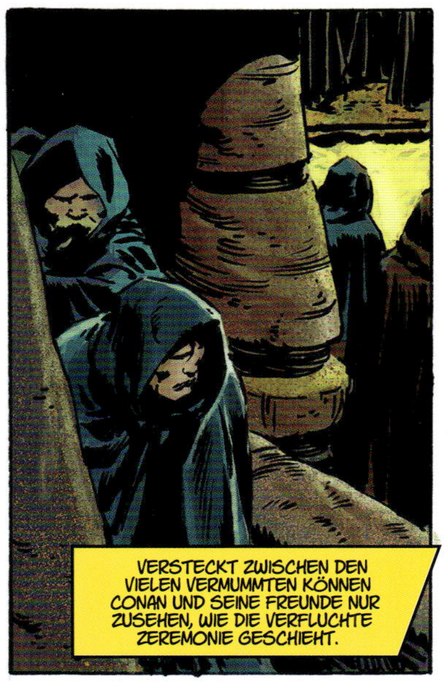
VERSTECKT ZWISCHEN DEN VIELEN VERMUMMTEN KÖNNEN CONAN UND SEINE FREUNDE NUR ZUSEHEN, WIE DIE VERFLUCHTE ZEREMONIE GESCHIEHT.

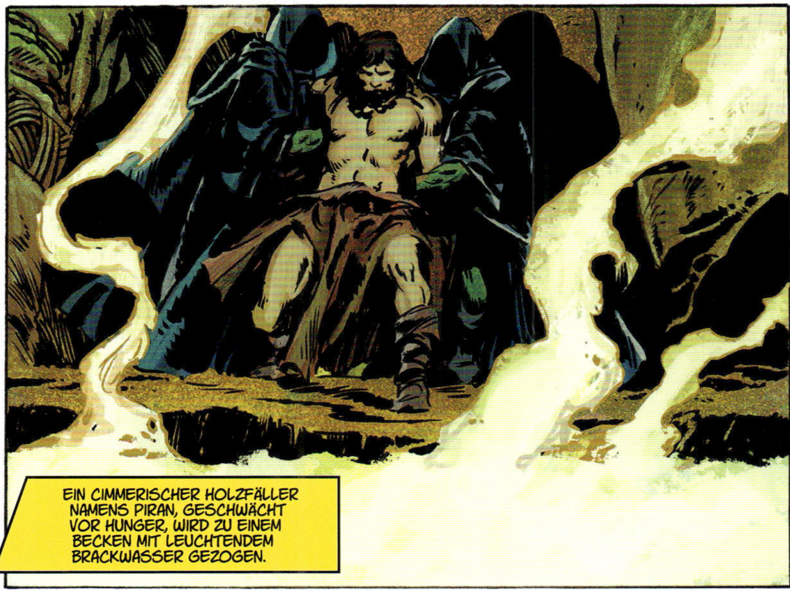
EIN CIMMERISCHER HOLZFÄLLER NAMENS PIRAN, GESCHWÄCHT VOR HUNGER, WIRD ZU EINEM BECKEN MIT LEUCHTENDEM BRACKWASSER GEZOGEN.

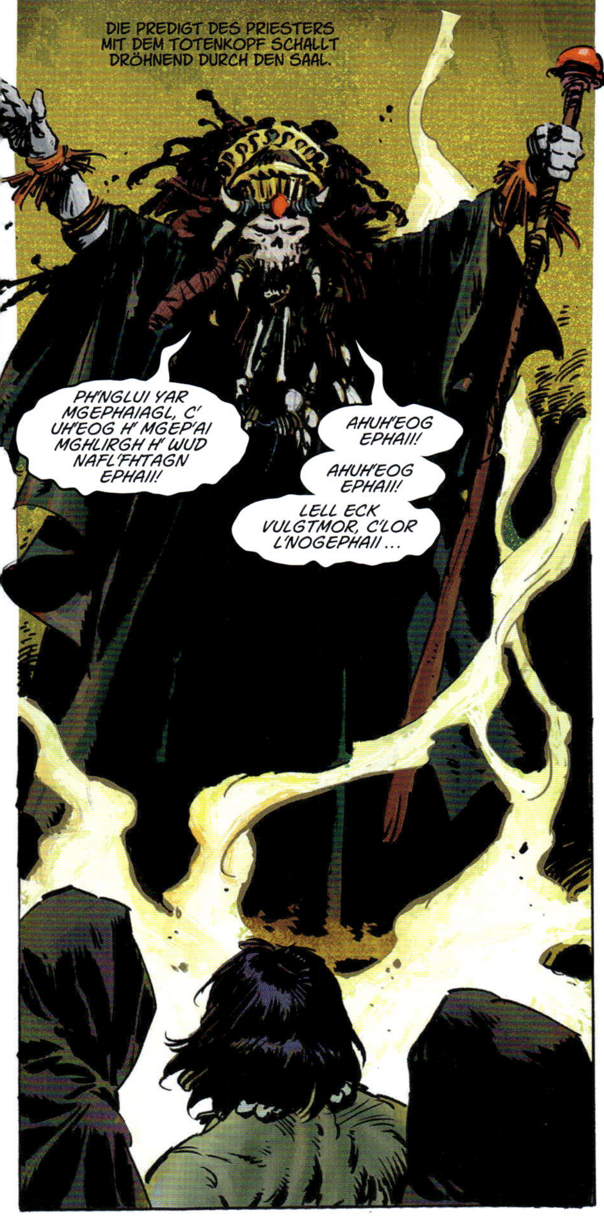
DIE PREDIGT DES PRIESTERS MIT DEM TOTENKOPF SCHALLT DRÖHNEND DURCH DEN SAAL.
PH'NGLUI YAR MGEPHAIAGL, C' UH'EOG H' MGEP'AI MGHLIRGH H' WUD NAFL'FHTAGN EPHAII!
AHUH'EOG EPHAII!
AHUH'EOG EPHAII!
LELL ECK VULGTMOR, C'LOR L'NOGEPHAII ...

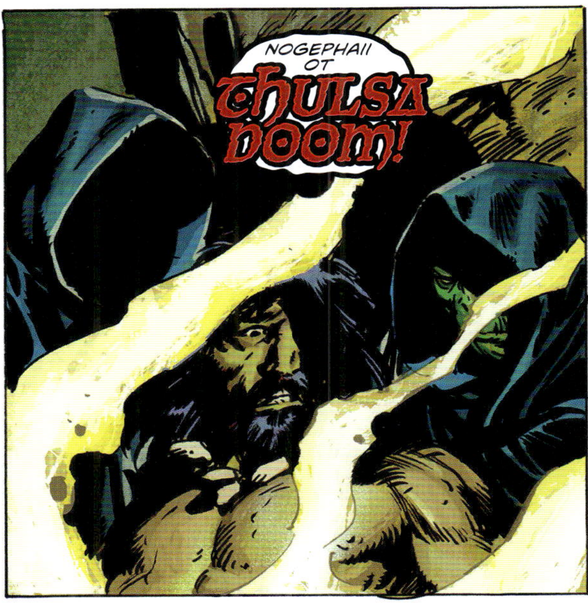
NOGEPHAII OT THULSA DOOM!

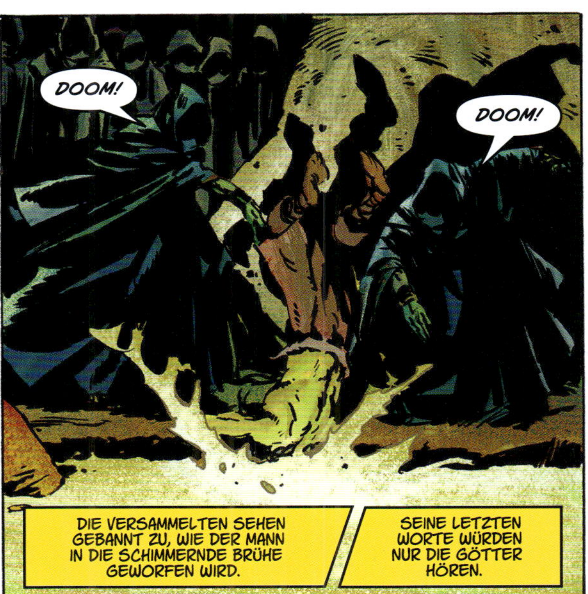
DOOM!
DOOM!
DIE VERSAMMELTEN SEHEN GEBANNT ZU, WIE DER MANN IN DIE SCHIMMERNDE BRÜHE GEWORFEN WIRD.
SEINE LETZTEN WORTE WÜRDEN NUR DIE GÖTTER HÖREN.

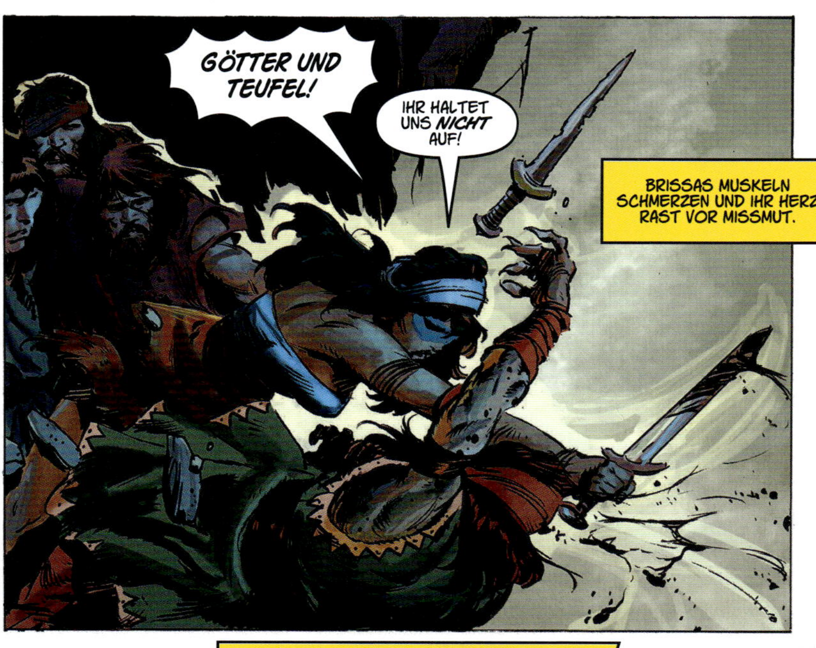
GÖTTER UND TEUFEL!
IHR HALTET UNS NICHT AUF!
BRISSAS MUSKELN SCHMERZEN UND IHR HERZ RAST VOR MISSMUT.

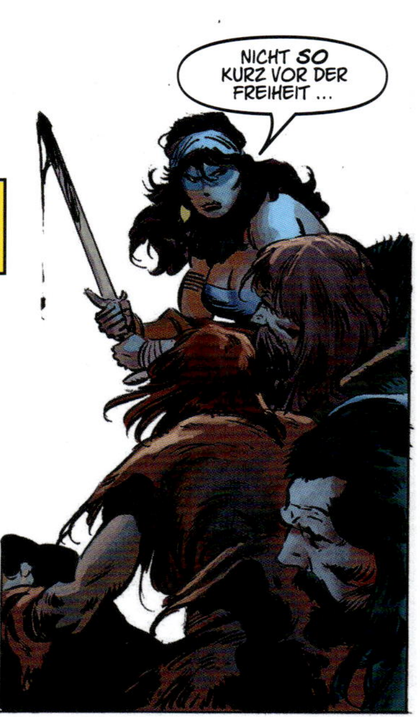
NICHT SO KURZ VOR DER FREIHEIT ...

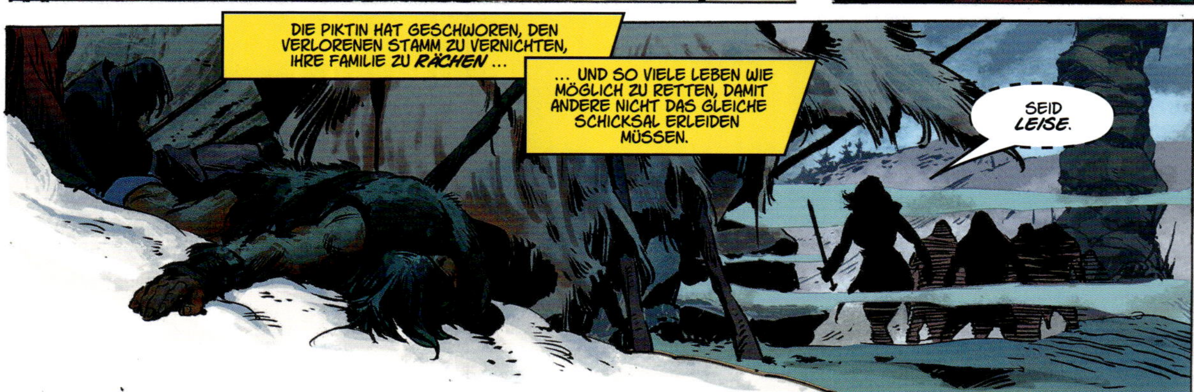
DIE PIKTIN HAT GESCHWOREN, DEN VERLORENEN STAMM ZU VERNICHTEN, IHRE FAMILIE ZU RÄCHEN ...
... UND SO VIELE LEBEN WIE MÖGLICH ZU RETTEN, DAMIT ANDERE NICHT DAS GLEICHE SCHICKSAL ERLEIDEN MÜSSEN.
SEID LEISE.

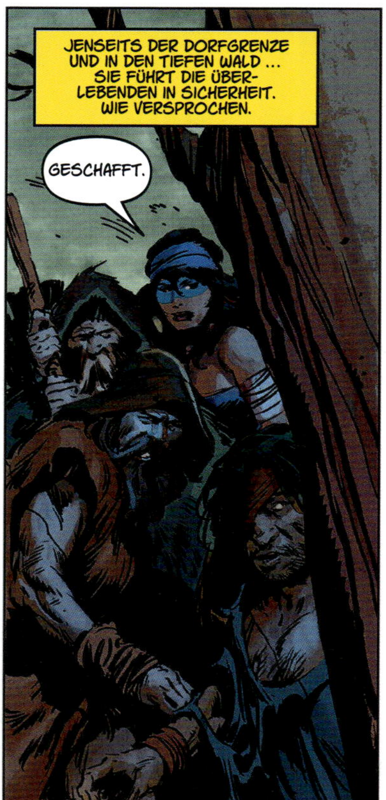
JENSEITS DER DORFGRENZE UND IN DEN TIEFEN WALD ... SIE FÜHRT DIE ÜBER-LEBENDEN IN SICHERHEIT. WIE VERSPROCHEN.
GESCHAFFT.

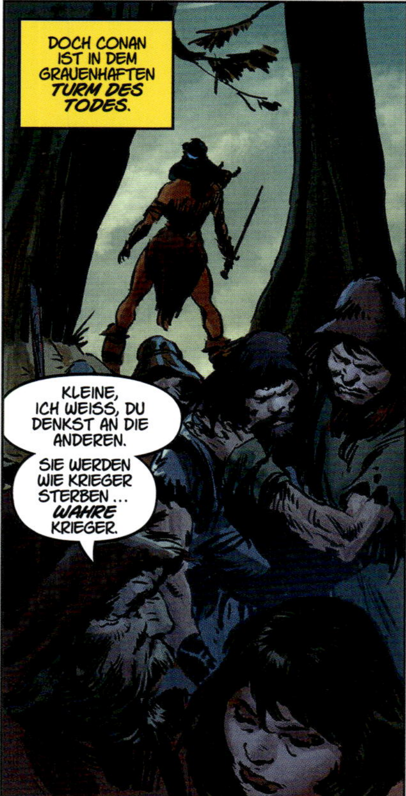
DOCH CONAN IST IN DEM GRAUENHAFTEN TURM DES TODES.
KLEINE, ICH WEISS, DU DENKST AN DIE ANDEREN.
SIE WERDEN WIE KRIEGER STERBEN ... WAHRE KRIEGER.

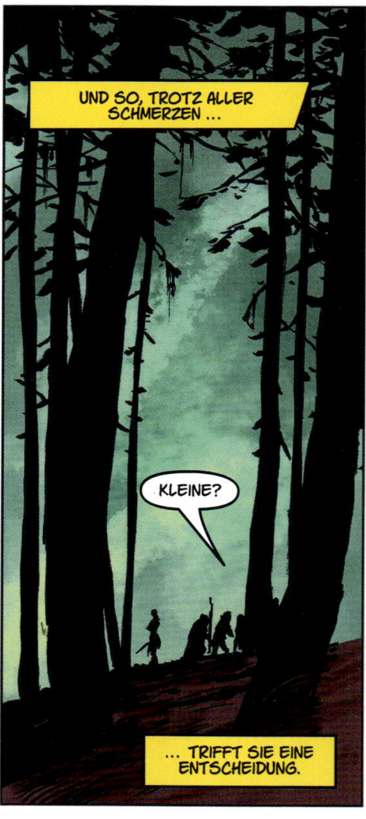
UND SO, TROTZ ALLER SCHMERZEN ...
KLEINE?
... TRIFFT SIE EINE ENTSCHEIDUNG.

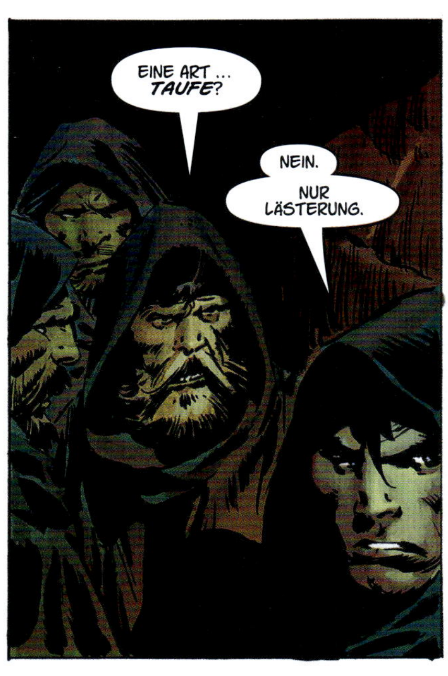

EINE ART … *TAUFE*?
NEIN.
NUR LÄSTERUNG.

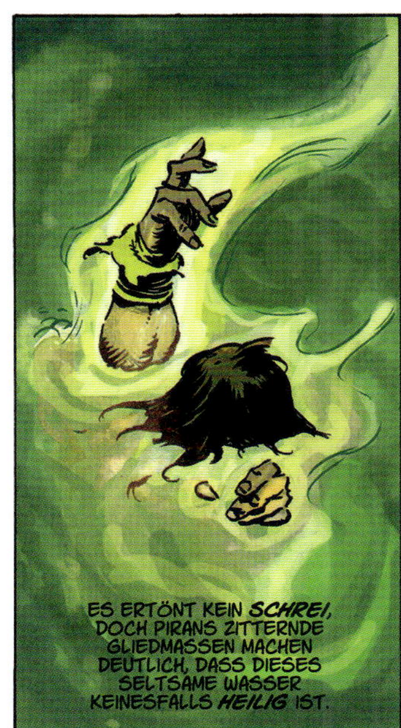

ES ERTÖNT KEIN *SCHREI*, DOCH PIRANS ZITTERNDE GLIEDMASSEN MACHEN DEUTLICH, DASS DIESES SELTSAME WASSER KEINESFALLS *HEILIG* IST.

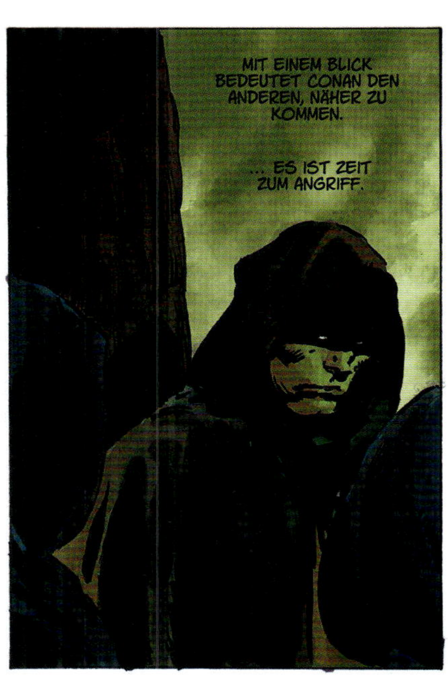

MIT EINEM BLICK BEDEUTET CONAN DEN ANDEREN, NÄHER ZU KOMMEN.
… ES IST ZEIT ZUM ANGRIFF.

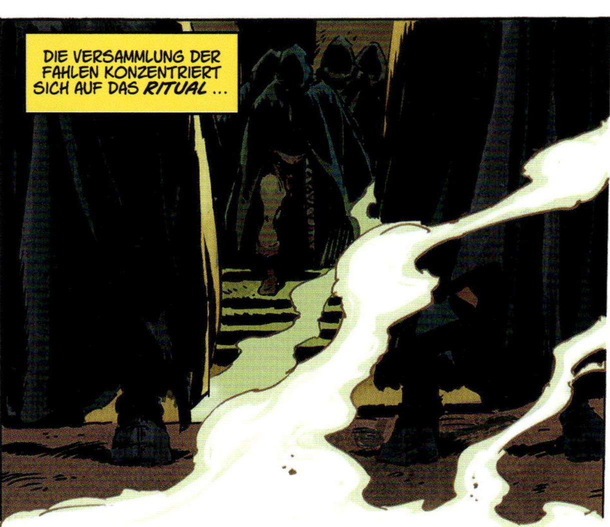

DIE VERSAMMLUNG DER FAHLEN KONZENTRIERT SICH AUF DAS *RITUAL* …

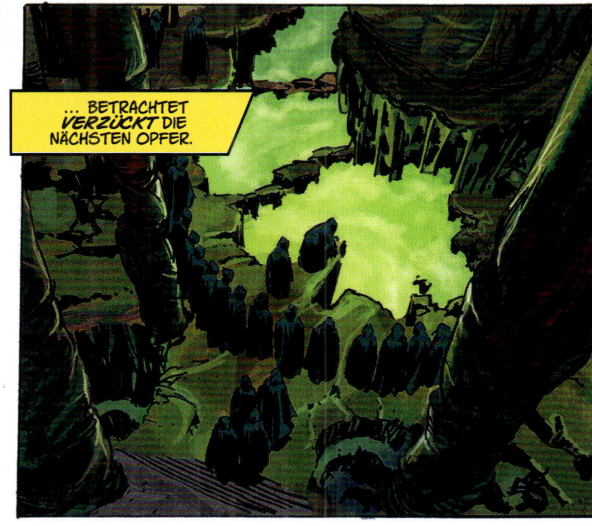

… BETRACHTET *VERZÜCKT* DIE NÄCHSTEN OPFER.

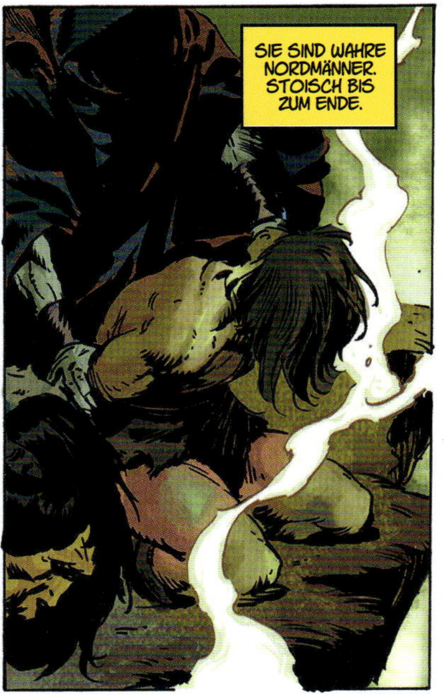

SIE SIND WAHRE NORDMÄNNER. STOISCH BIS ZUM ENDE.

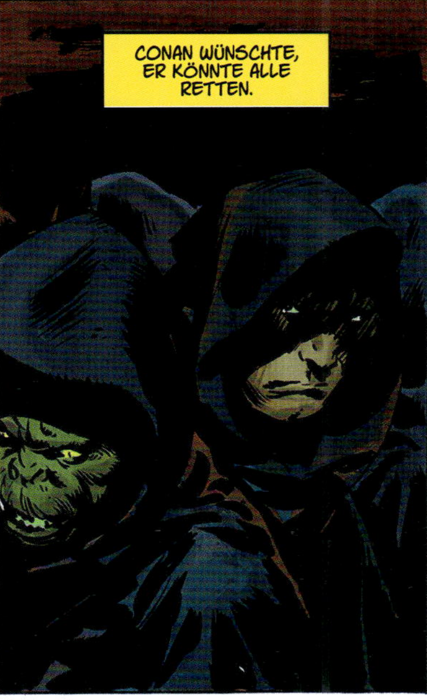

CONAN WÜNSCHTE, ER KÖNNTE ALLE RETTEN.

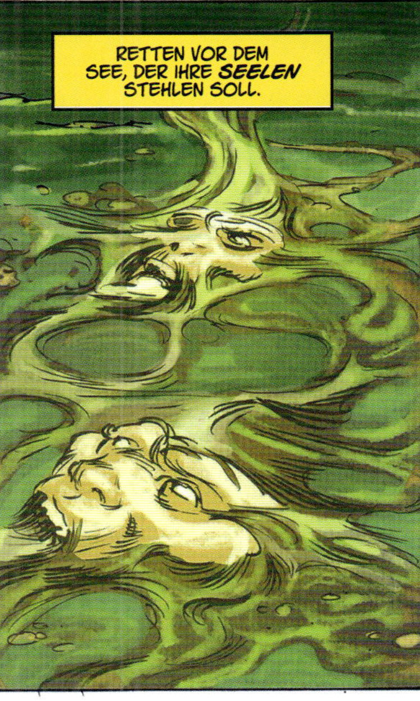

RETTEN VOR DEM SEE, DER IHRE *SEELEN* STEHLEN SOLL.

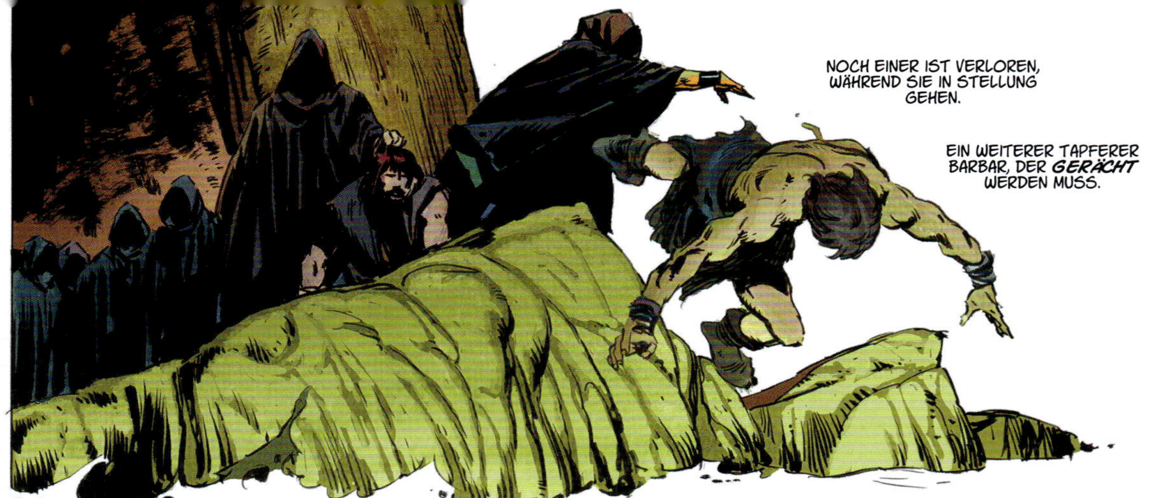
NOCH EINER IST VERLOREN, WÄHREND SIE IN STELLUNG GEHEN.
EIN WEITERER TAPFERER BARBAR, DER *GERÄCHT* WERDEN MUSS.

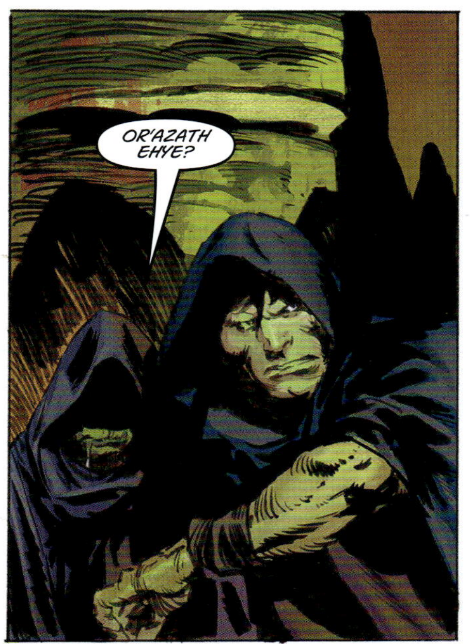
OR'AZATH EHYE?

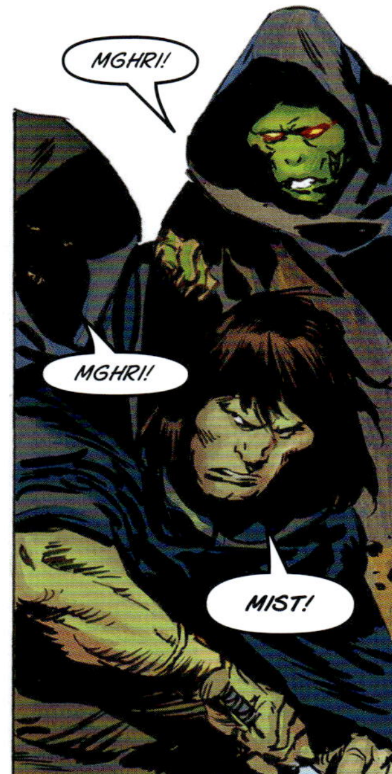
MGHRI!
MGHRI!
MIST!

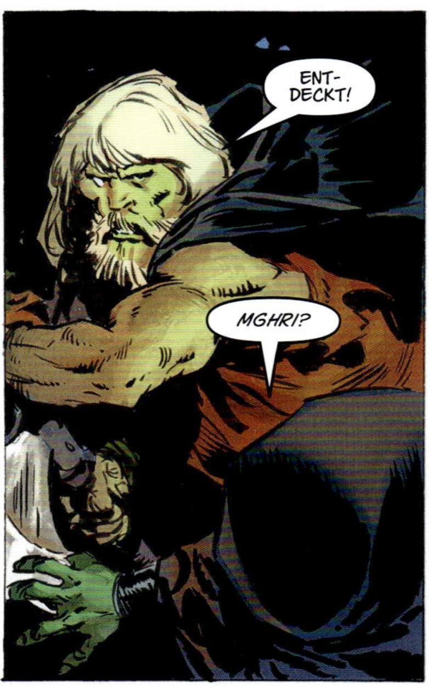
ENT-DECKT!
MGHRI?

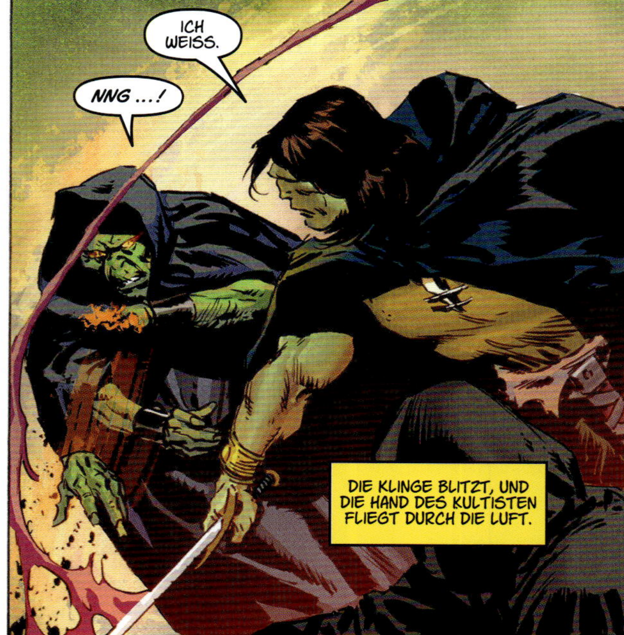
ICH WEISS.
NNG ...!
DIE KLINGE BLITZT, UND DIE HAND DES KULTISTEN FLIEGT DURCH DIE LUFT.

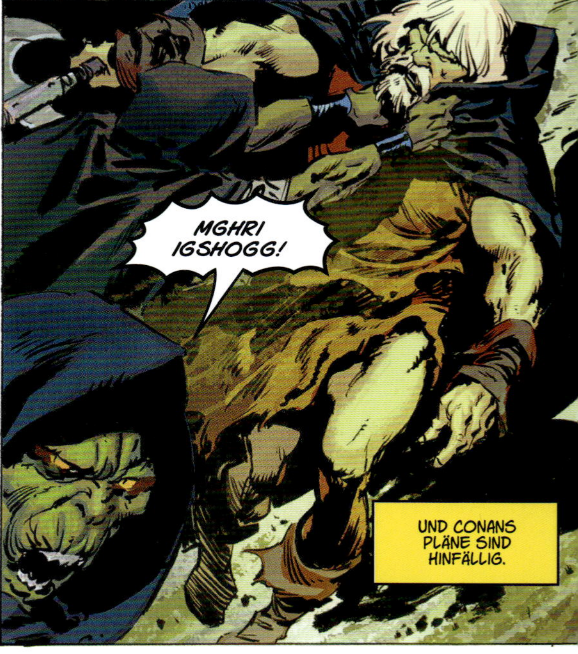
MGHRI IGSHOGG!
UND CONANS PLÄNE SIND HINFÄLLIG.

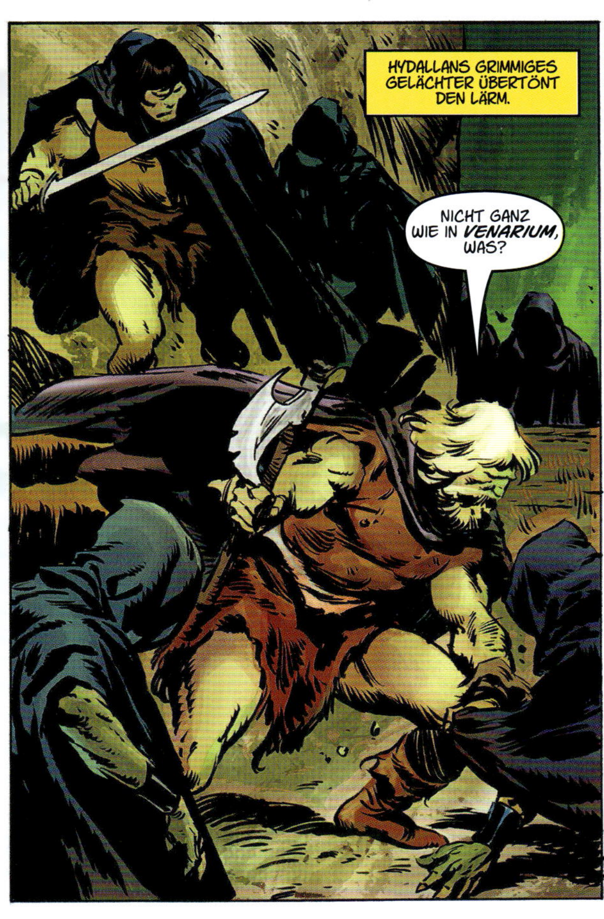
HYDALLANS GRIMMIGES GELÄCHTER ÜBERTÖNT DEN LÄRM.
NICHT GANZ WIE IN *VENARIUM*, WAS?

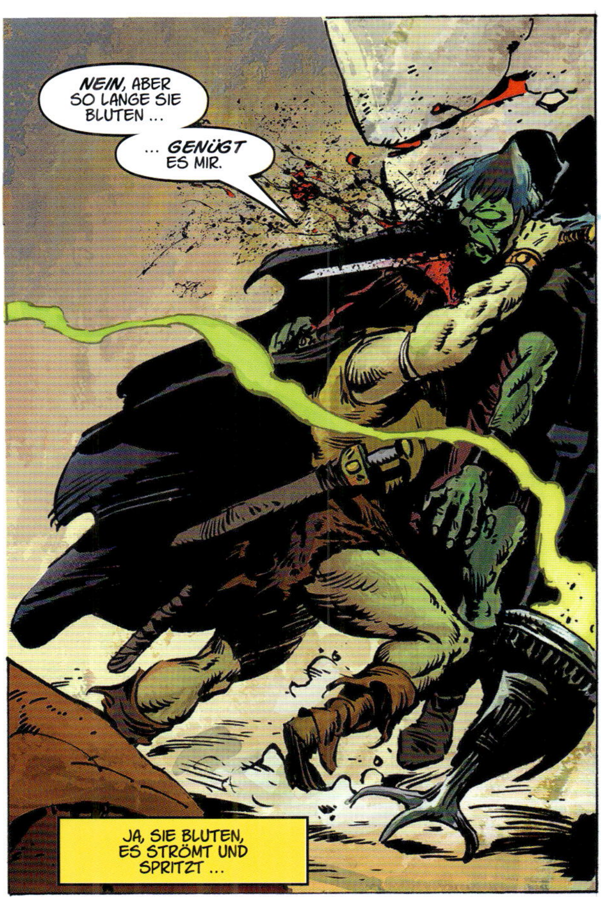
NEIN, ABER SO LANGE SIE BLUTEN …
… *GENÜGT* ES MIR.
JA, SIE BLUTEN, ES STRÖMT UND SPRITZT …

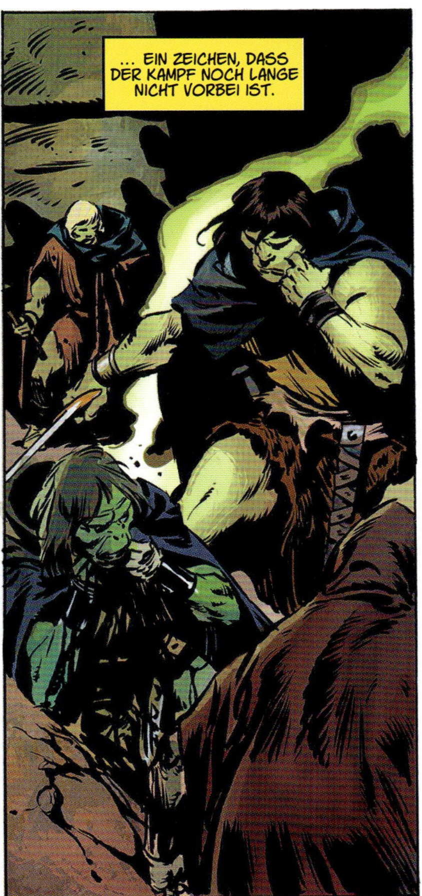
… EIN ZEICHEN, DASS DER KAMPF NOCH LANGE NICHT VORBEI IST.

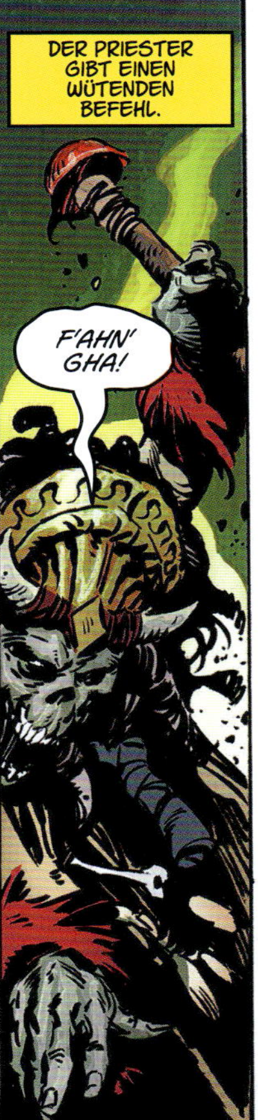
DER PRIESTER GIBT EINEN WÜTENDEN BEFEHL.
F'AHN' GHA!

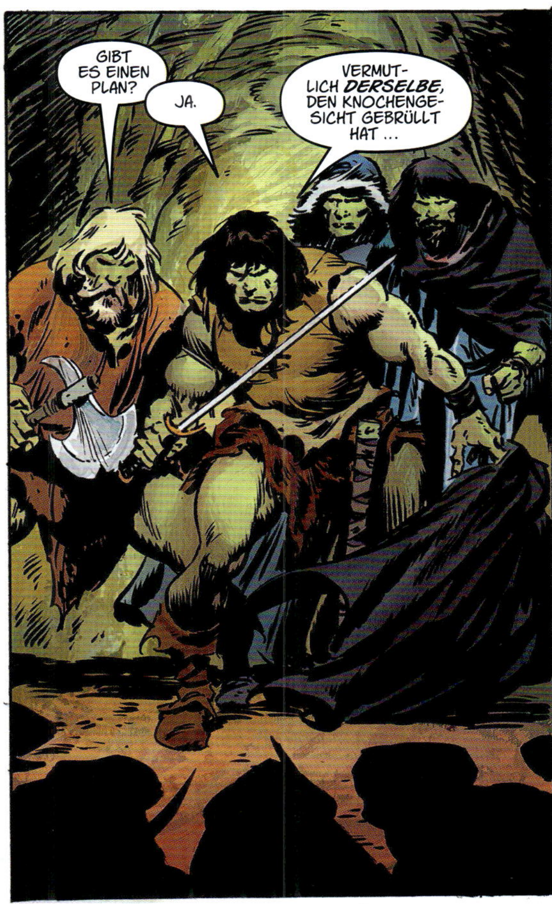
GIBT ES EINEN PLAN?
JA.
VERMUT-LICH *DERSELBE*, DEN KNOCHENGE-SICHT GEBRÜLLT HAT …

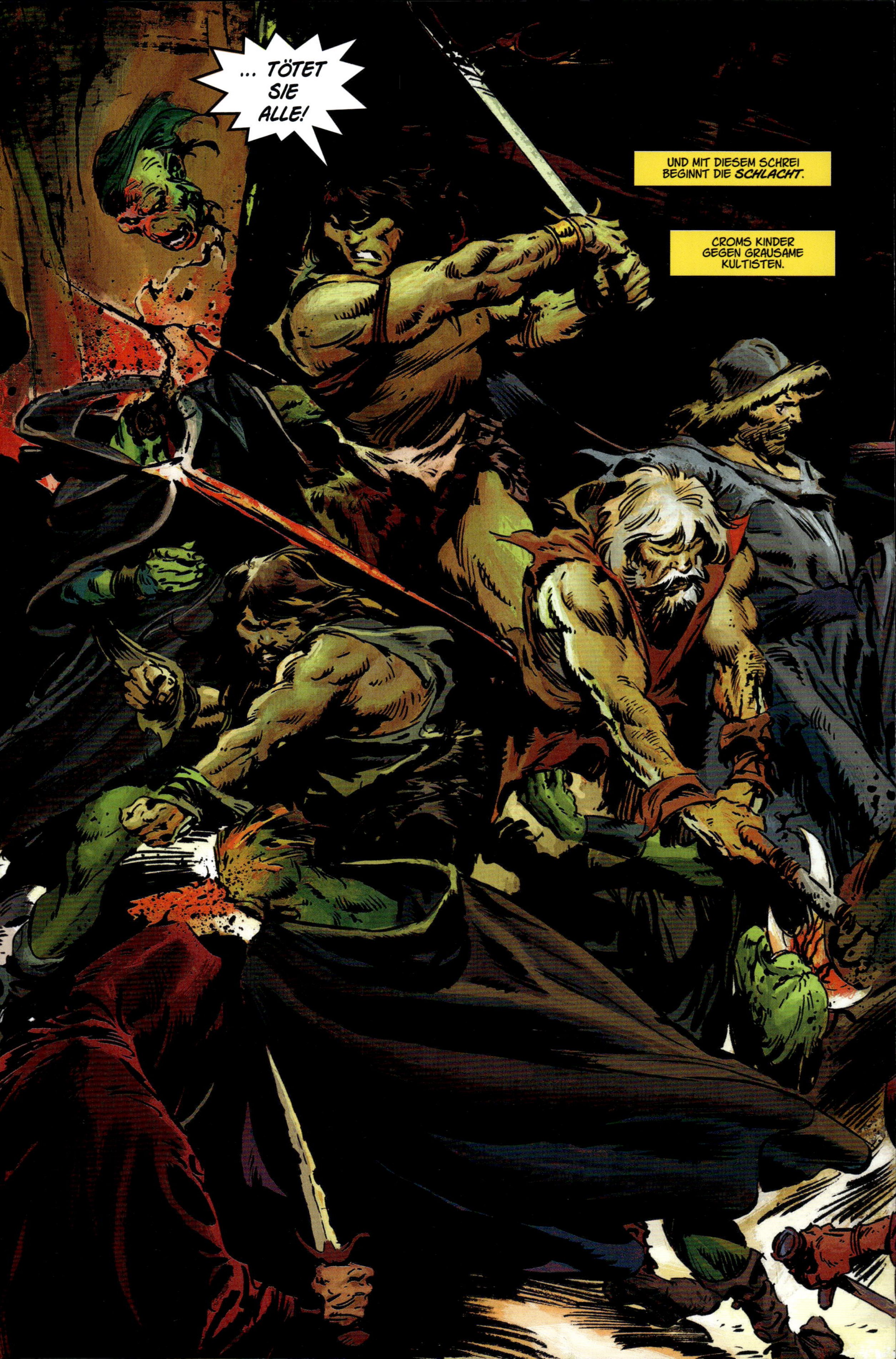
... TÖTET SIE ALLE!
UND MIT DIESEM SCHREI BEGINNT DIE SCHLACHT.
CROMS KINDER GEGEN GRAUSAME KULTISTEN.

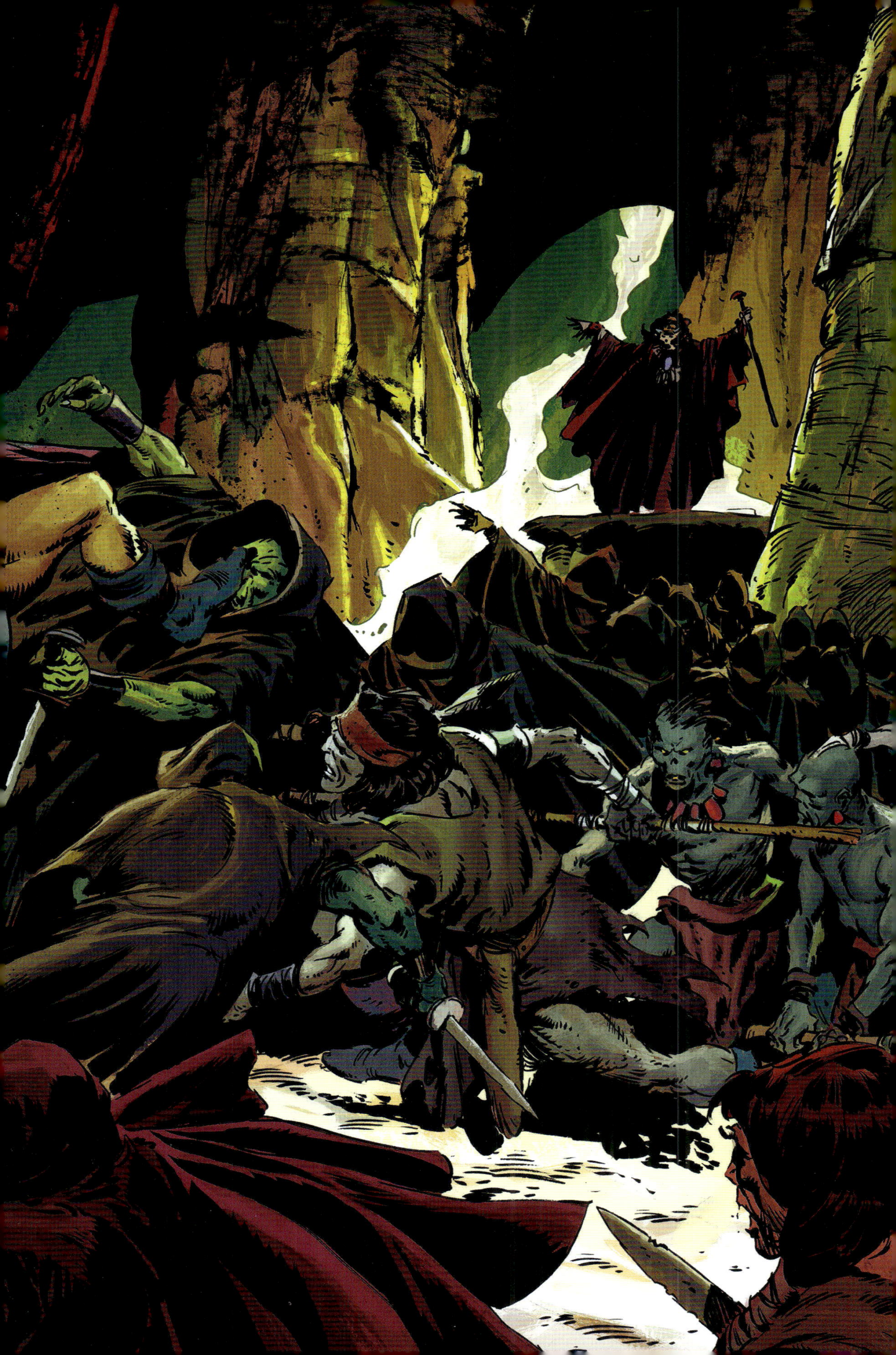

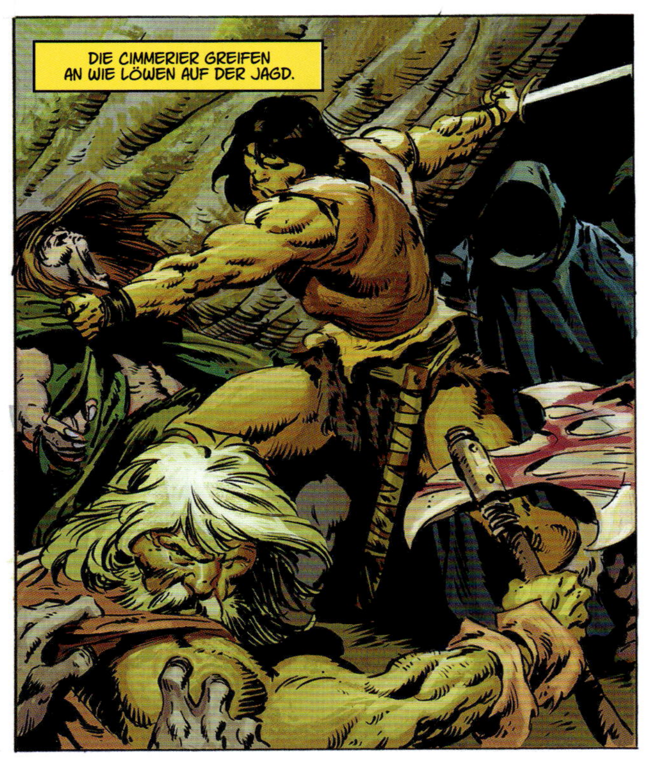
DIE CIMMERIER GREIFEN AN WIE LÖWEN AUF DER JAGD.

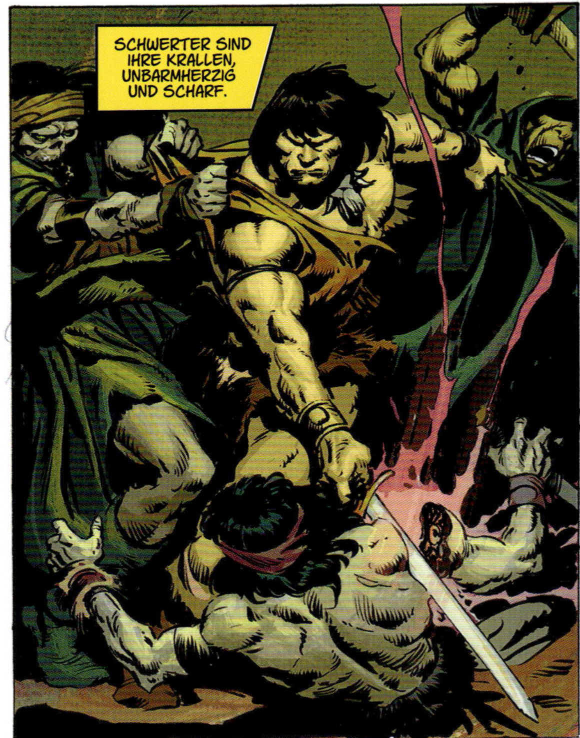
SCHWERTER SIND IHRE KRALLEN, UNBARMHERZIG UND SCHARF.

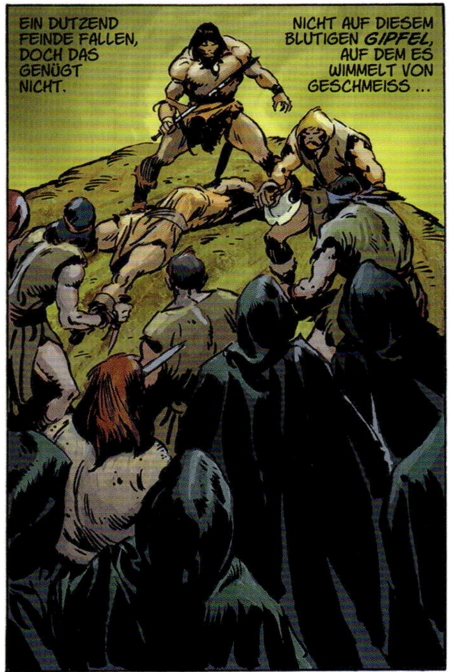
EIN DUTZEND FEINDE FALLEN, DOCH DAS GENÜGT NICHT.
NICHT AUF DIESEM BLUTIGEN GIPFEL, AUF DEM ES WIMMELT VON GESCHMEISS …

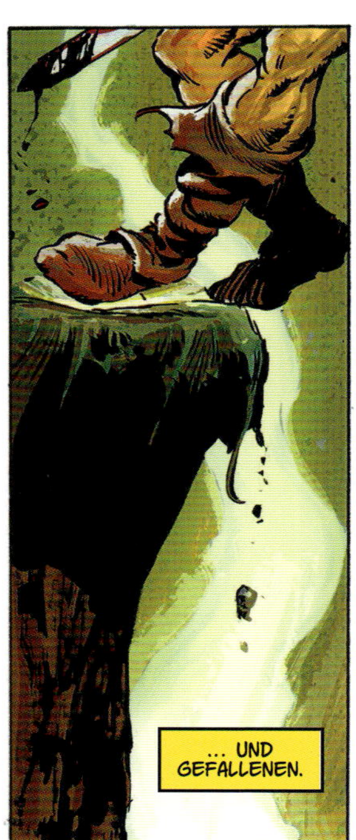
… UND GEFALLENEN.

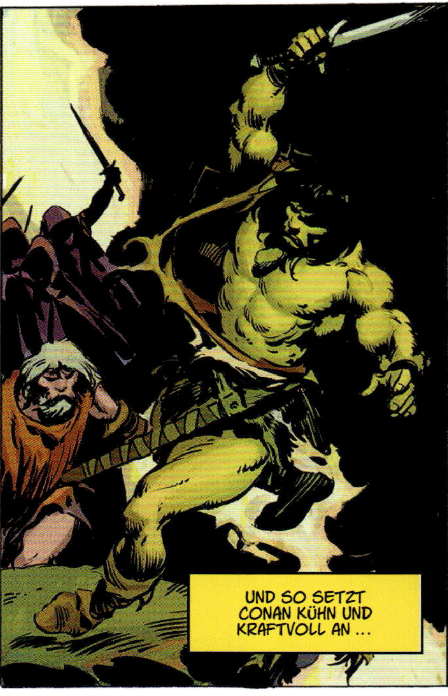
UND SO SETZT CONAN KÜHN UND KRAFTVOLL AN …

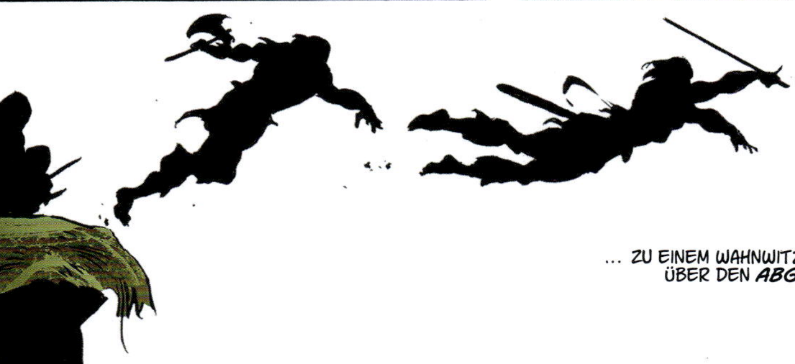
… ZU EINEM WAHNWITZIGEN SPRUNG ÜBER DEN ABGRUND.

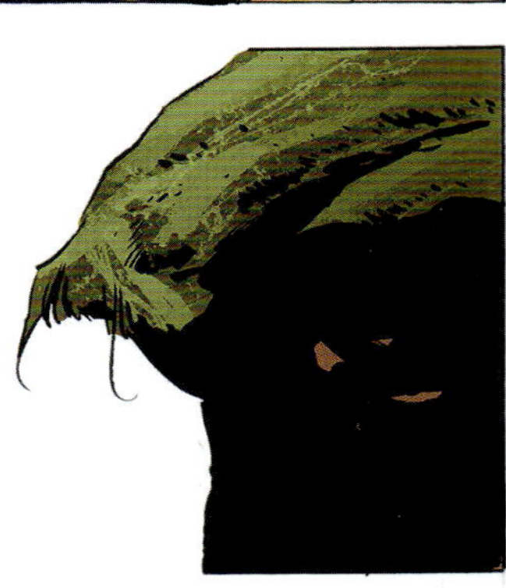

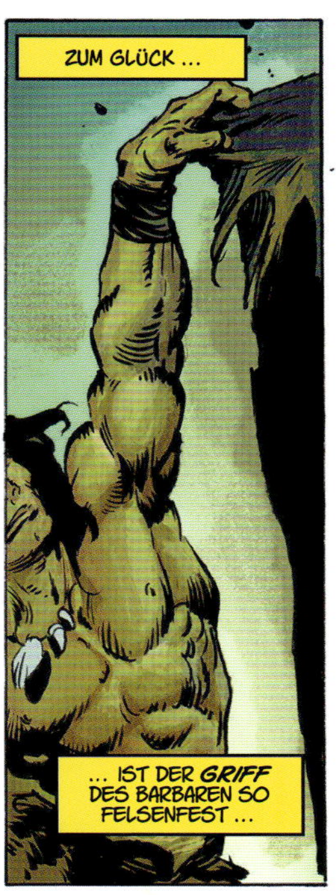
ZUM GLÜCK ...
... IST DER GRIFF DES BARBAREN SO FELSENFEST ...

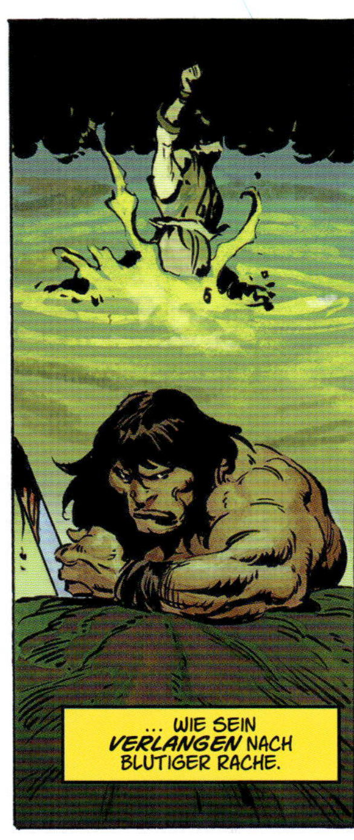
... WIE SEIN VERLANGEN NACH BLUTIGER RACHE.

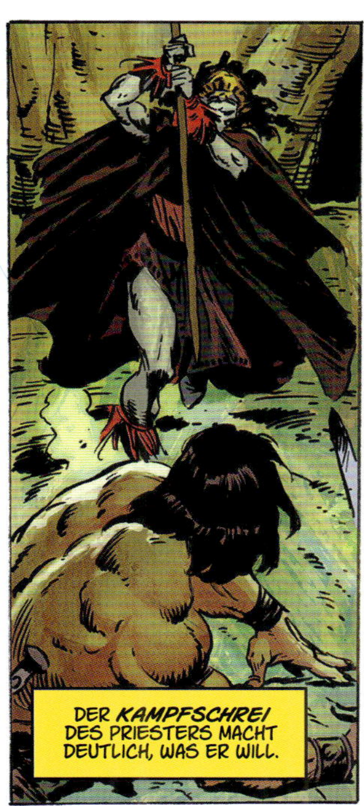
DER KAMPFSCHREI DES PRIESTERS MACHT DEUTLICH, WAS ER WILL.

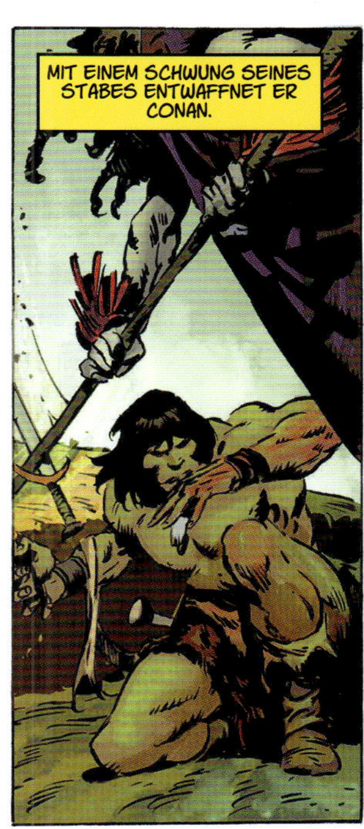
MIT EINEM SCHWUNG SEINES STABES ENTWAFFNET ER CONAN.

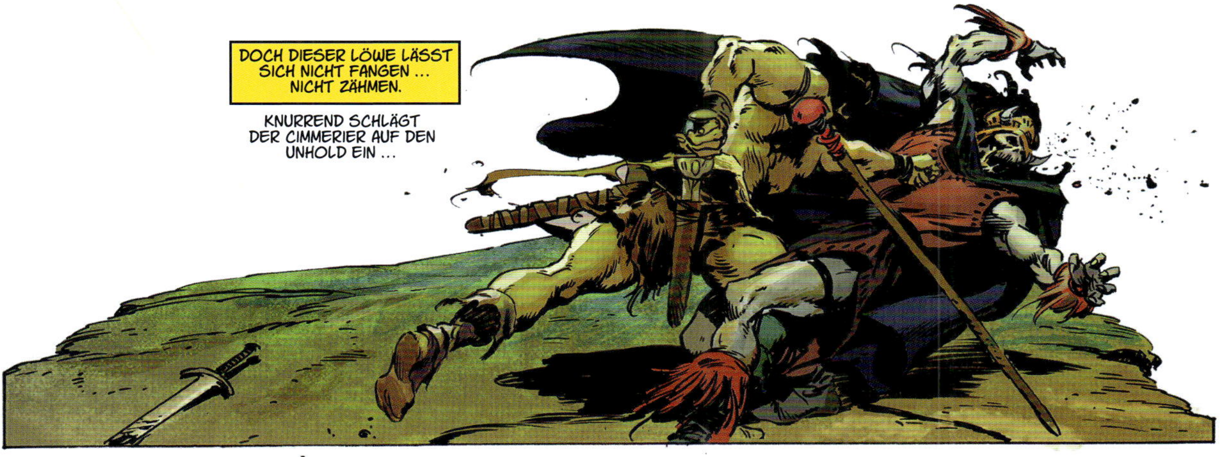
DOCH DIESER LÖWE LÄSST SICH NICHT FANGEN ... NICHT ZÄHMEN.
KNURREND SCHLÄGT DER CIMMERIER AUF DEN UNHOLD EIN ...

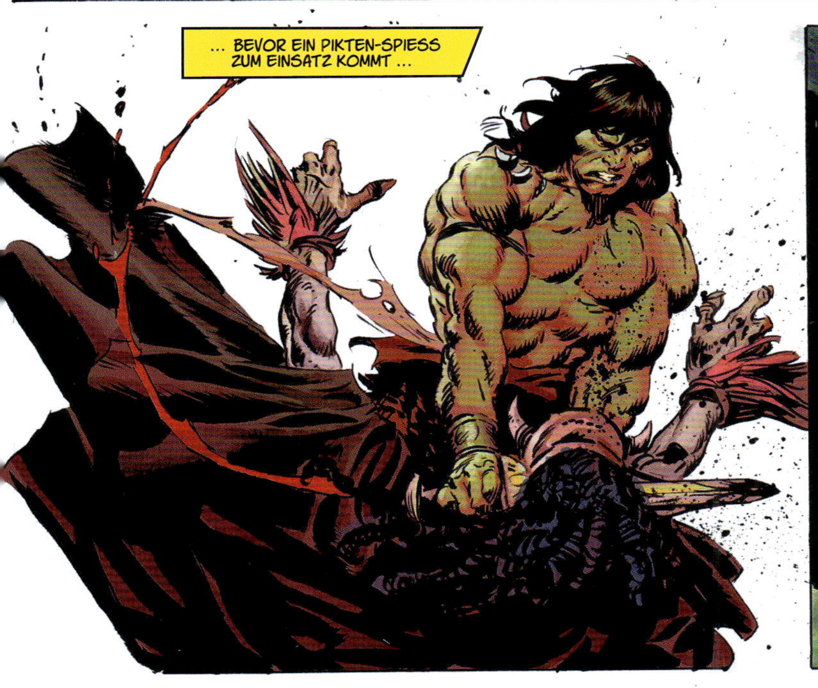
... BEVOR EIN PIKTEN-SPIESS ZUM EINSATZ KOMMT ...

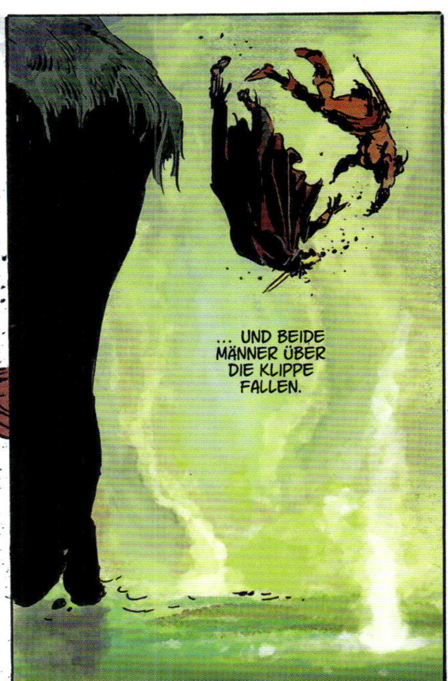
... UND BEIDE MÄNNER ÜBER DIE KLIPPE FALLEN.

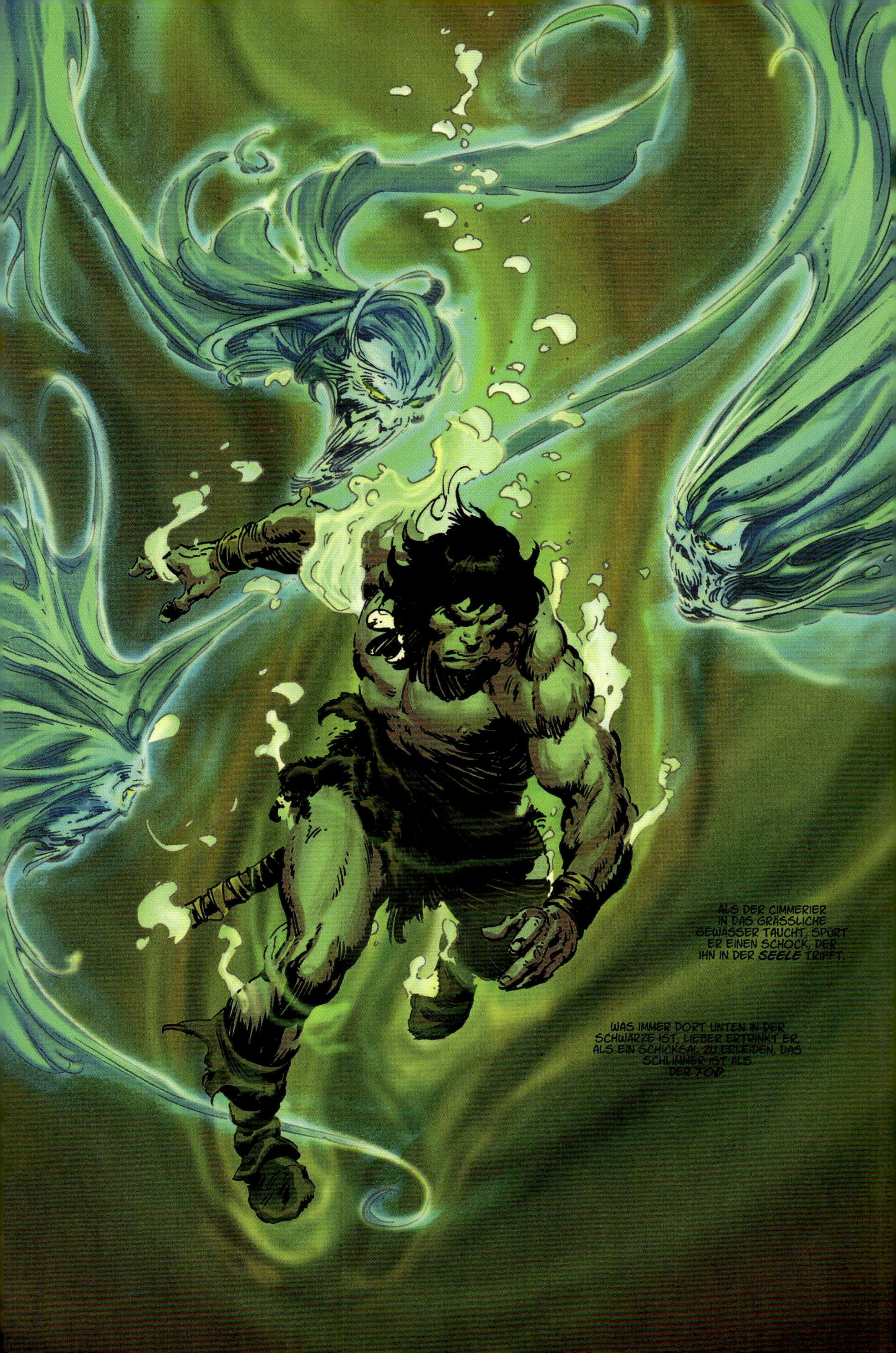
ALS DER CIMMERIER IN DAS GRÄSSLICHE GEWÄSSER TAUCHT, SPÜRT ER EINEN SCHOCK, DER IHN IN DER ***SEELE*** TRIFFT.
WAS IMMER DORT UNTEN IN DER SCHWÄRZE IST, LIEBER ERTRINKT ER, ALS EIN SCHICKSAL ZU ERLEIDEN, DAS SCHLIMMER IST ALS DER ***TOD***.

DER FLUCH DES SCHWARZEN STEINS, TEIL 4:
RACHE DER VERLORENEN

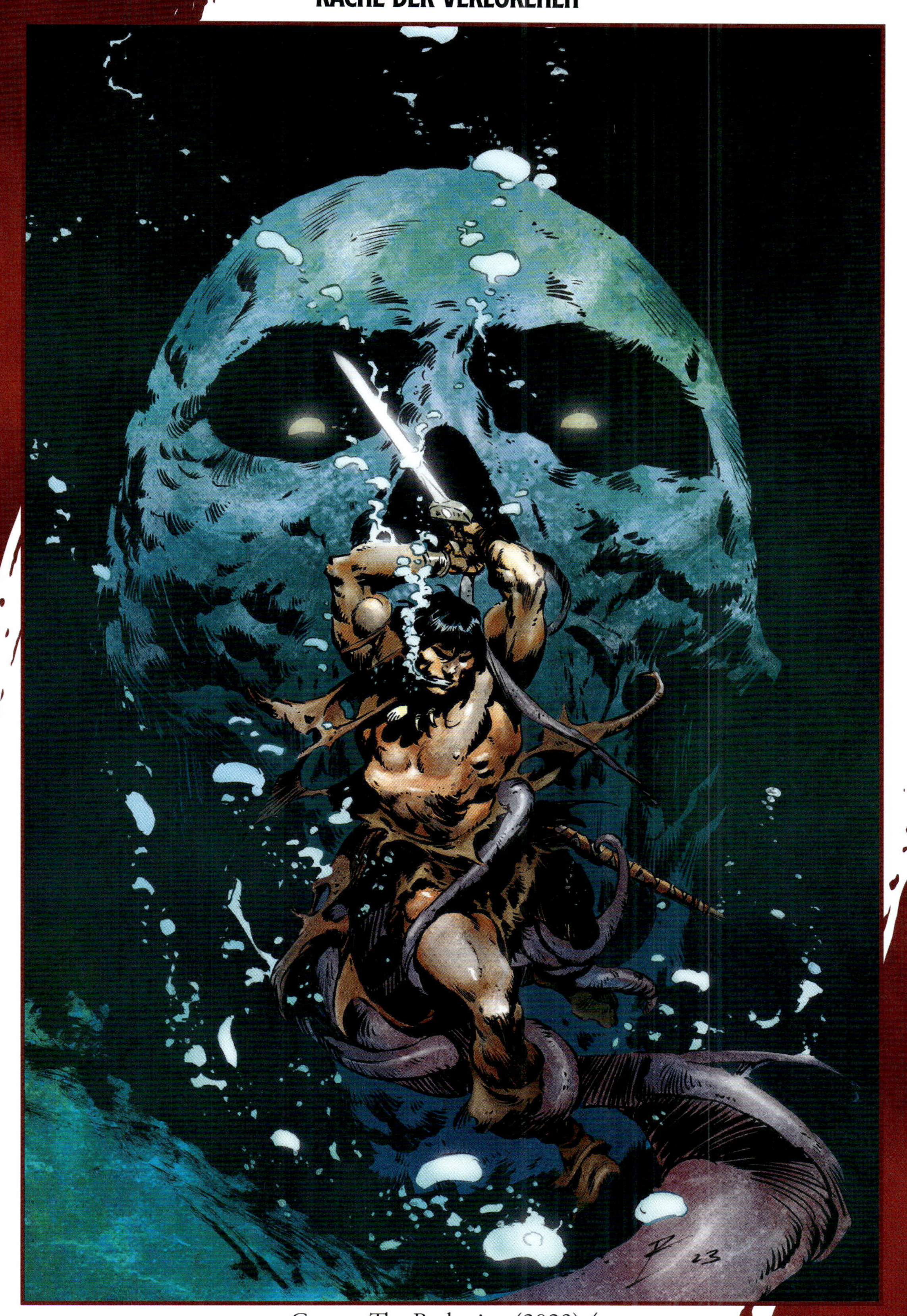

Conan: The Barbarian (2023) 4
Cover von **ROBERTO DE LA TORRE**

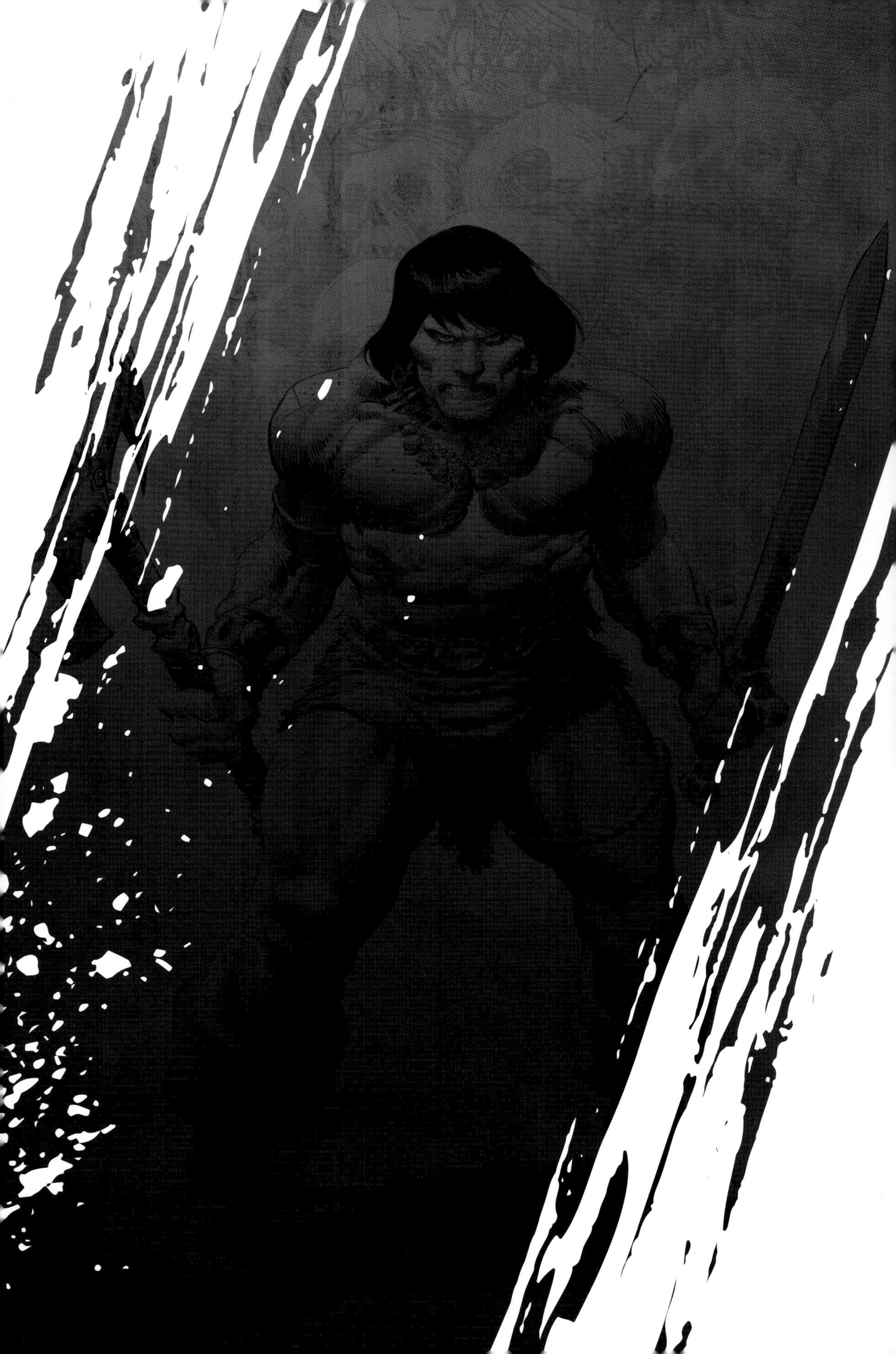

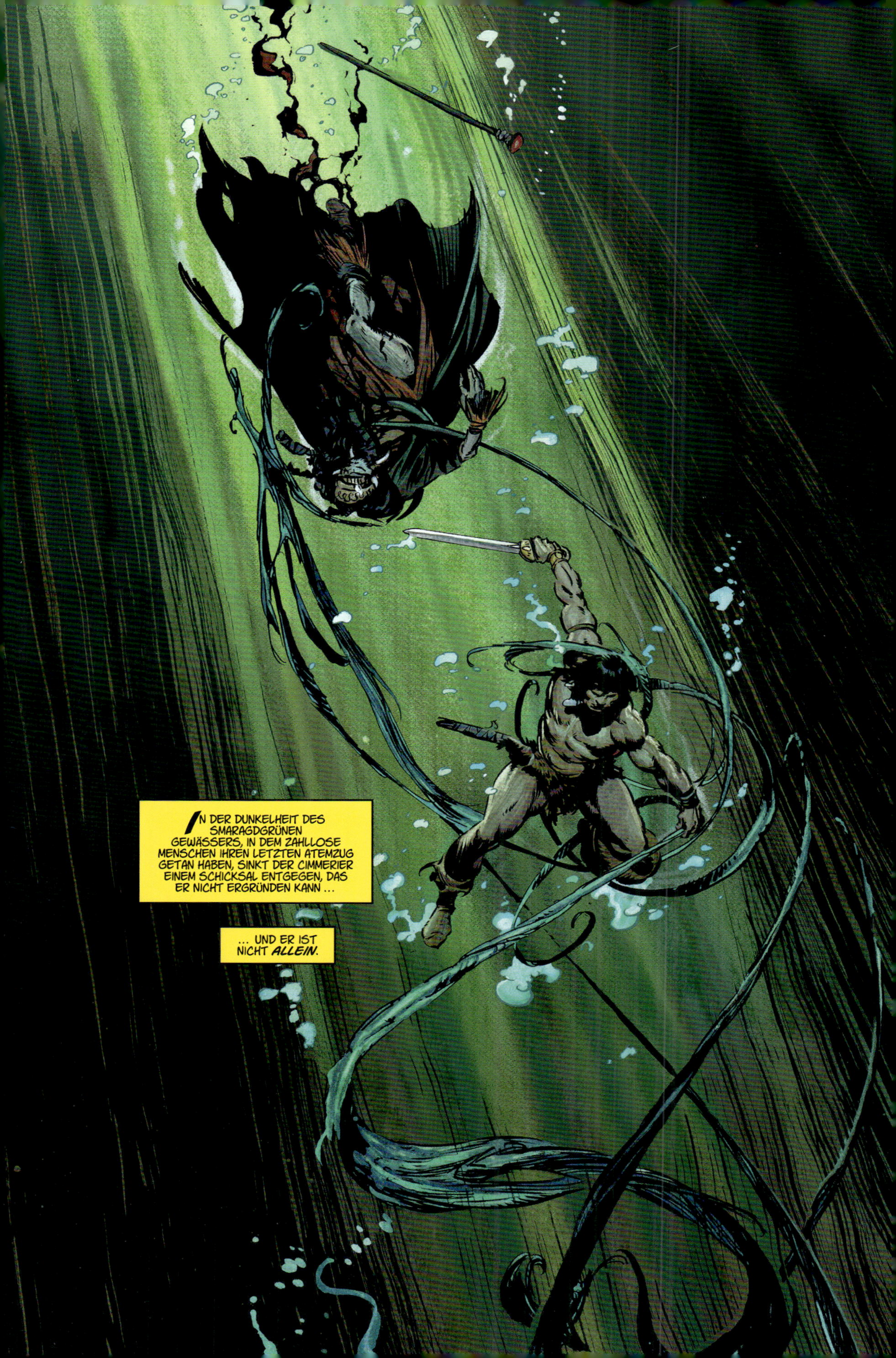
IN DER DUNKELHEIT DES SMARAGDGRÜNEN GEWÄSSERS, IN DEM ZAHLLOSE MENSCHEN IHREN LETZTEN ATEMZUG GETAN HABEN, SINKT DER CIMMERIER EINEM SCHICKSAL ENTGEGEN, DAS ER NICHT ERGRÜNDEN KANN ...
... UND ER IST NICHT ALLEIN.

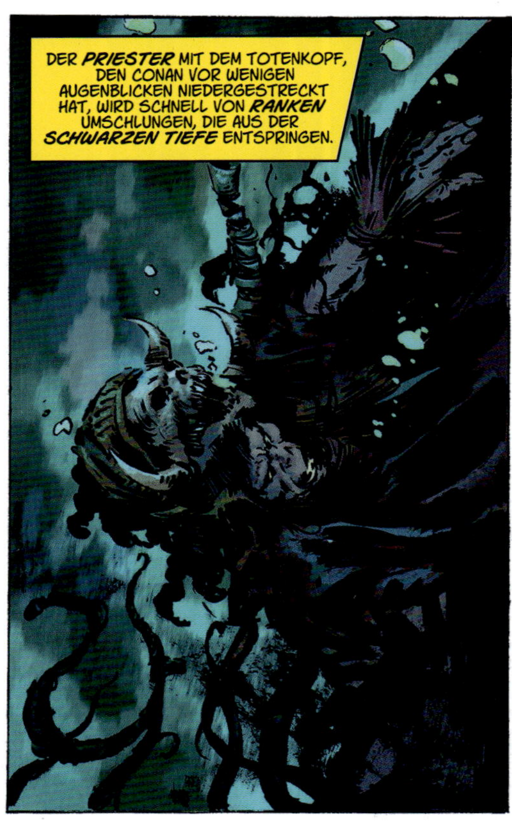
DER PRIESTER MIT DEM TOTENKOPF, DEN CONAN VOR WENIGEN AUGENBLICKEN NIEDERGESTRECKT HAT, WIRD SCHNELL VON RANKEN UMSCHLUNGEN, DIE AUS DER SCHWARZEN TIEFE ENTSPRINGEN.

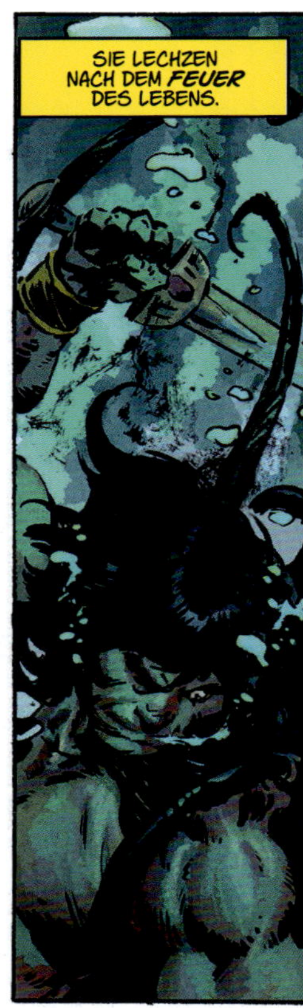
SIE LECHZEN NACH DEM FEUER DES LEBENS.

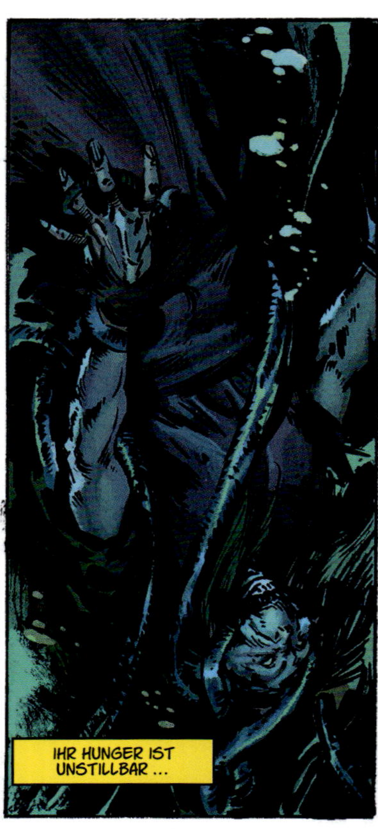
IHR HUNGER IST UNSTILLBAR …

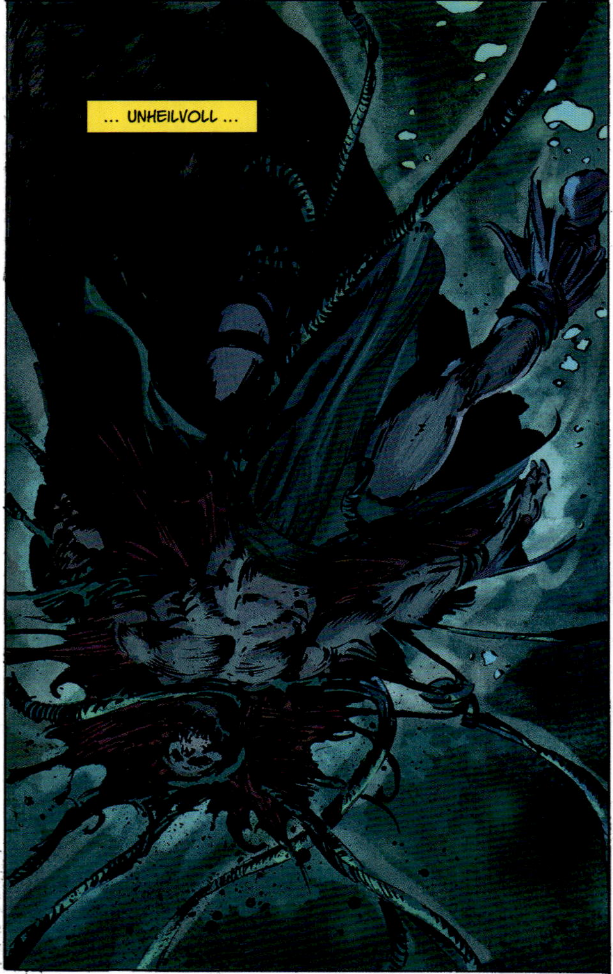
… UNHEILVOLL …

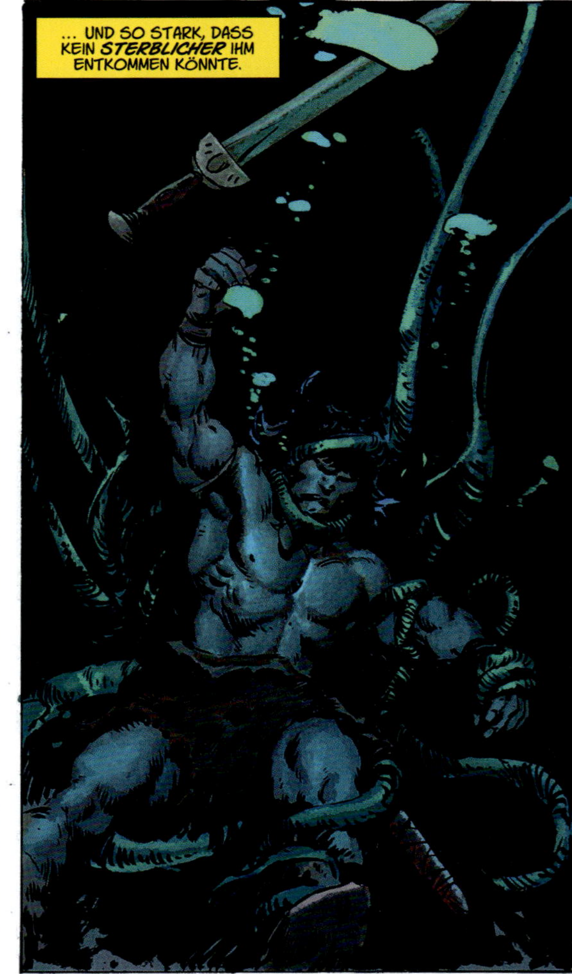
… UND SO STARK, DASS KEIN STERBLICHER IHM ENTKOMMEN KÖNNTE.

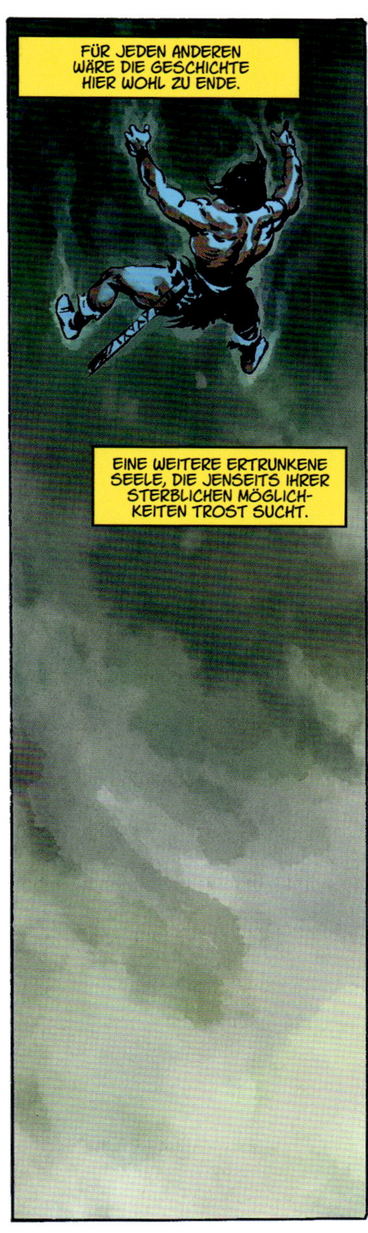
FÜR JEDEN ANDEREN WÄRE DIE GESCHICHTE HIER WOHL ZU ENDE.
EINE WEITERE ERTRUNKENE SEELE, DIE JENSEITS IHRER STERBLICHEN MÖGLICHKEITEN TROST SUCHT.

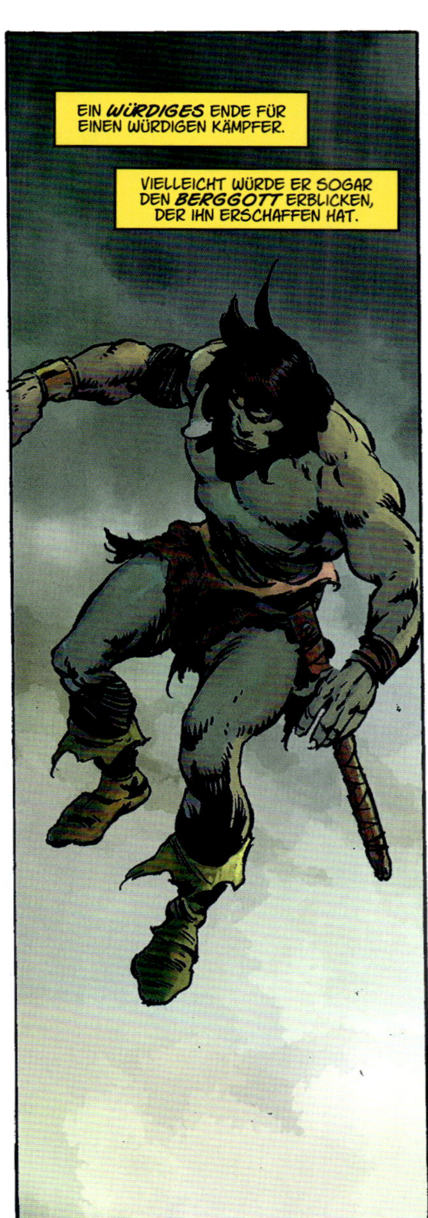
EIN WÜRDIGES ENDE FÜR EINEN WÜRDIGEN KÄMPFER.
VIELLEICHT WÜRDE ER SOGAR DEN BERGGOTT ERBLICKEN, DER IHN ERSCHAFFEN HAT.

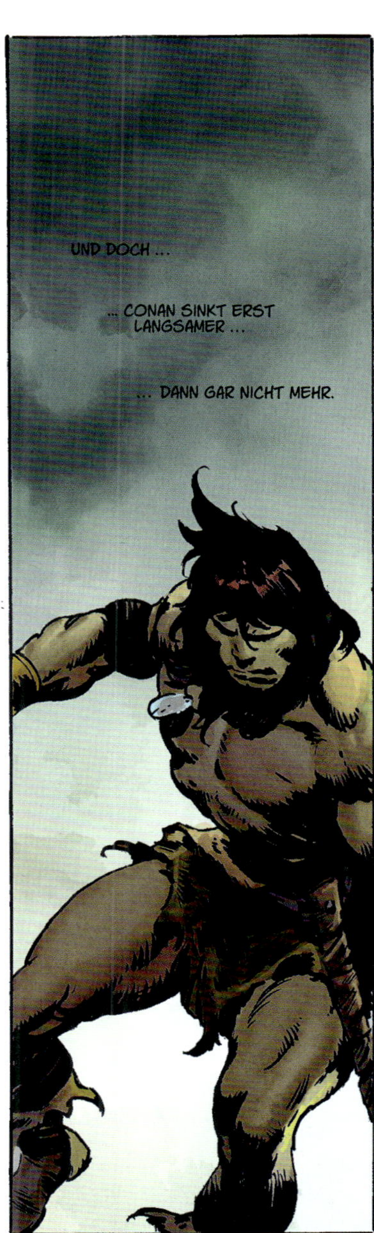
UND DOCH …
… CONAN SINKT ERST LANGSAMER …
… DANN GAR NICHT MEHR.

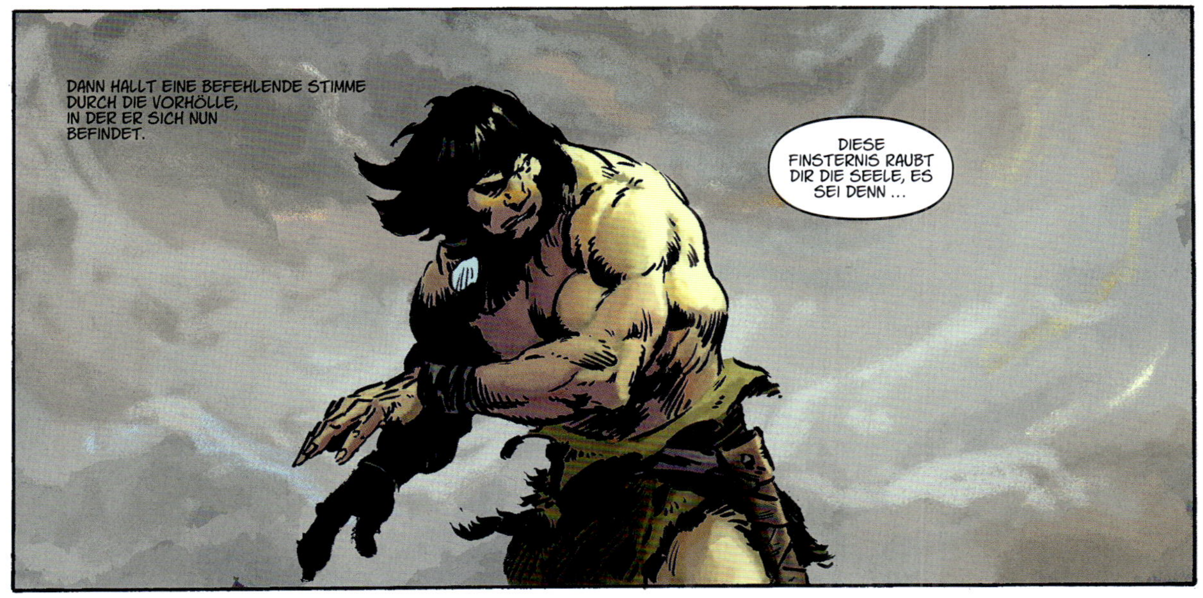
DANN HALLT EINE BEFEHLENDE STIMME DURCH DIE VORHÖLLE, IN DER ER SICH NUN BEFINDET.
DIESE FINSTERNIS RAUBT DIR DIE SEELE, ES SEI DENN …

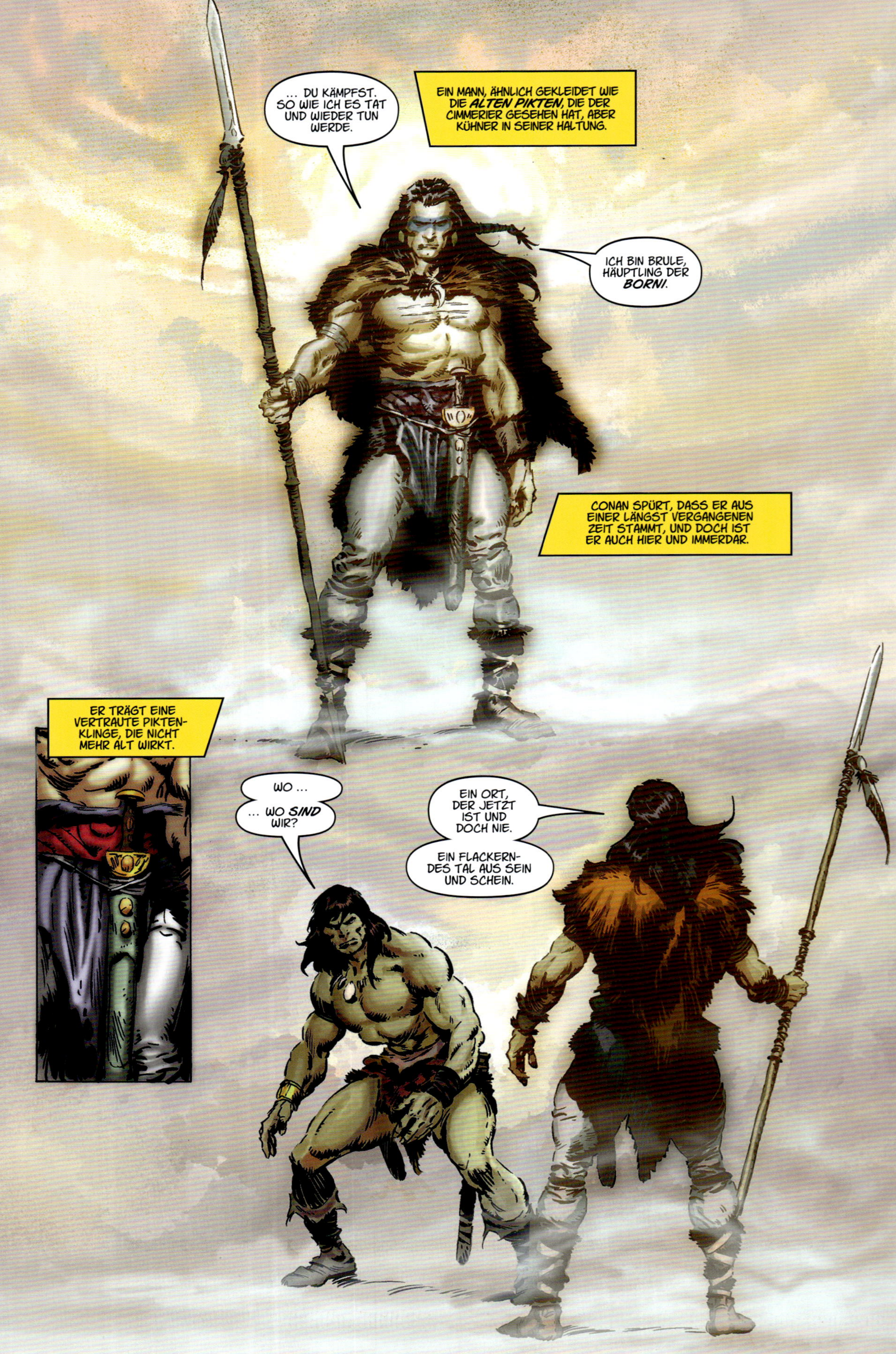
EIN MANN, ÄHNLICH GEKLEIDET WIE DIE ALTEN PIKTEN, DIE DER CIMMERIER GESEHEN HAT, ABER KÜHNER IN SEINER HALTUNG.
… DU KÄMPFST. SO WIE ICH ES TAT UND WIEDER TUN WERDE.
ICH BIN BRULE, HÄUPTLING DER BORNI.
CONAN SPÜRT, DASS ER AUS EINER LÄNGST VERGANGENEN ZEIT STAMMT, UND DOCH IST ER AUCH HIER UND IMMERDAR.
ER TRÄGT EINE VERTRAUTE PIKTEN-KLINGE, DIE NICHT MEHR ALT WIRKT.
WO …
… WO SIND WIR?
EIN ORT, DER JETZT IST UND DOCH NIE.
EIN FLACKERN-DES TAL AUS SEIN UND SCHEIN.

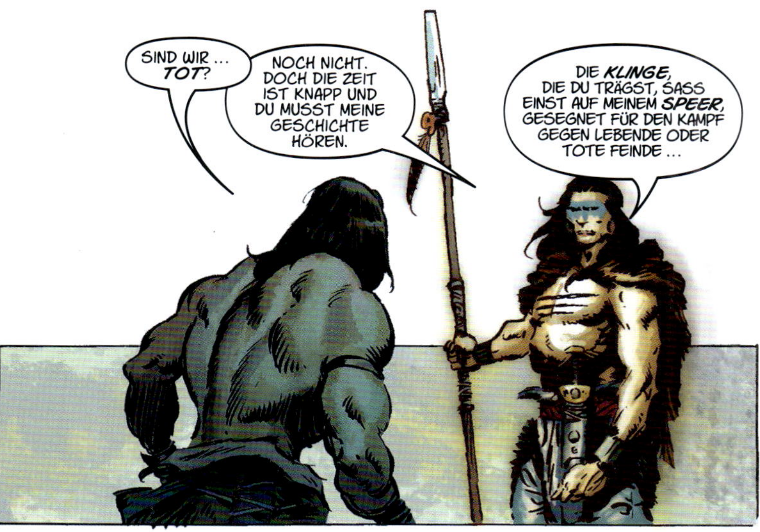
SIND WIR ... TOT?
NOCH NICHT. DOCH DIE ZEIT IST KNAPP UND DU MUSST MEINE GESCHICHTE HÖREN.
DIE KLINGE, DIE DU TRÄGST, SASS EINST AUF MEINEM SPEER, GESEGNET FÜR DEN KAMPF GEGEN LEBENDE ODER TOTE FEINDE ...

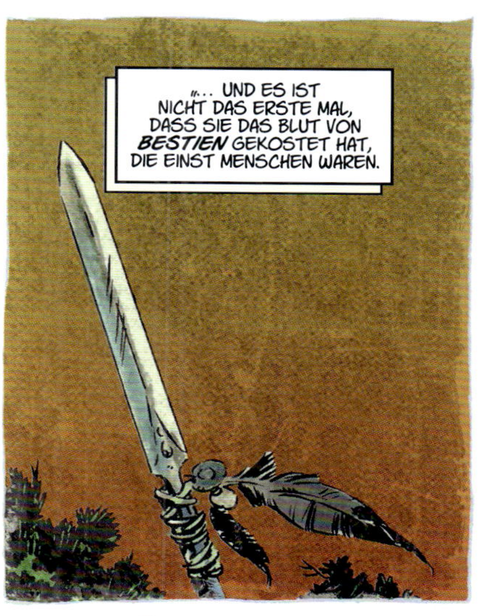
„... UND ES IST NICHT DAS ERSTE MAL, DASS SIE DAS BLUT VON BESTIEN GEKOSTET HAT, DIE EINST MENSCHEN WAREN.

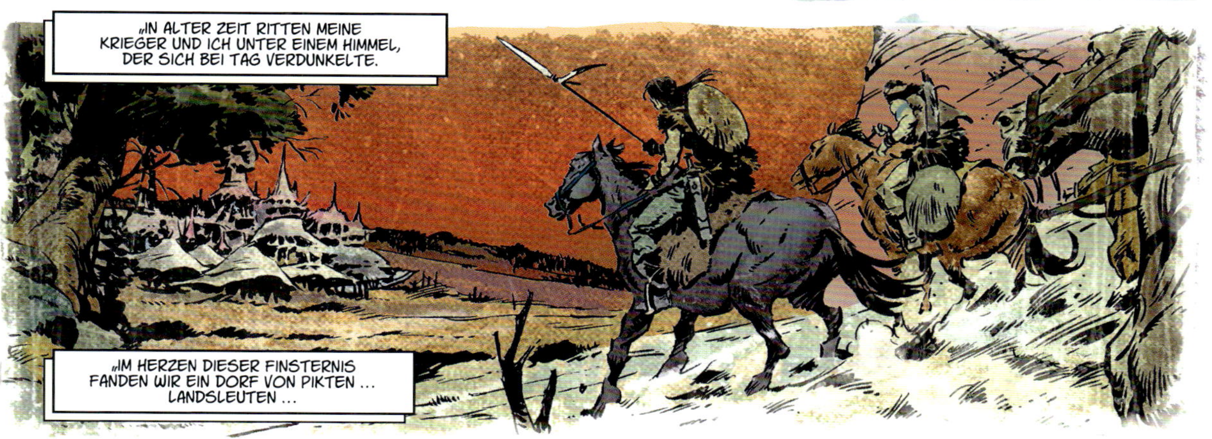
„IN ALTER ZEIT RITTEN MEINE KRIEGER UND ICH UNTER EINEM HIMMEL, DER SICH BEI TAG VERDUNKELTE.
„IM HERZEN DIESER FINSTERNIS FANDEN WIR EIN DORF VON PIKTEN ... LANDSLEUTEN ...

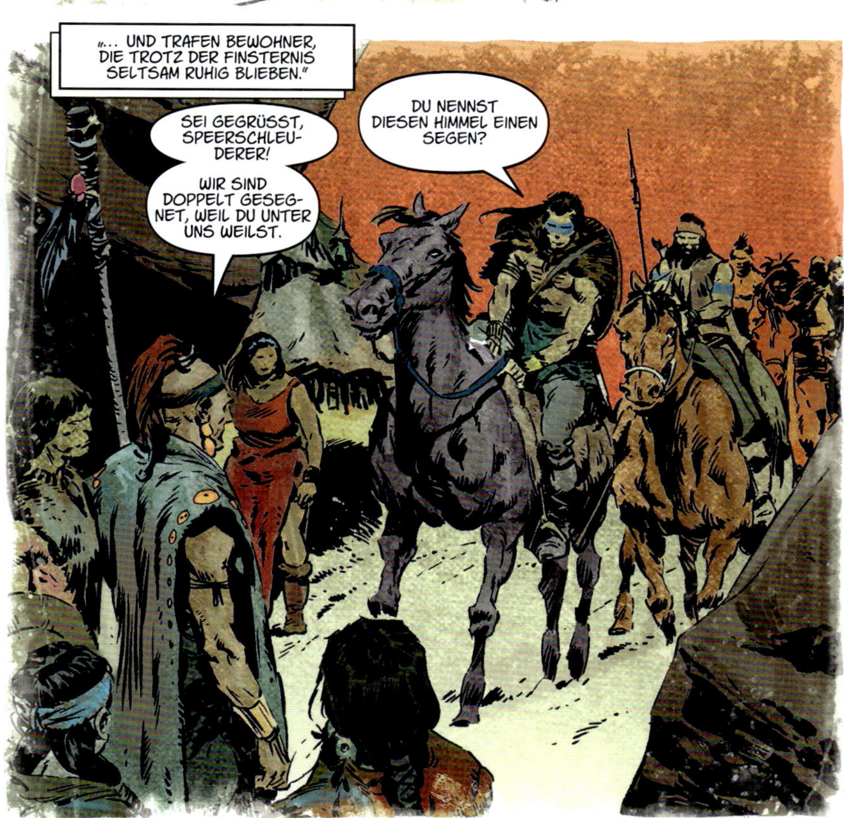
„... UND TRAFEN BEWOHNER, DIE TROTZ DER FINSTERNIS SELTSAM RUHIG BLIEBEN."
SEI GEGRÜSST, SPEERSCHLEU-DERER!
WIR SIND DOPPELT GESEG-NET, WEIL DU UNTER UNS WEILST.
DU NENNST DIESEN HIMMEL EINEN SEGEN?

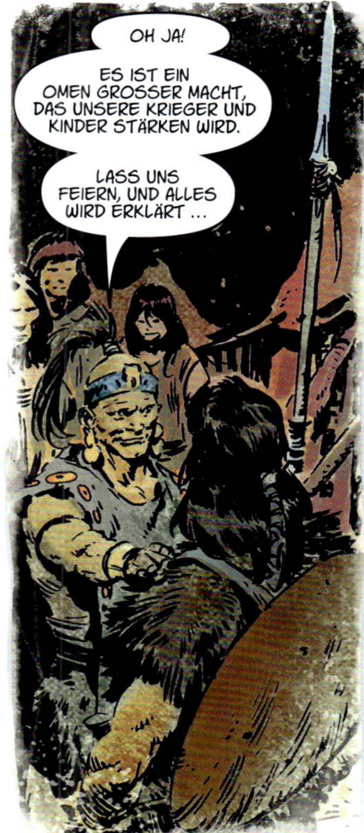
OH JA!
ES IST EIN OMEN GROSSER MACHT, DAS UNSERE KRIEGER UND KINDER STÄRKEN WIRD.
LASS UNS FEIERN, UND ALLES WIRD ERKLÄRT ...

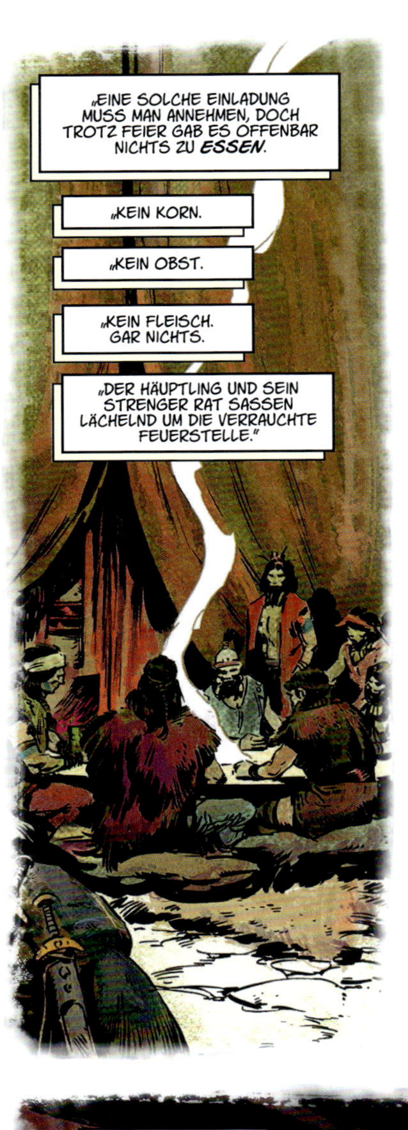
„EINE SOLCHE EINLADUNG MUSS MAN ANNEHMEN, DOCH TROTZ FEIER GAB ES OFFENBAR NICHTS ZU *ESSEN*.
„KEIN KORN.
„KEIN OBST.
„KEIN FLEISCH. GAR NICHTS.
„DER HÄUPTLING UND SEIN STRENGER RAT SASSEN LÄCHELND UM DIE VERRAUCHTE FEUERSTELLE.“

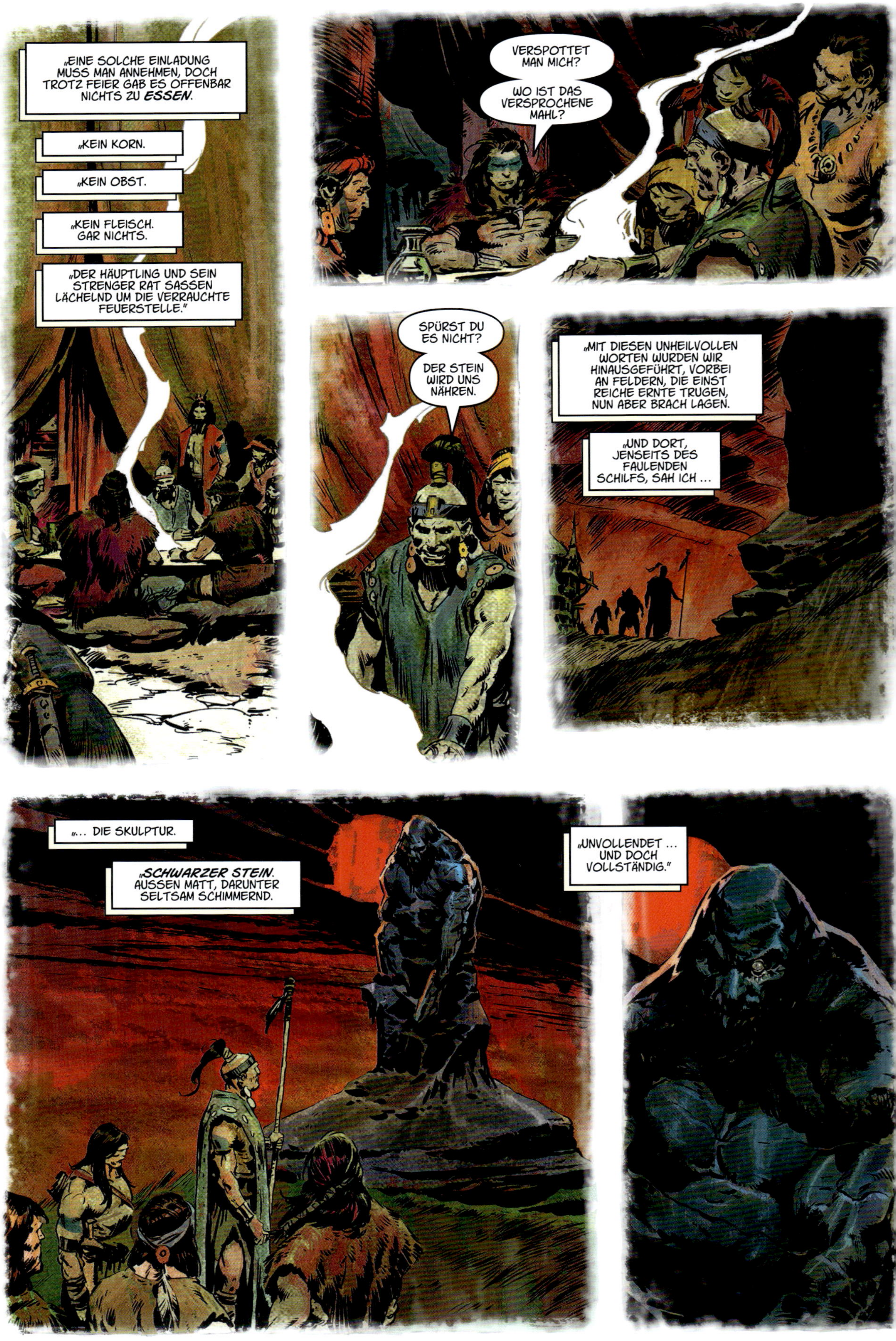

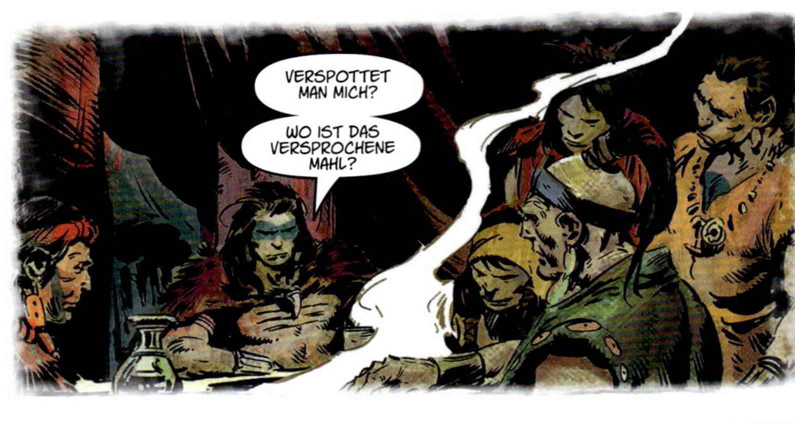
VERSPOTTET MAN MICH?
WO IST DAS VERSPROCHENE MAHL?

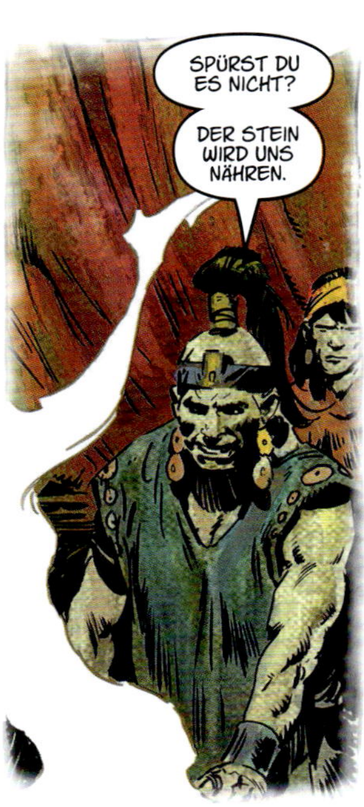
SPÜRST DU ES NICHT?
DER STEIN WIRD UNS NÄHREN.

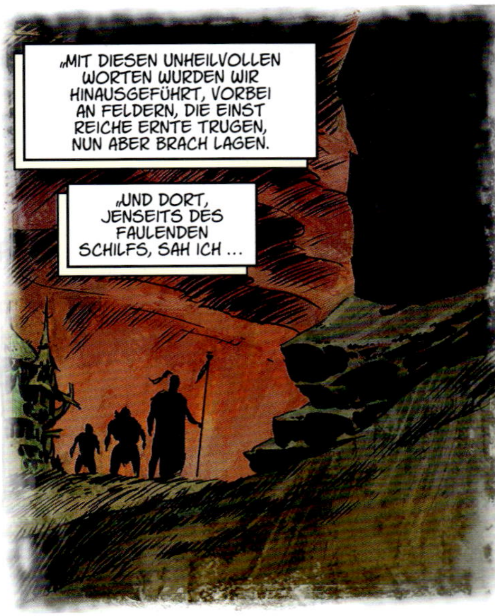
„MIT DIESEN UNHEILVOLLEN WORTEN WURDEN WIR HINAUSGEFÜHRT, VORBEI AN FELDERN, DIE EINST REICHE ERNTE TRUGEN, NUN ABER BRACH LAGEN.
„UND DORT, JENSEITS DES FAULENDEN SCHILFS, SAH ICH …

„… DIE SKULPTUR.
„*SCHWARZER STEIN*. AUSSEN MATT, DARUNTER SELTSAM SCHIMMERND.
„UNVOLLENDET … UND DOCH VOLLSTÄNDIG.“

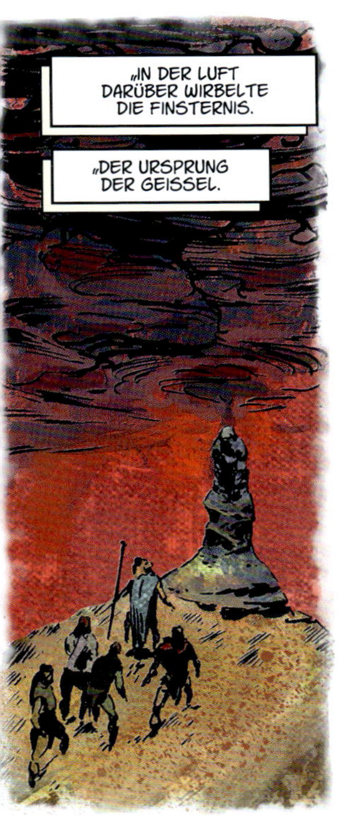
„IN DER LUFT DARÜBER WIRBELTE DIE FINSTERNIS.
„DER URSPRUNG DER GEISSEL.

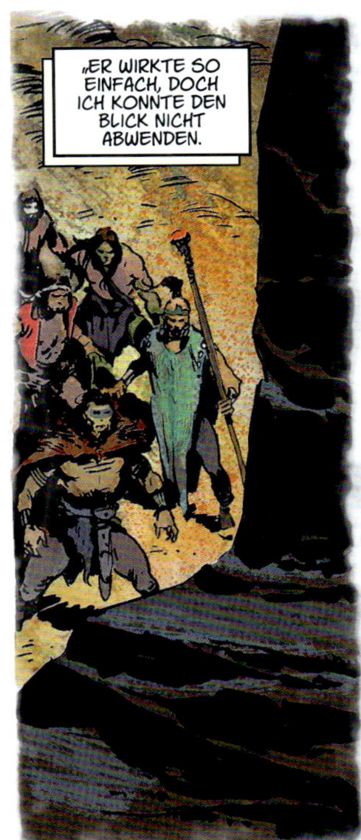
„ER WIRKTE SO EINFACH, DOCH ICH KONNTE DEN BLICK NICHT ABWENDEN.

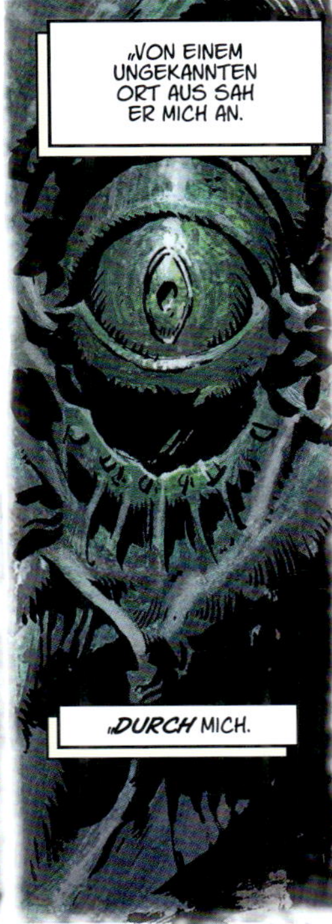
„VON EINEM UNGEKANNTEN ORT AUS SAH ER MICH AN.
„DURCH MICH.

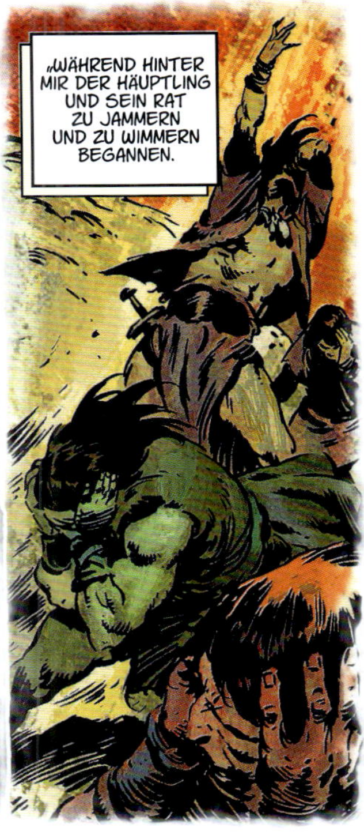
„WÄHREND HINTER MIR DER HÄUPTLING UND SEIN RAT ZU JAMMERN UND ZU WIMMERN BEGANNEN.

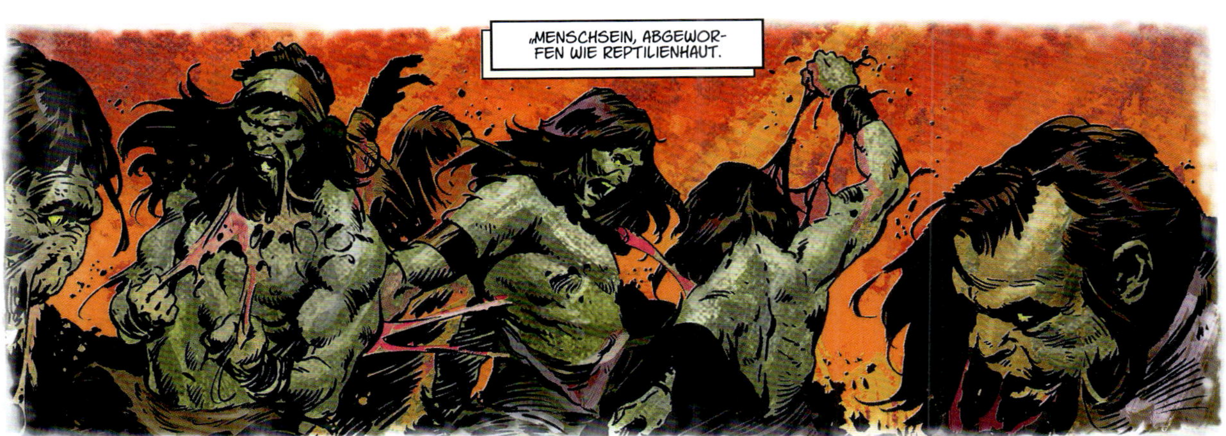
„MENSCHSEIN, ABGEWORFEN WIE REPTILIENHAUT.

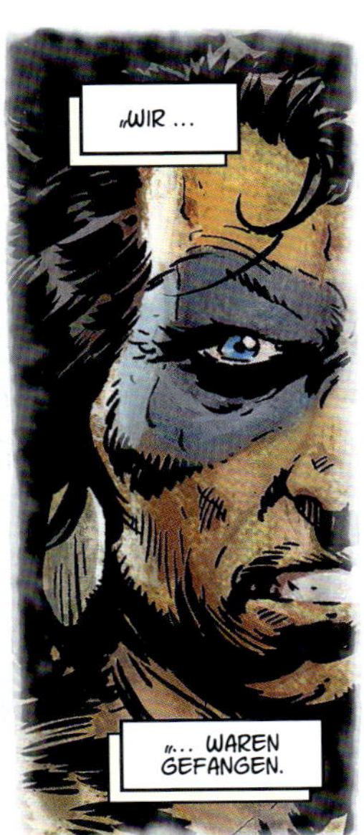
„WIR ...
„... WAREN GEFANGEN.

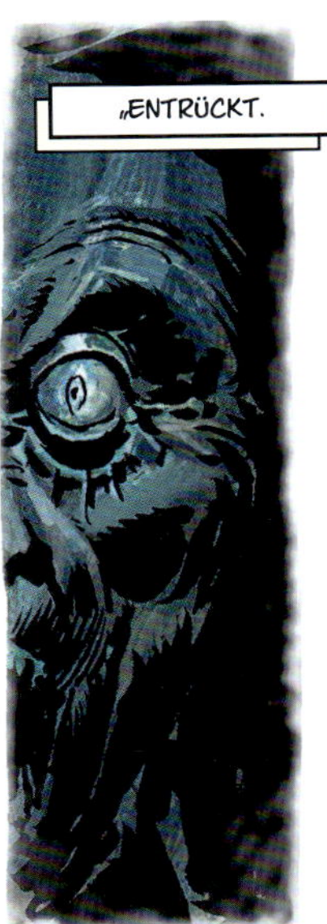
„ENTRÜCKT.

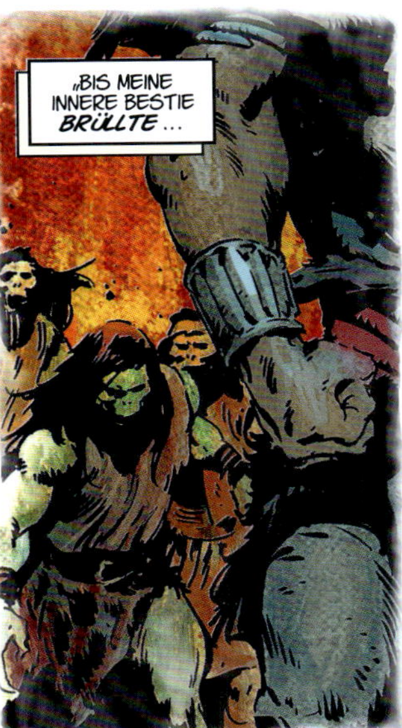
„BIS MEINE INNERE BESTIE BRÜLLTE ...

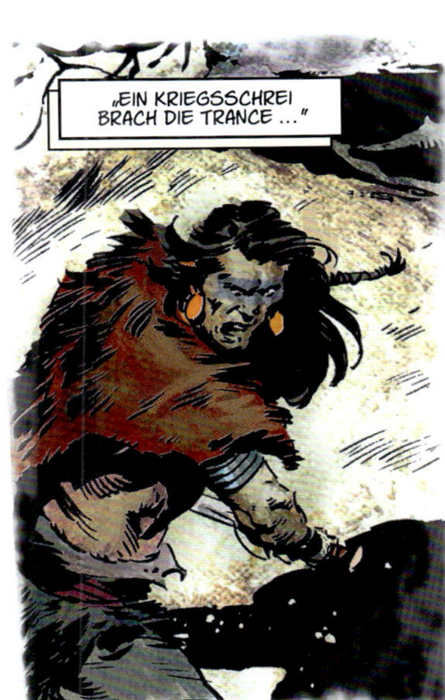
„EIN KRIEGSSCHREI BRACH DIE TRANCE ...“

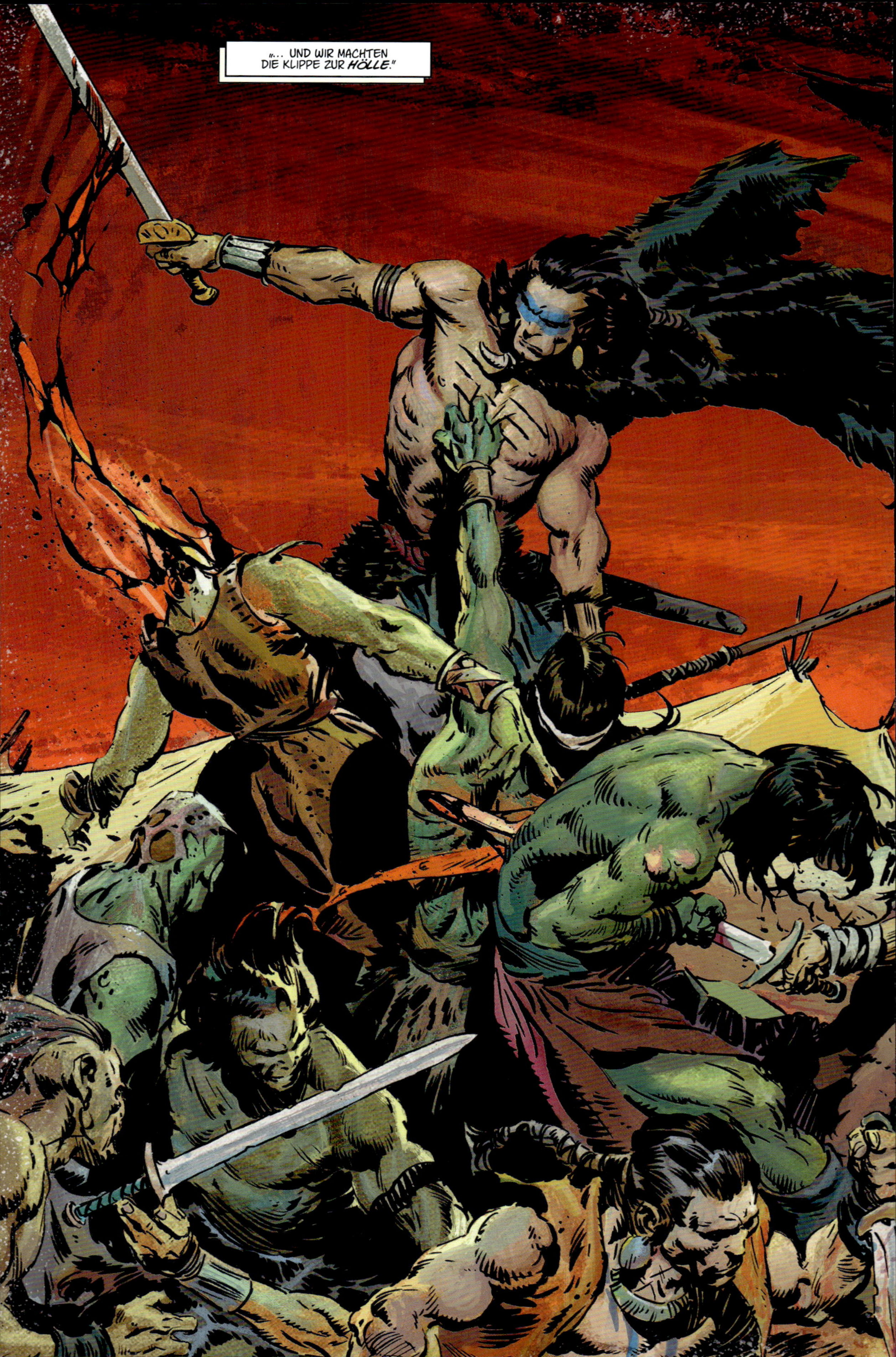
"... UND WIR MACHTEN DIE KLIPPE ZUR HÖLLE."

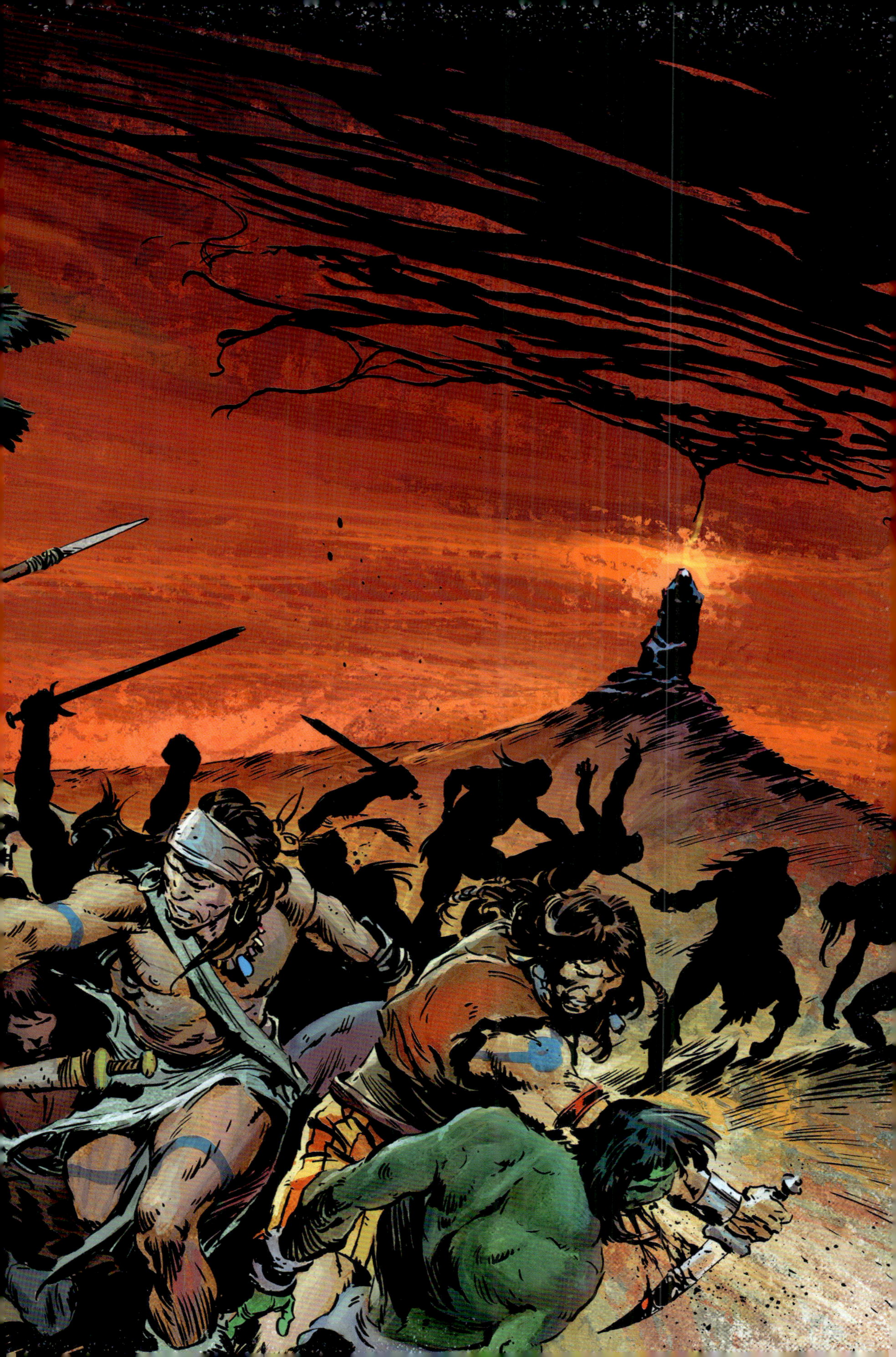

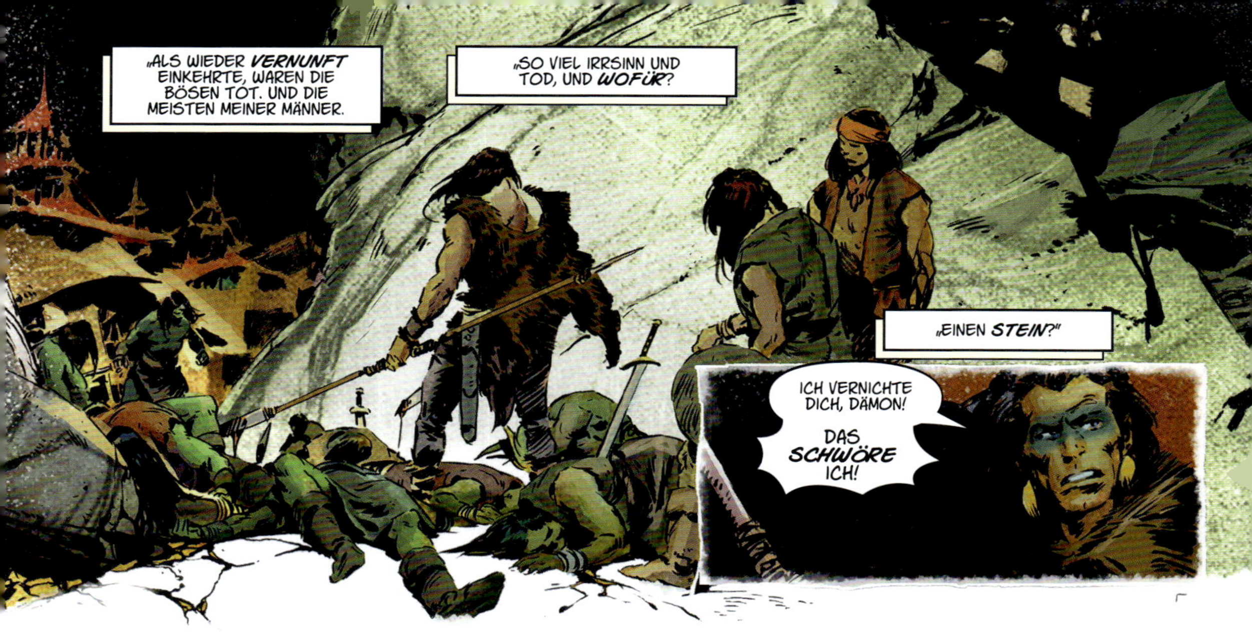
„ALS WIEDER VERNUNFT EINKEHRTE, WAREN DIE BÖSEN TOT. UND DIE MEISTEN MEINER MÄNNER.
„SO VIEL IRRSINN UND TOD, UND WOFÜR?
„EINEN STEIN?"
ICH VERNICHTE DICH, DÄMON!
DAS SCHWÖRE ICH!

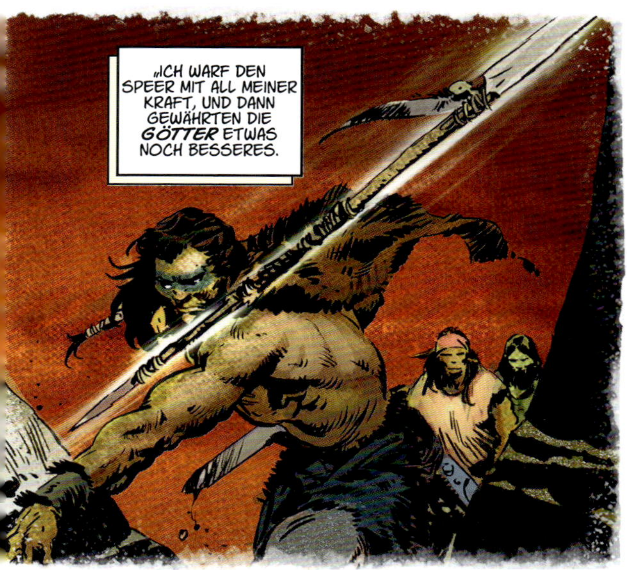
„ICH WARF DEN SPEER MIT ALL MEINER KRAFT, UND DANN GEWÄHRTEN DIE GÖTTER ETWAS NOCH BESSERES.

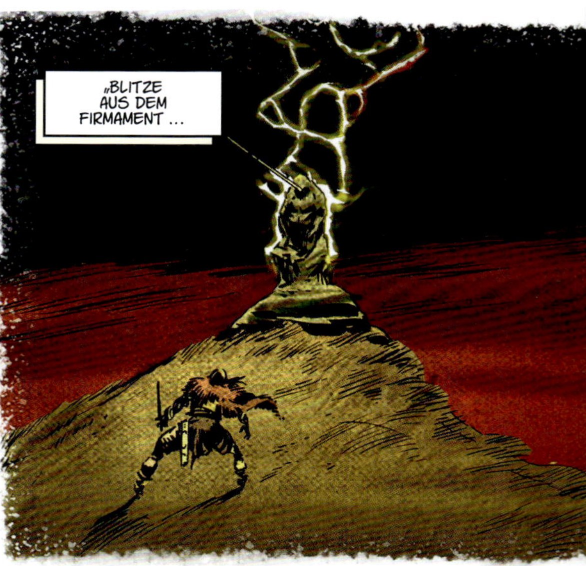
„BLITZE AUS DEM FIRMAMENT ...

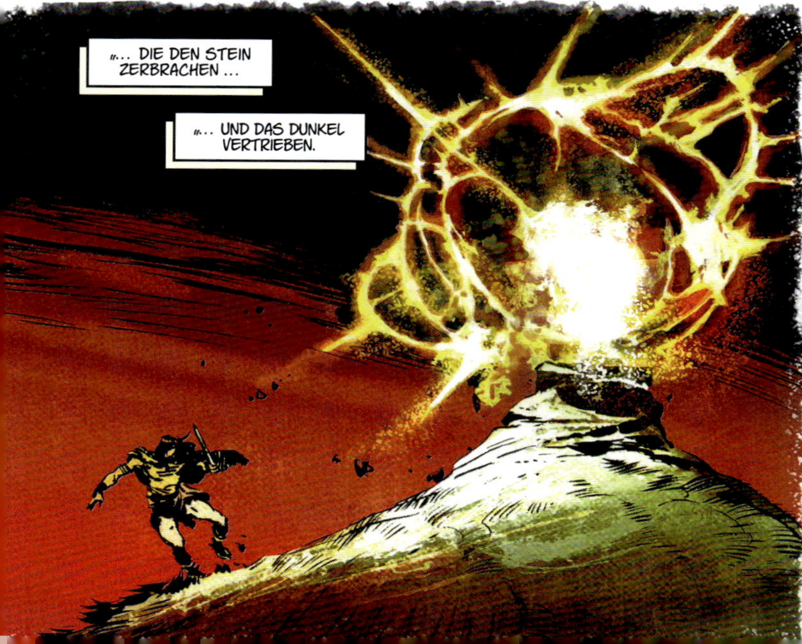
„... DIE DEN STEIN ZERBRACHEN ...
„... UND DAS DUNKEL VERTRIEBEN.

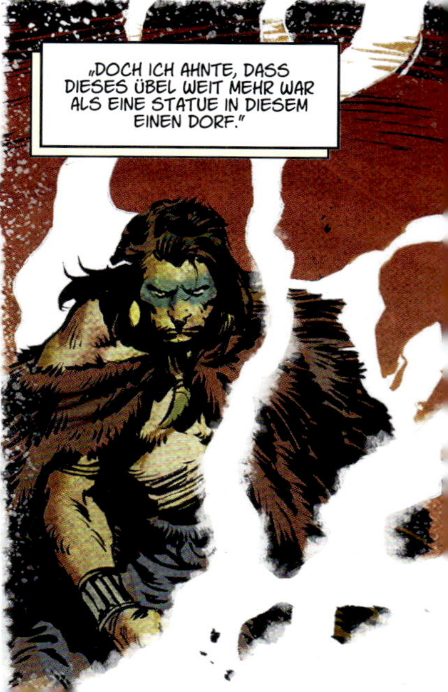
„DOCH ICH AHNTE, DASS DIESES ÜBEL WEIT MEHR WAR ALS EINE STATUE IN DIESEM EINEN DORF."

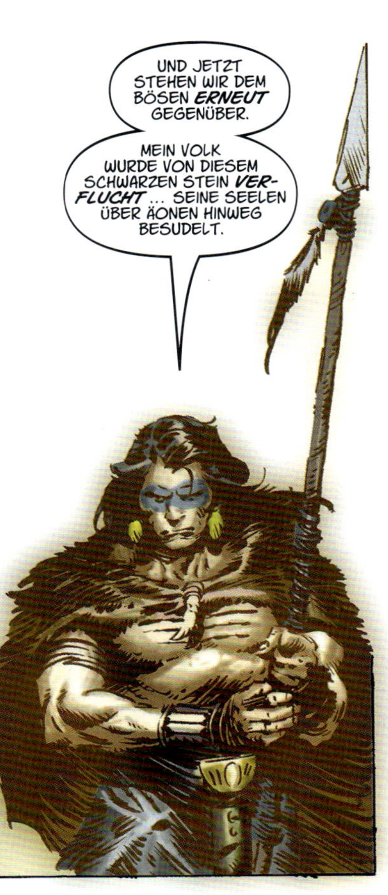
UND JETZT STEHEN WIR DEM BÖSEN ERNEUT GEGENÜBER.
MEIN VOLK WURDE VON DIESEM SCHWARZEN STEIN VERFLUCHT ... SEINE SEELEN ÜBER ÄONEN HINWEG BESUDELT.

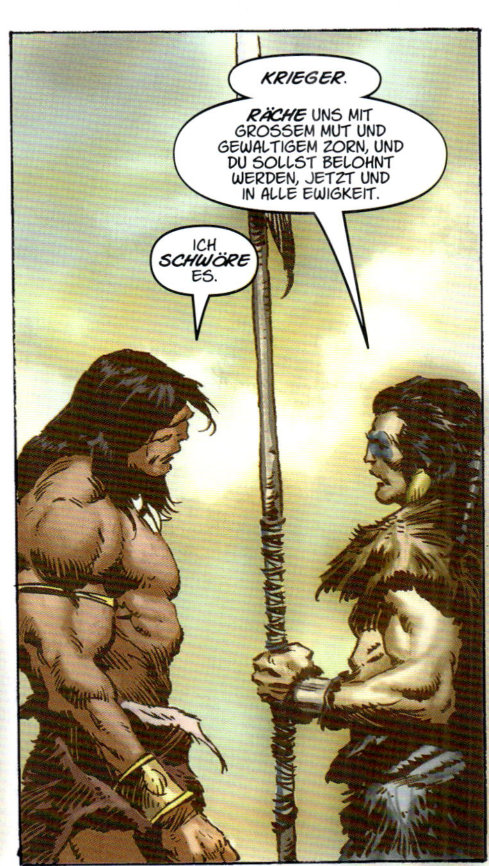
KRIEGER.
RÄCHE UNS MIT GROSSEM MUT UND GEWALTIGEM ZORN, UND DU SOLLST BELOHNT WERDEN, JETZT UND IN ALLE EWIGKEIT.
ICH SCHWÖRE ES.

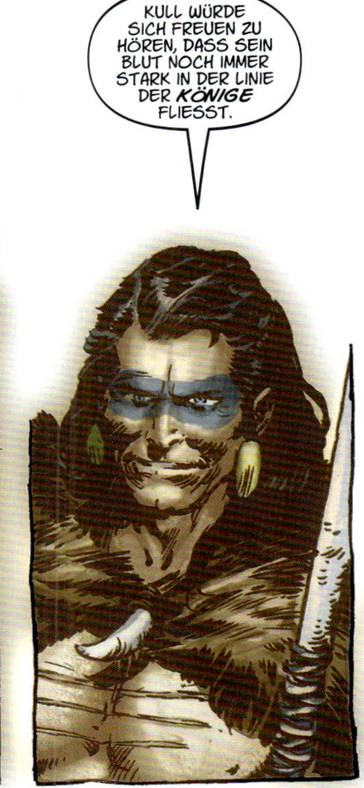
GUT.
KULL WÜRDE SICH FREUEN ZU HÖREN, DASS SEIN BLUT NOCH IMMER STARK IN DER LINIE DER KÖNIGE FLIESST.

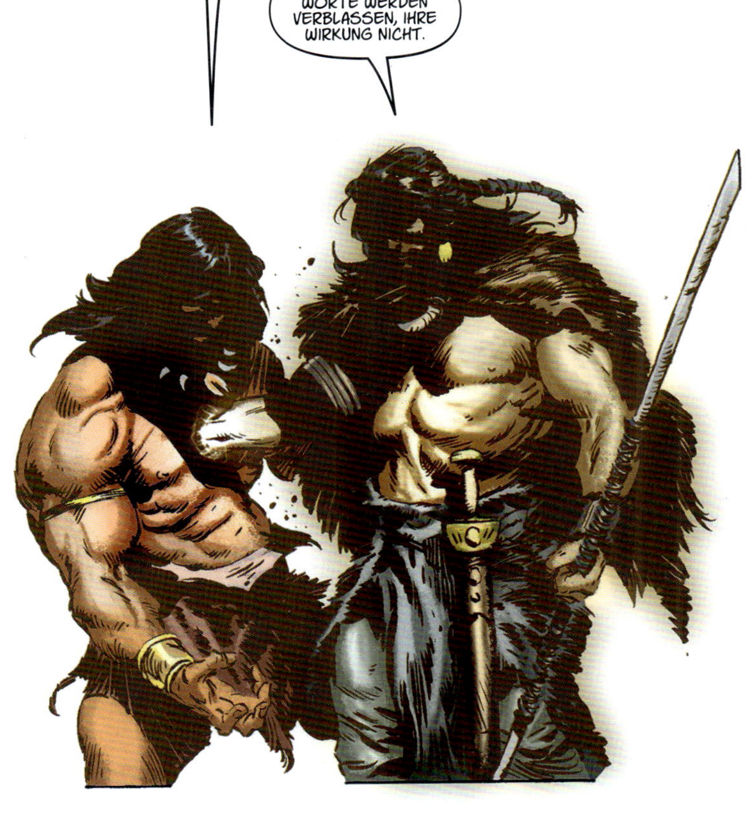
WAS SOLL--
ES IST ALLES GESAGT.
MEINE WORTE WERDEN VERBLASSEN, IHRE WIRKUNG NICHT.

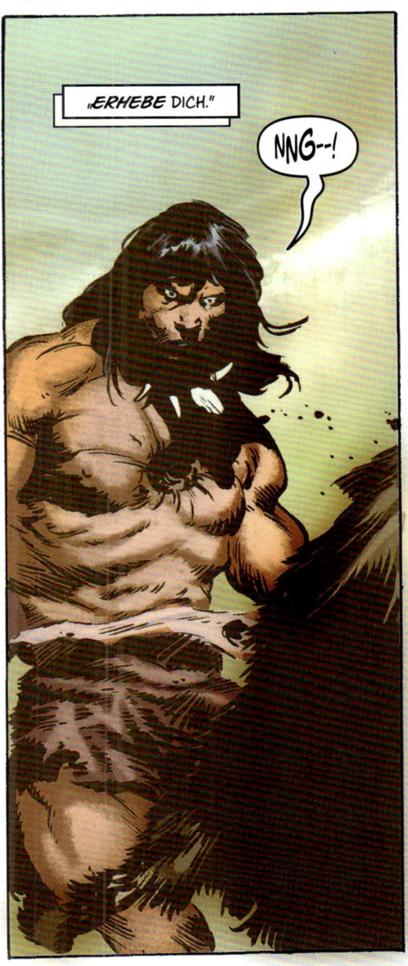
„ERHEBE DICH.“
NNG--!

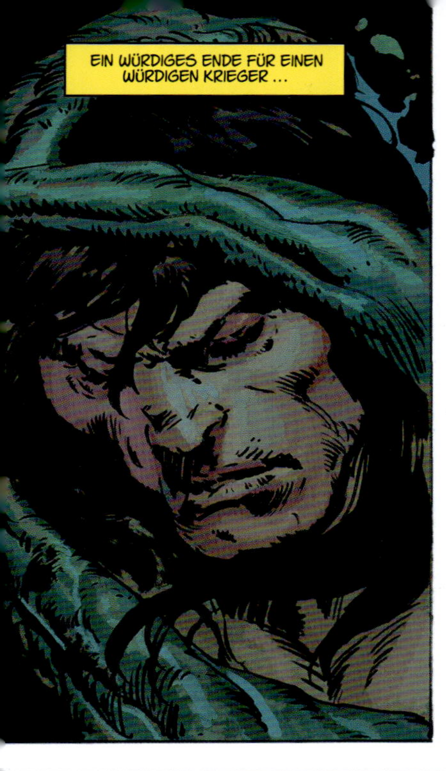
EIN WÜRDIGES ENDE FÜR EINEN WÜRDIGEN KRIEGER ...

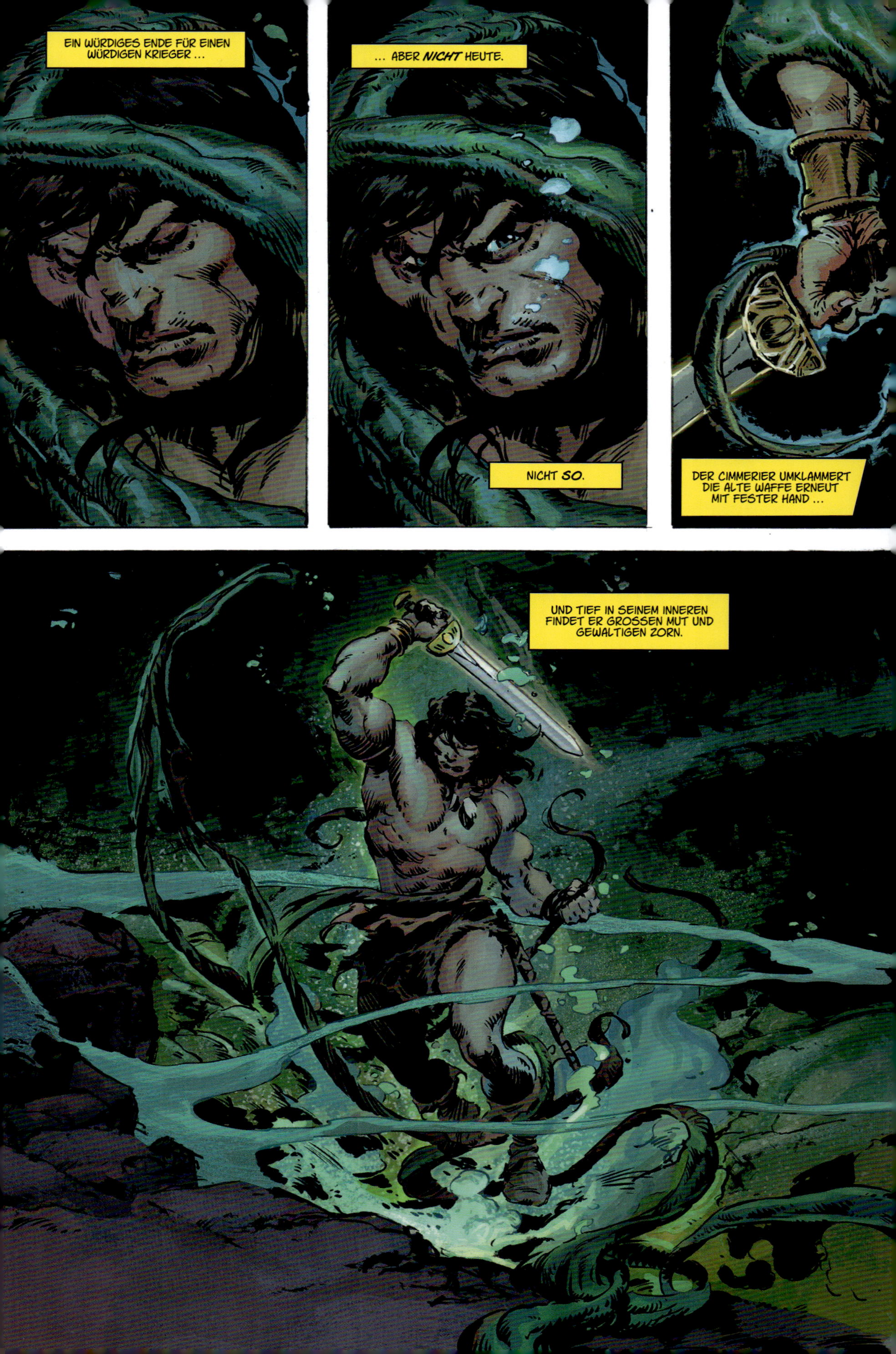

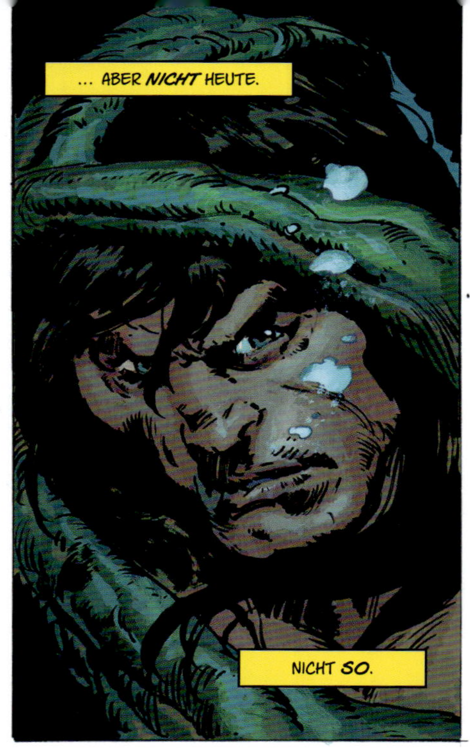
... ABER *NICHT* HEUTE.
NICHT *SO*.

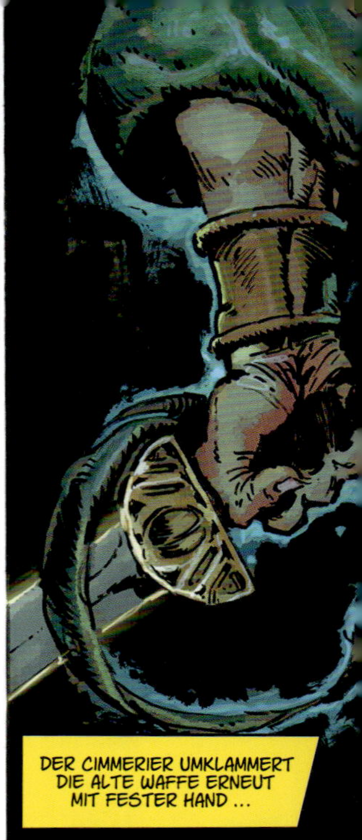
DER CIMMERIER UMKLAMMERT DIE ALTE WAFFE ERNEUT MIT FESTER HAND ...

UND TIEF IN SEINEM INNEREN FINDET ER GROSSEN MUT UND GEWALTIGEN ZORN.

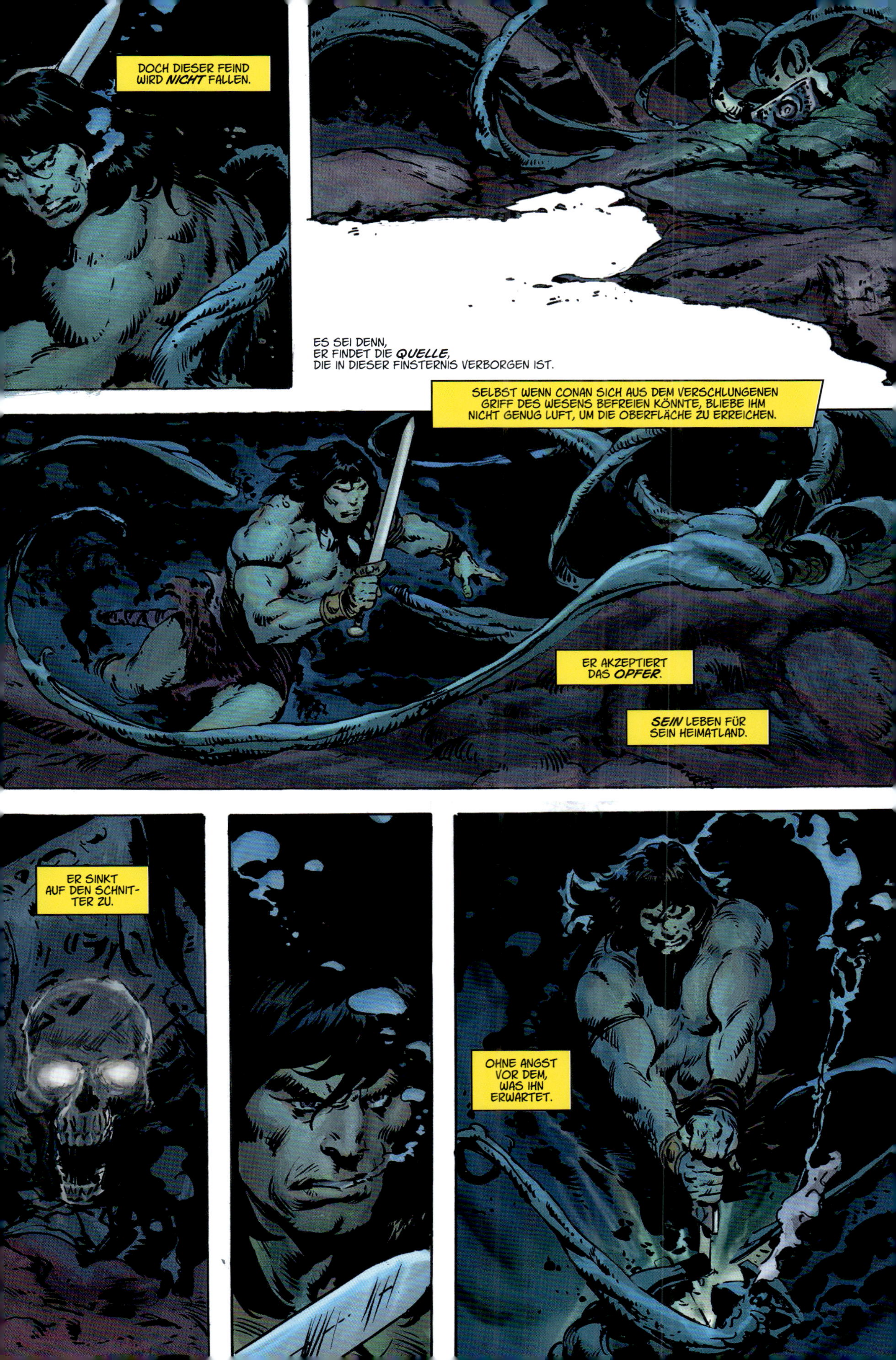

DOCH DIESER FEIND
WIRD *NICHT* FALLEN.

ES SEI DENN,
ER FINDET DIE *QUELLE*,
DIE IN DIESER FINSTERNIS VERBORGEN IST.

SELBST WENN CONAN SICH AUS DEM VERSCHLUNGENEN GRIFF DES WESENS BEFREIEN KÖNNTE, BLIEBE IHM NICHT GENUG LUFT, UM DIE OBERFLÄCHE ZU ERREICHEN.

ER AKZEPTIERT DAS *OPFER*.

SEIN LEBEN FÜR SEIN HEIMATLAND.

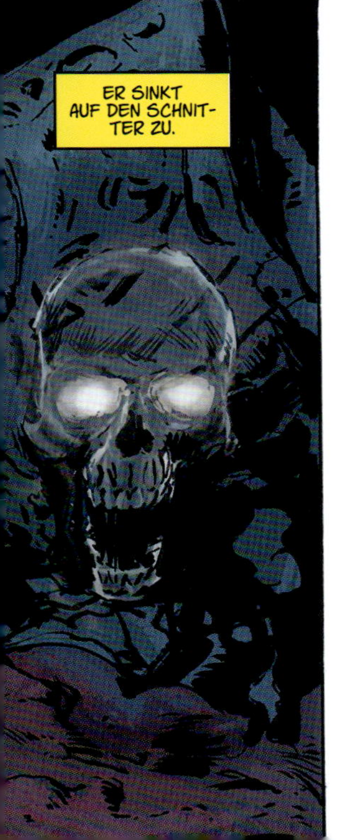

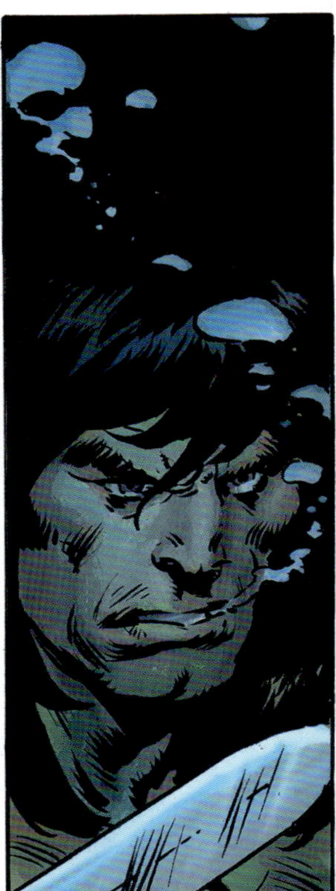

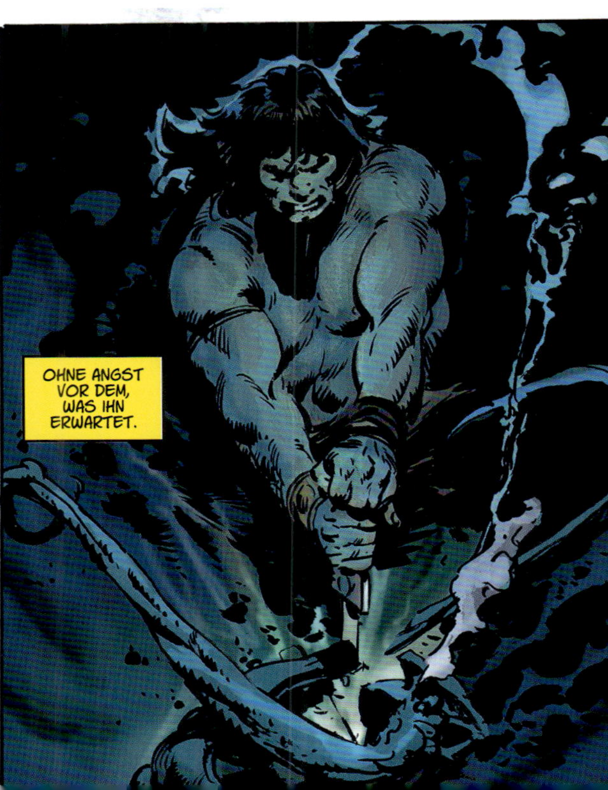

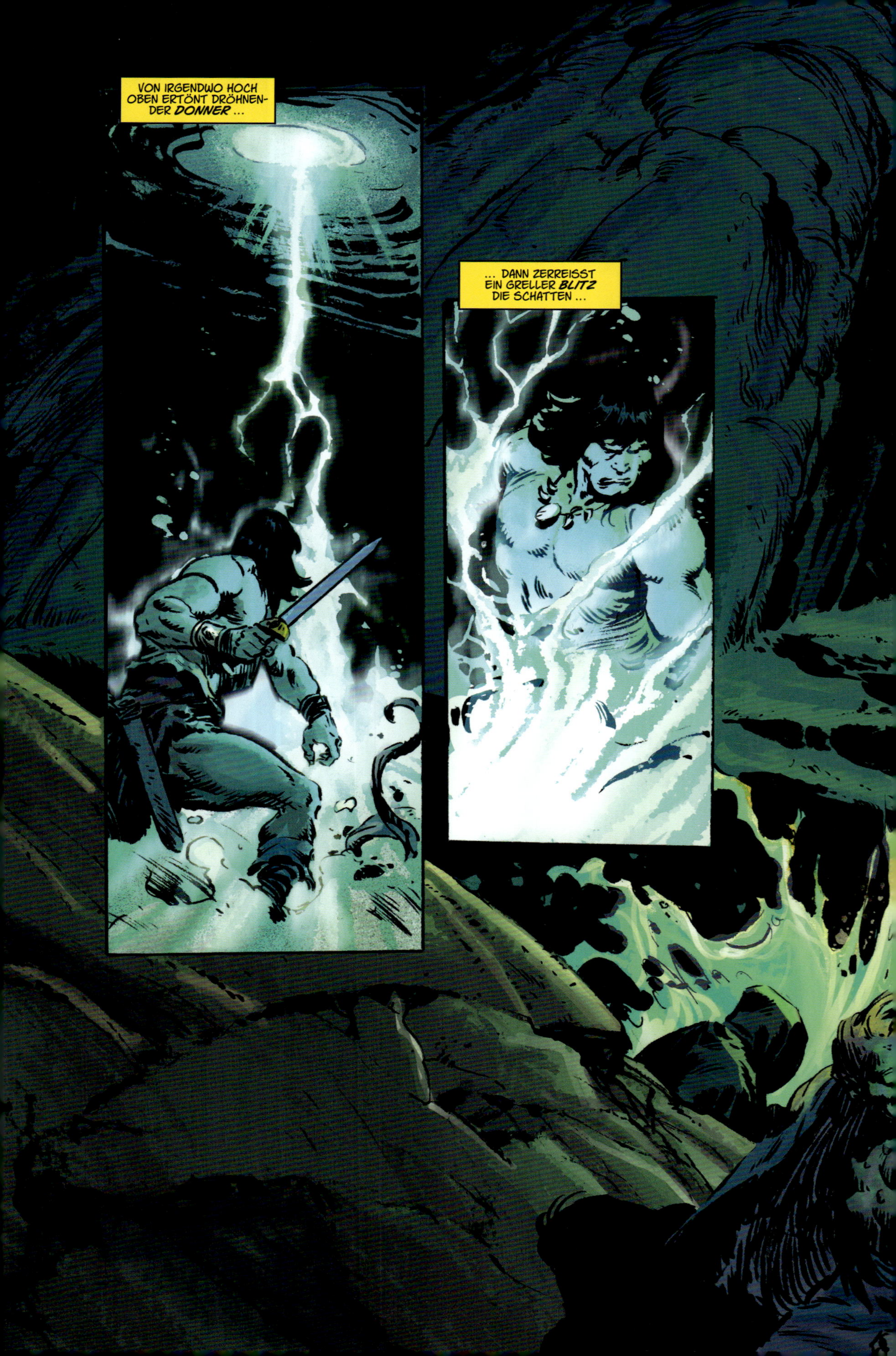
VON IRGENDWO HOCH OBEN ERTÖNT DRÖHNENDER *DONNER* ...
... DANN ZERREISST EIN GRELLER *BLITZ* DIE SCHATTEN ...

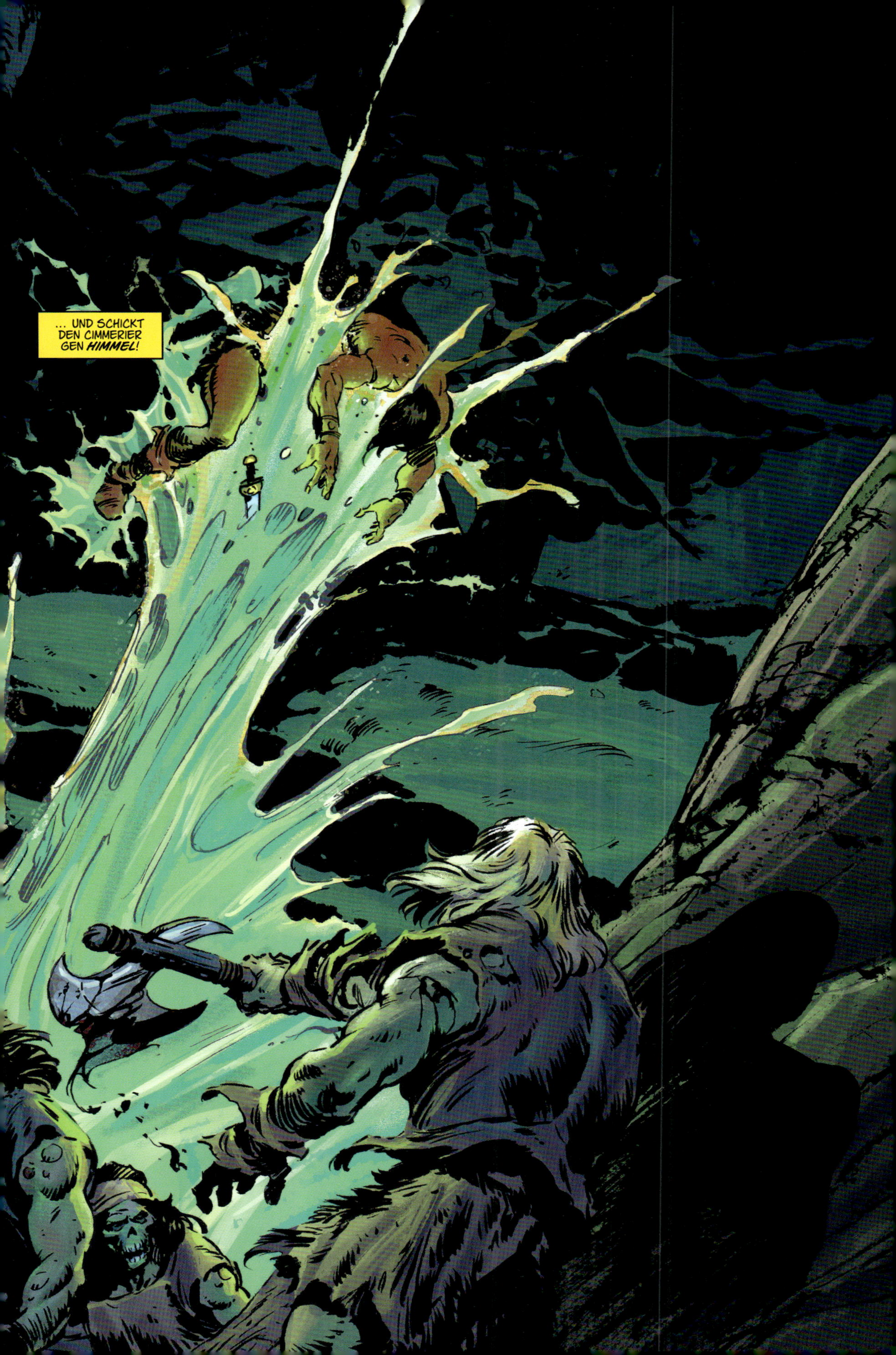
… UND SCHICKT DEN CIMMERIER GEN HIMMEL!

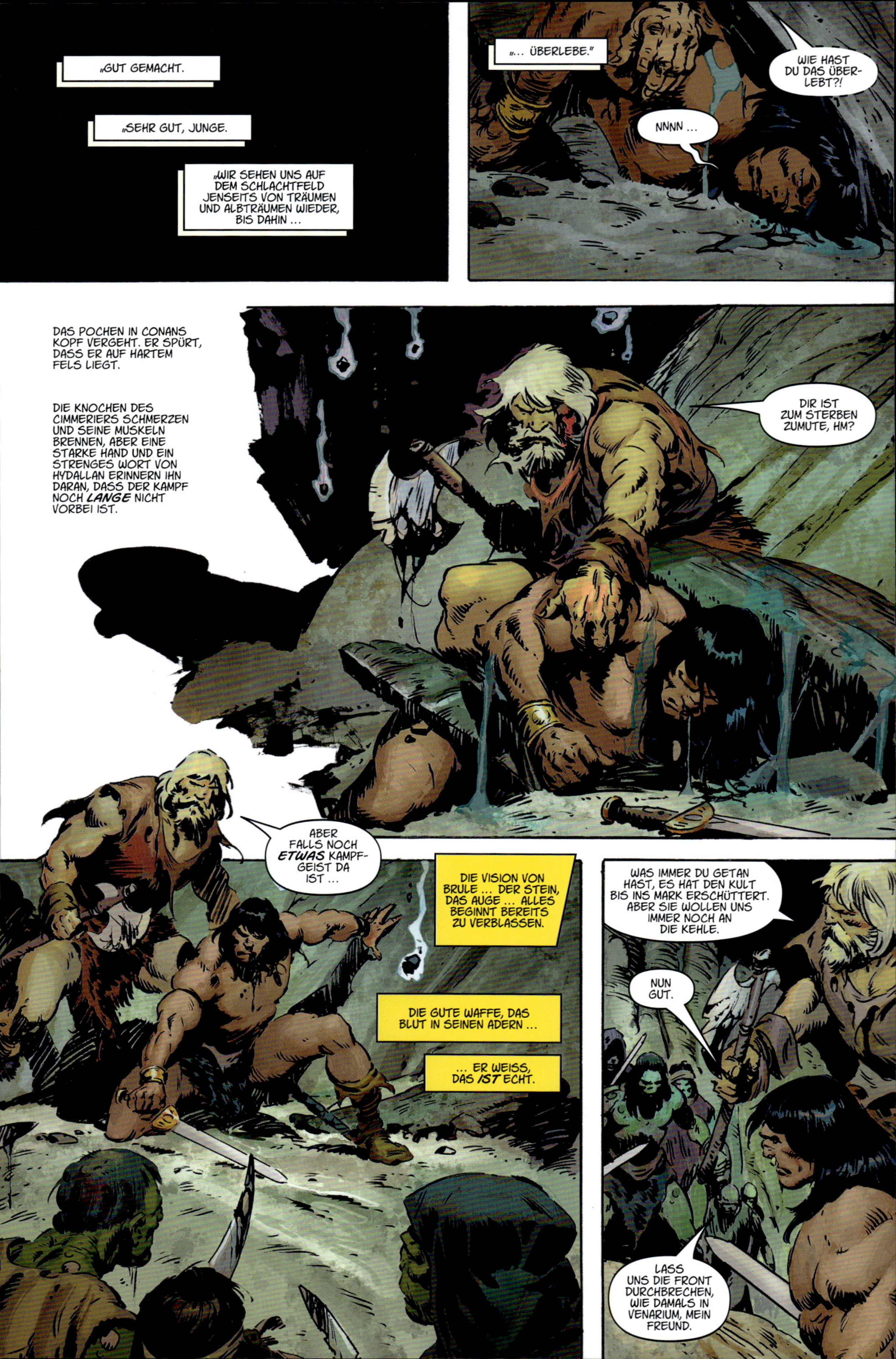

„GUT GEMACHT.

„SEHR GUT, JUNGE.

„WIR SEHEN UNS AUF DEM SCHLACHTFELD JENSEITS VON TRÄUMEN UND ALBTRÄUMEN WIEDER, BIS DAHIN …

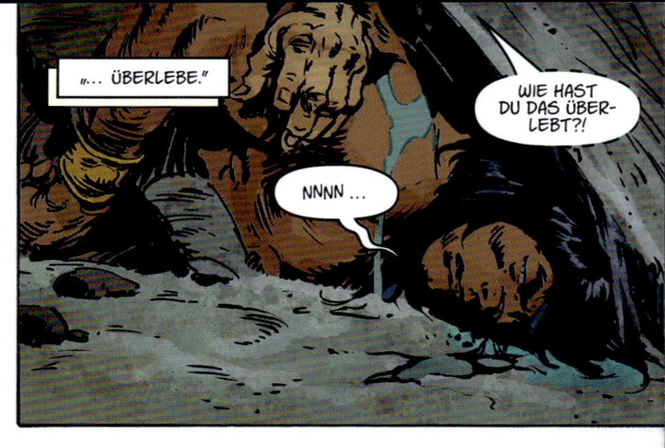

DAS POCHEN IN CONANS KOPF VERGEHT. ER SPÜRT, DASS ER AUF HARTEM FELS LIEGT.

DIE KNOCHEN DES CIMMERIERS SCHMERZEN UND SEINE MUSKELN BRENNEN, ABER EINE STARKE HAND UND EIN STRENGES WORT VON HYDALLAN ERINNERN IHN DARAN, DASS DER KAMPF NOCH *LANGE* NICHT VORBEI IST.

DIR IST ZUM STERBEN ZUMUTE, HM?

ABER FALLS NOCH ***ETWAS*** KAMPFGEIST DA IST …

DIE VISION VON BRULE … DER STEIN, DAS AUGE … ALLES BEGINNT BEREITS ZU VERBLASSEN.

DIE GUTE WAFFE, DAS BLUT IN SEINEN ADERN …

… ER WEISS, DAS *IST* ECHT.

WAS IMMER DU GETAN HAST, ES HAT DEN KULT BIS INS MARK ERSCHÜTTERT. ABER SIE WOLLEN UNS IMMER NOCH AN DIE KEHLE.

NUN GUT.

LASS UNS DIE FRONT DURCHBRECHEN, WIE DAMALS IN VENARIUM, MEIN FREUND.

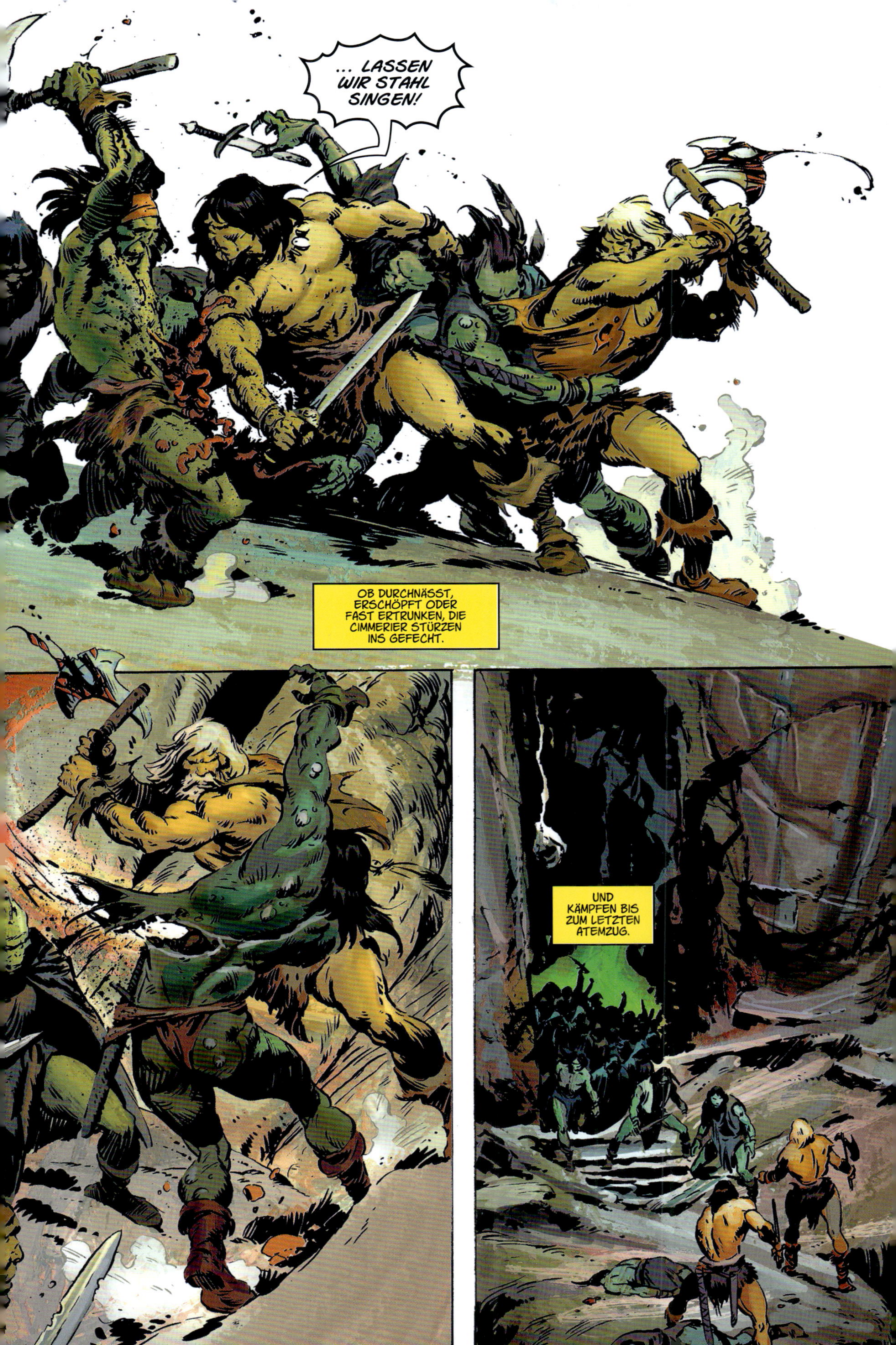
... LASSEN WIR STAHL SINGEN!
OB DURCHNÄSST, ERSCHÖPFT ODER FAST ERTRUNKEN, DIE CIMMERIER STÜRZEN INS GEFECHT.
UND KÄMPFEN BIS ZUM LETZTEN ATEMZUG.

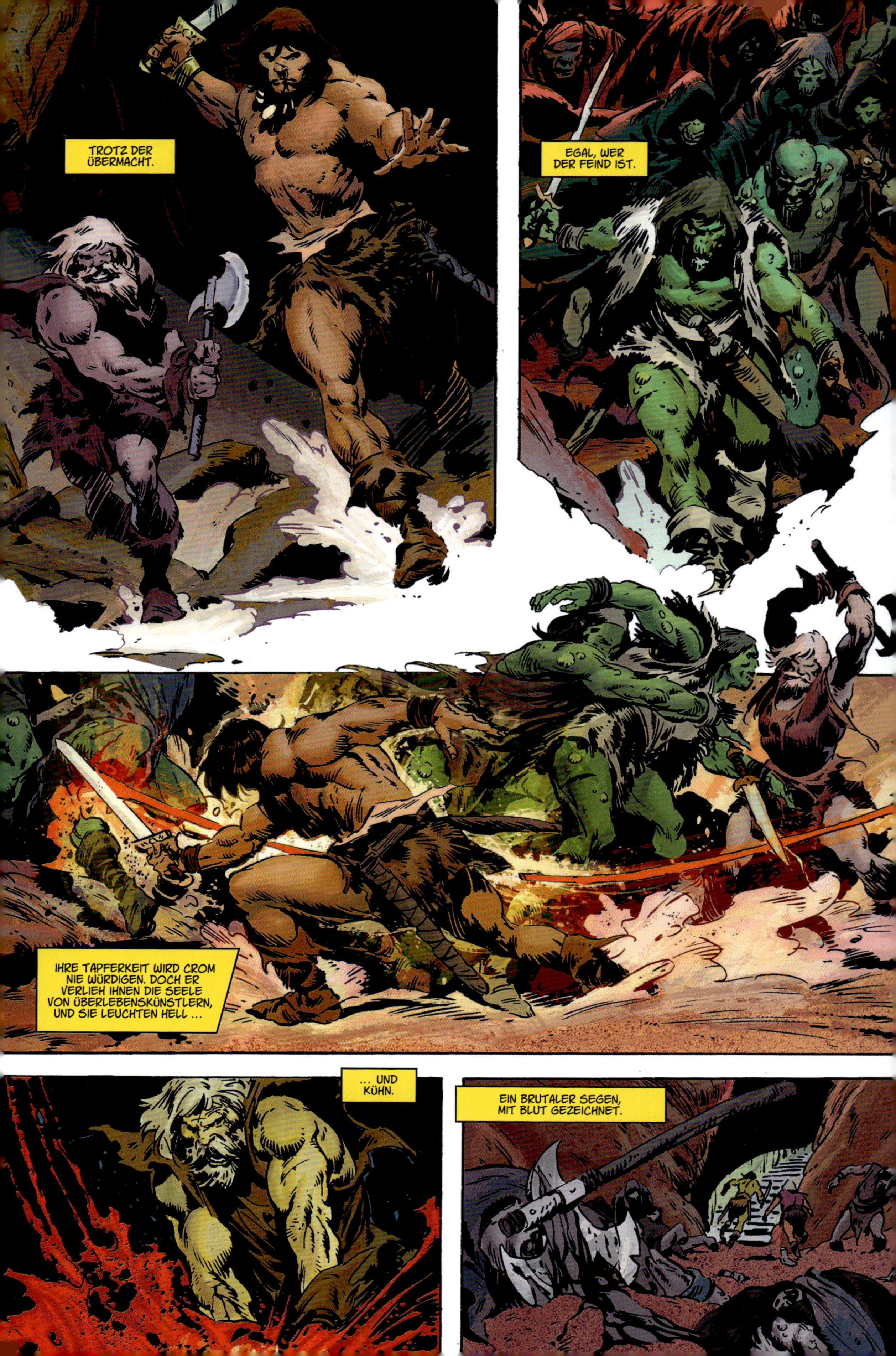

TROTZ DER ÜBERMACHT.

EGAL, WER DER FEIND IST.

IHRE TAPFERKEIT WIRD CROM NIE WÜRDIGEN. DOCH ER VERLIEH IHNEN DIE SEELE VON ÜBERLEBENSKÜNSTLERN, UND SIE LEUCHTEN HELL ...

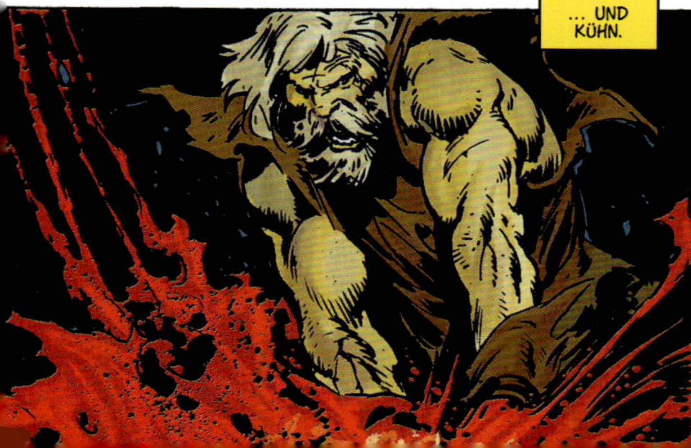

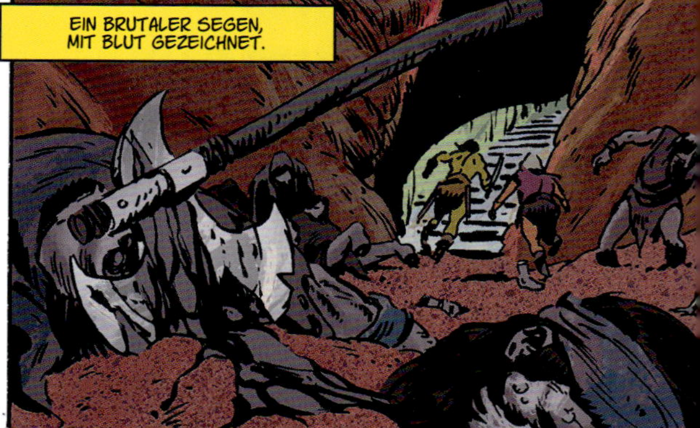

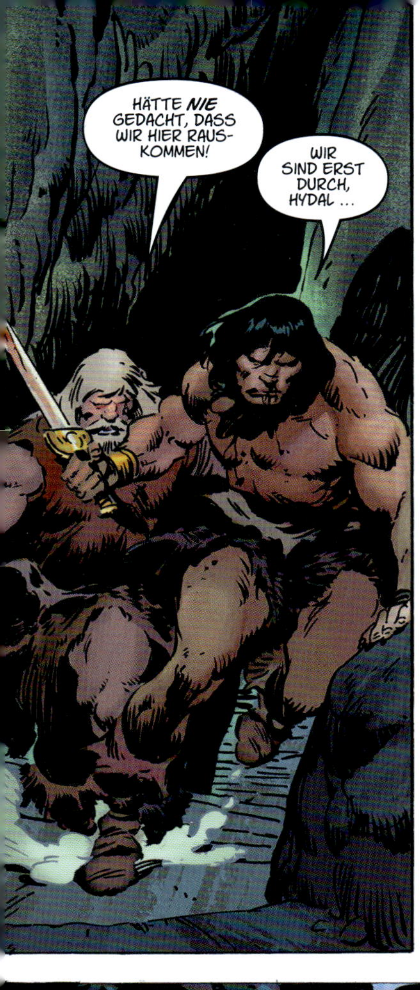
HÄTTE NIE GEDACHT, DASS WIR HIER RAUS-KOMMEN!
WIR SIND ERST DURCH, HYDAL ...

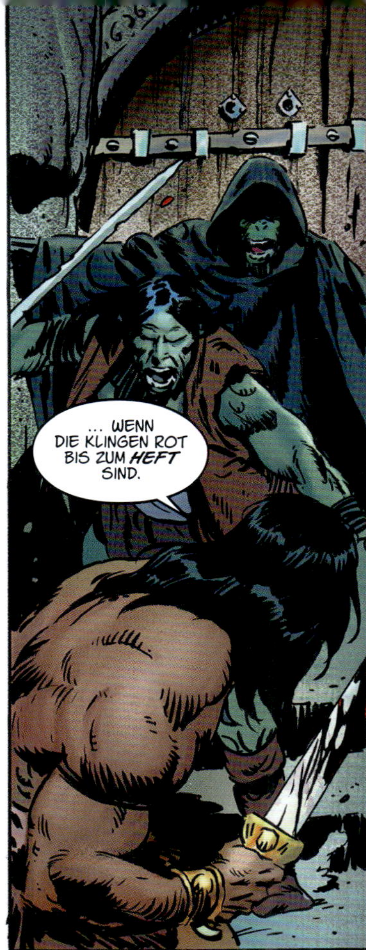
... WENN DIE KLINGEN ROT BIS ZUM HEFT SIND.

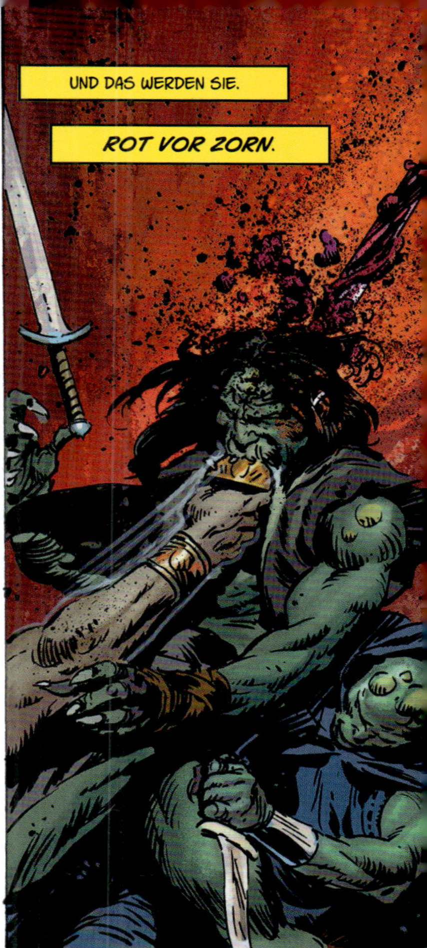
UND DAS WERDEN SIE.
ROT VOR ZORN.

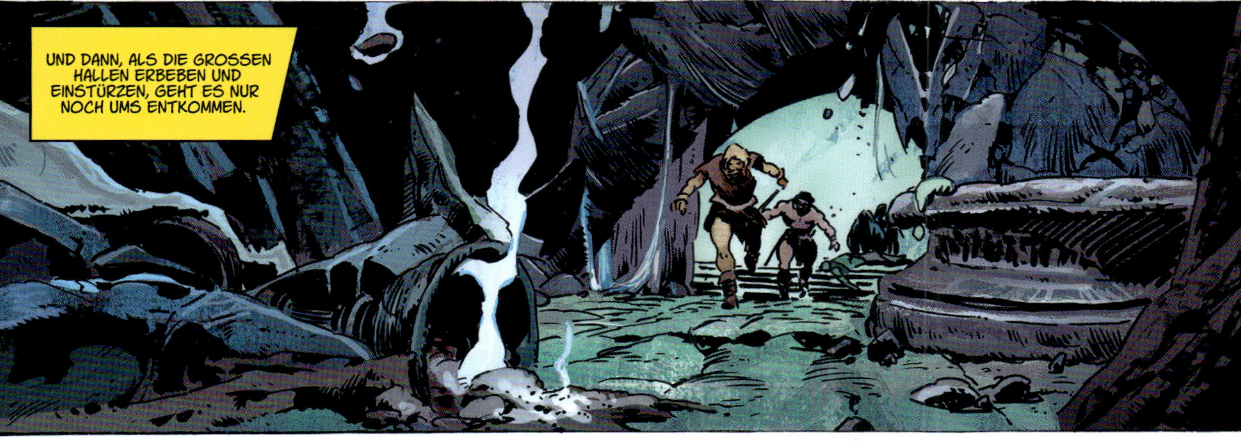
UND DANN, ALS DIE GROSSEN HALLEN ERBEBEN UND EINSTÜRZEN, GEHT ES NUR NOCH UMS ENTKOMMEN.

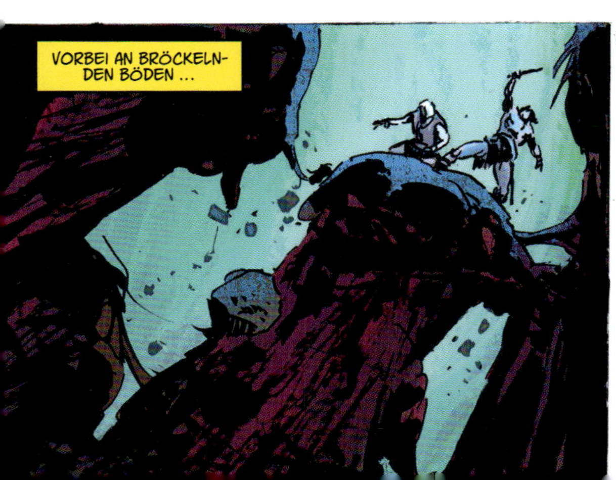
VORBEI AN BRÖCKELN-DEN BÖDEN ...

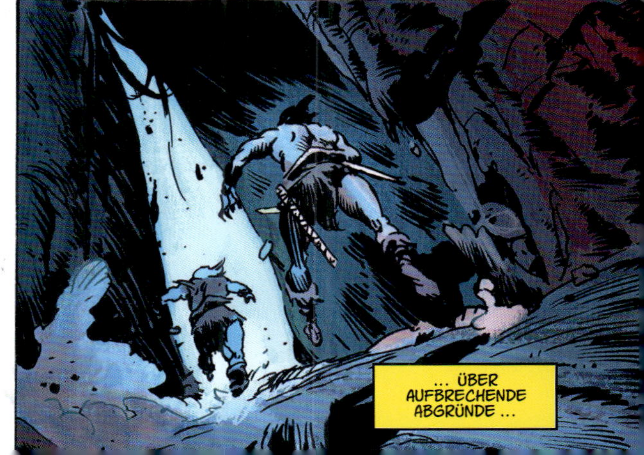
... ÜBER AUFBRECHENDE ABGRÜNDE ...

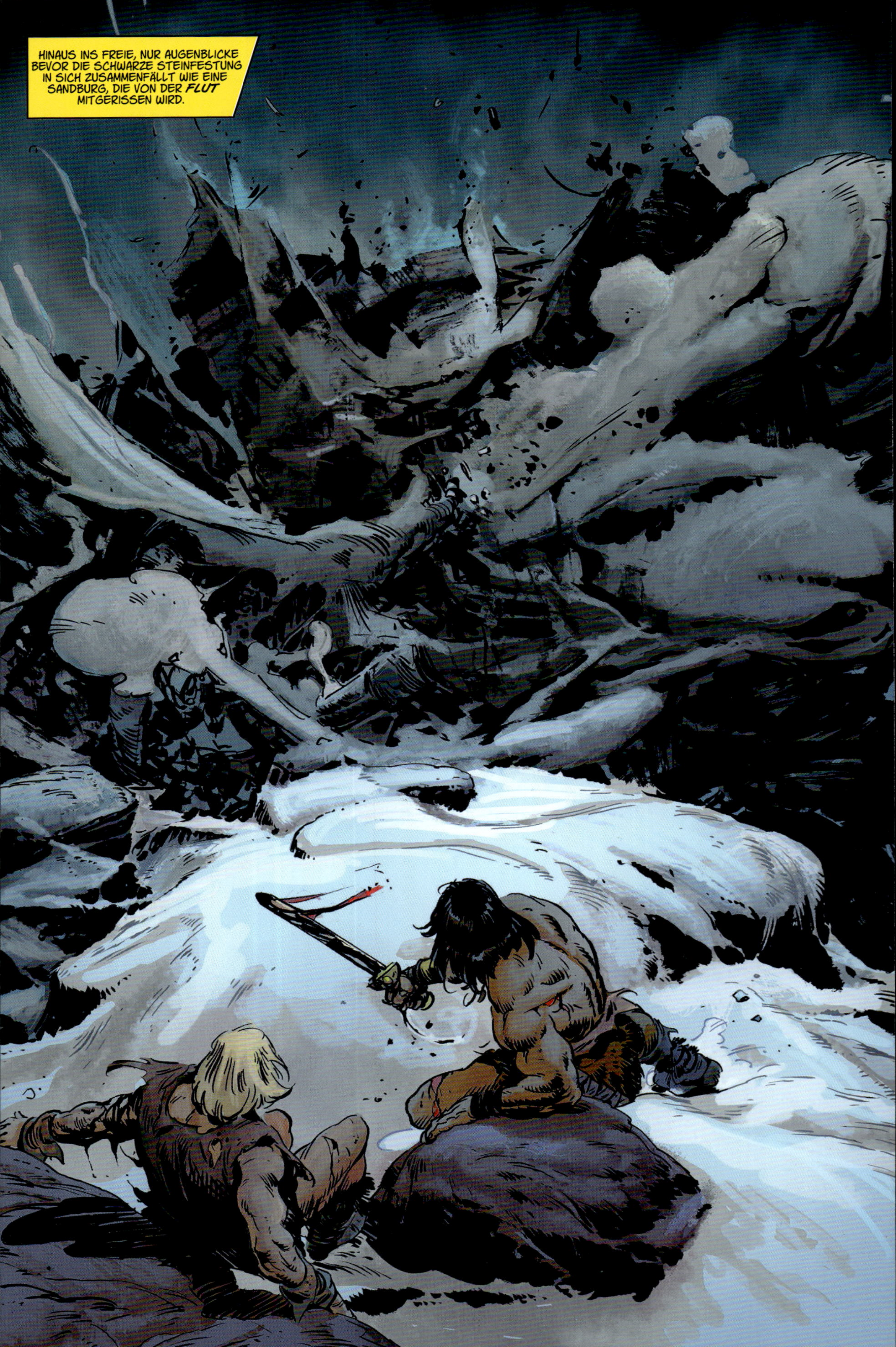
HINAUS INS FREIE, NUR AUGENBLICKE BEVOR DIE SCHWARZE STEINFESTUNG IN SICH ZUSAMMENFÄLLT WIE EINE SANDBURG, DIE VON DER *FLUT* MITGERISSEN WIRD.

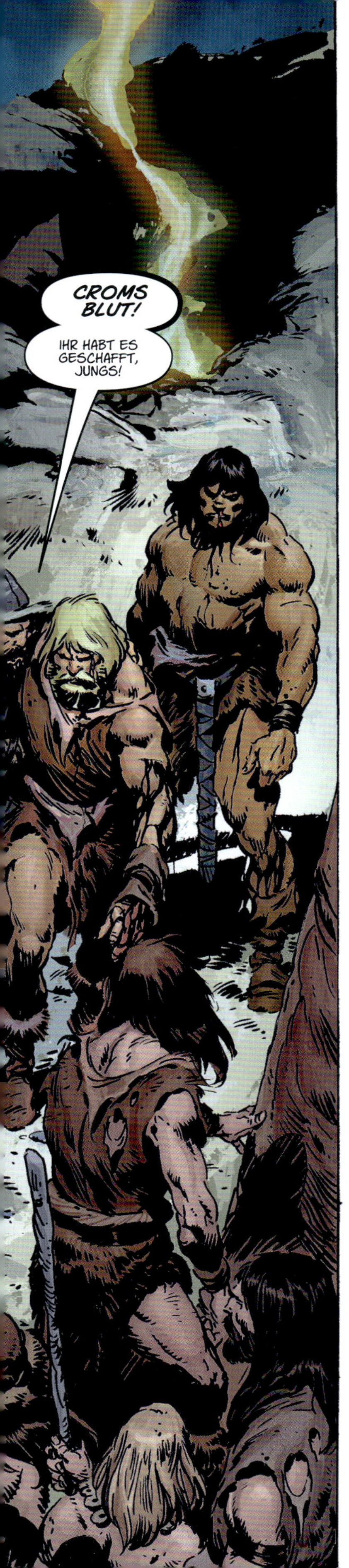
CROMS BLUT!
IHR HABT ES GESCHAFFT, JUNGS!

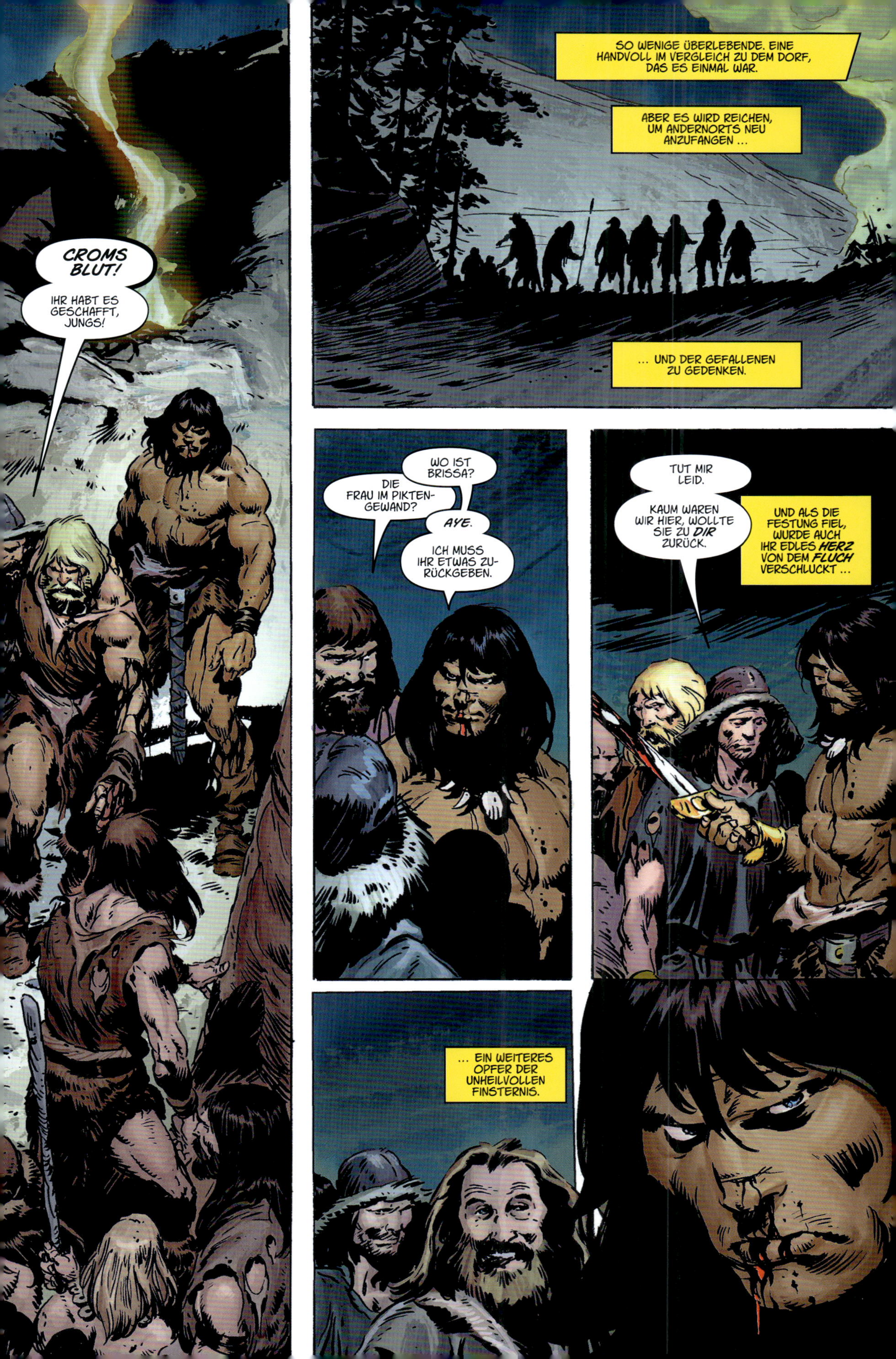

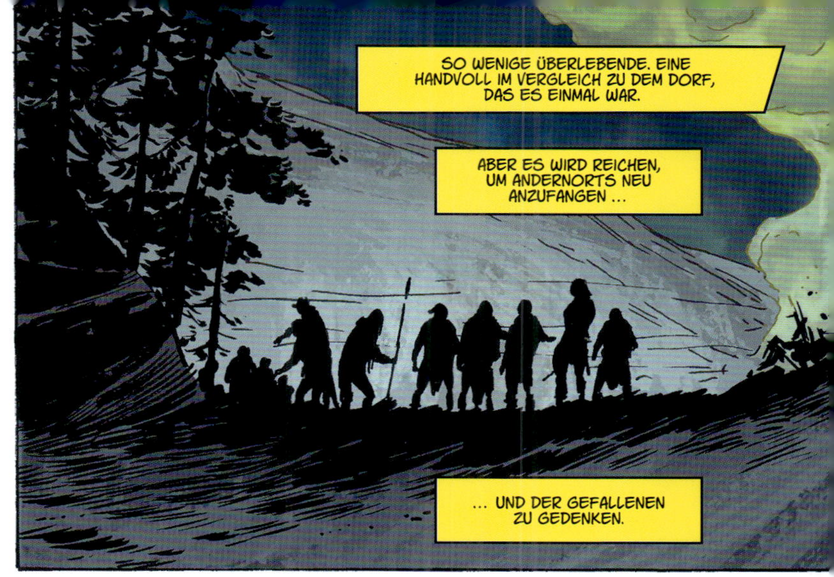
SO WENIGE ÜBERLEBENDE. EINE HANDVOLL IM VERGLEICH ZU DEM DORF, DAS ES EINMAL WAR.
ABER ES WIRD REICHEN, UM ANDERNORTS NEU ANZUFANGEN ...
... UND DER GEFALLENEN ZU GEDENKEN.
WO IST BRISSA?
DIE FRAU IM PIKTEN-GEWAND?
AYE.
ICH MUSS IHR ETWAS ZURÜCKGEBEN.
TUT MIR LEID.
KAUM WAREN WIR HIER, WOLLTE SIE ZU DIR ZURÜCK.
UND ALS DIE FESTUNG FIEL, WURDE AUCH IHR EDLES HERZ VON DEM FLUCH VERSCHLUCKT ...
... EIN WEITERES OPFER DER UNHEILVOLLEN FINSTERNIS.

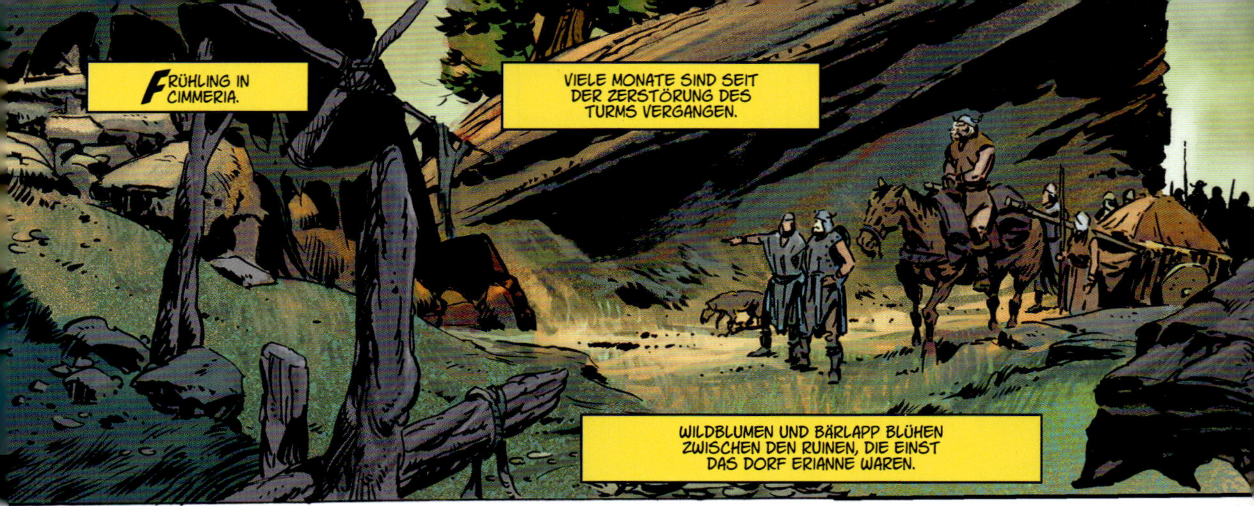
FRÜHLING IN CIMMERIA.
VIELE MONATE SIND SEIT DER ZERSTÖRUNG DES TURMS VERGANGEN.
WILDBLUMEN UND BÄRLAPP BLÜHEN ZWISCHEN DEN RUINEN, DIE EINST DAS DORF ERIANNE WAREN.

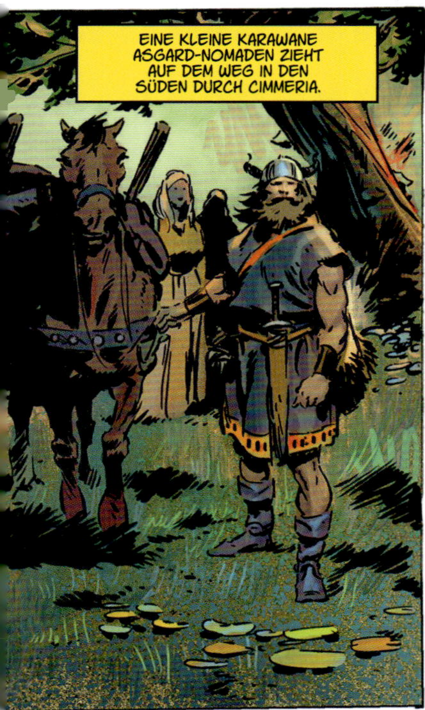
EINE KLEINE KARAWANE ASGARD-NOMADEN ZIEHT AUF DEM WEG IN DEN SÜDEN DURCH CIMMERIA.

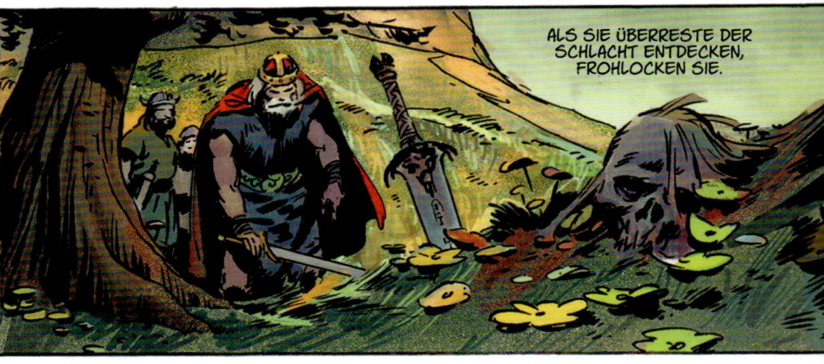
ALS SIE ÜBERRESTE DER SCHLACHT ENTDECKEN, FROHLOCKEN SIE.

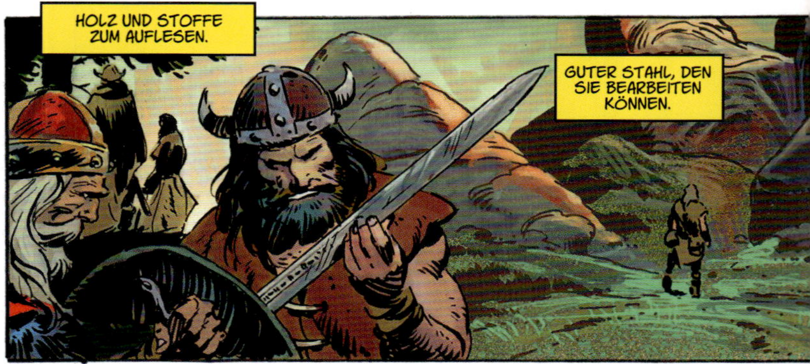
HOLZ UND STOFFE ZUM AUFLESEN.
GUTER STAHL, DEN SIE BEARBEITEN KÖNNEN.

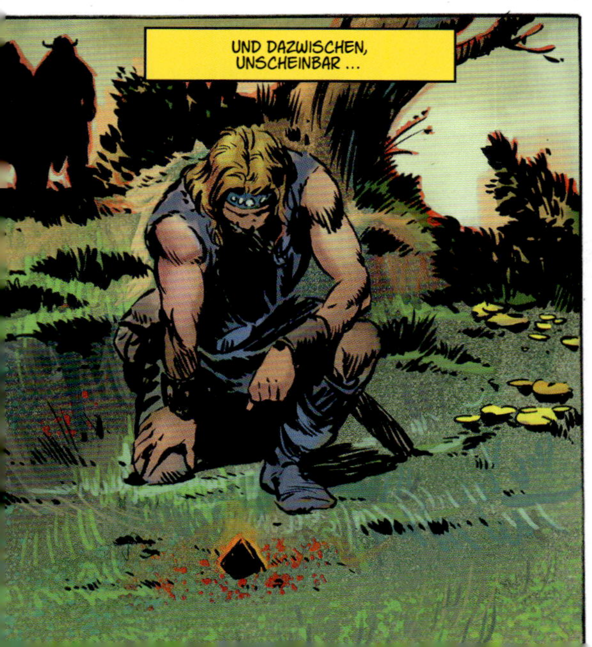
UND DAZWISCHEN, UNSCHEINBAR ...

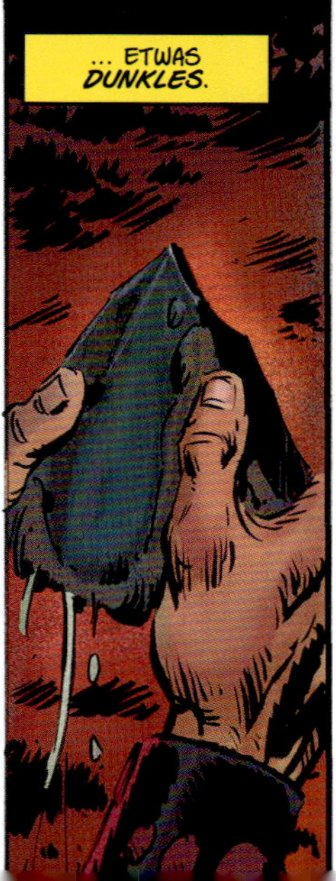
... ETWAS *DUNKLES*.

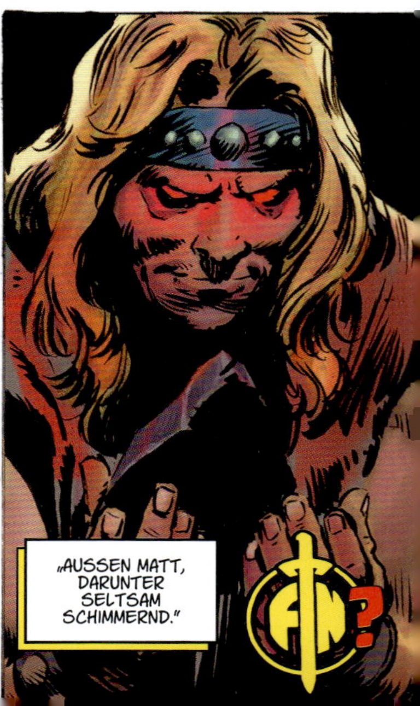
„AUSSEN MATT, DARUNTER SELTSAM SCHIMMERND."
FIN?

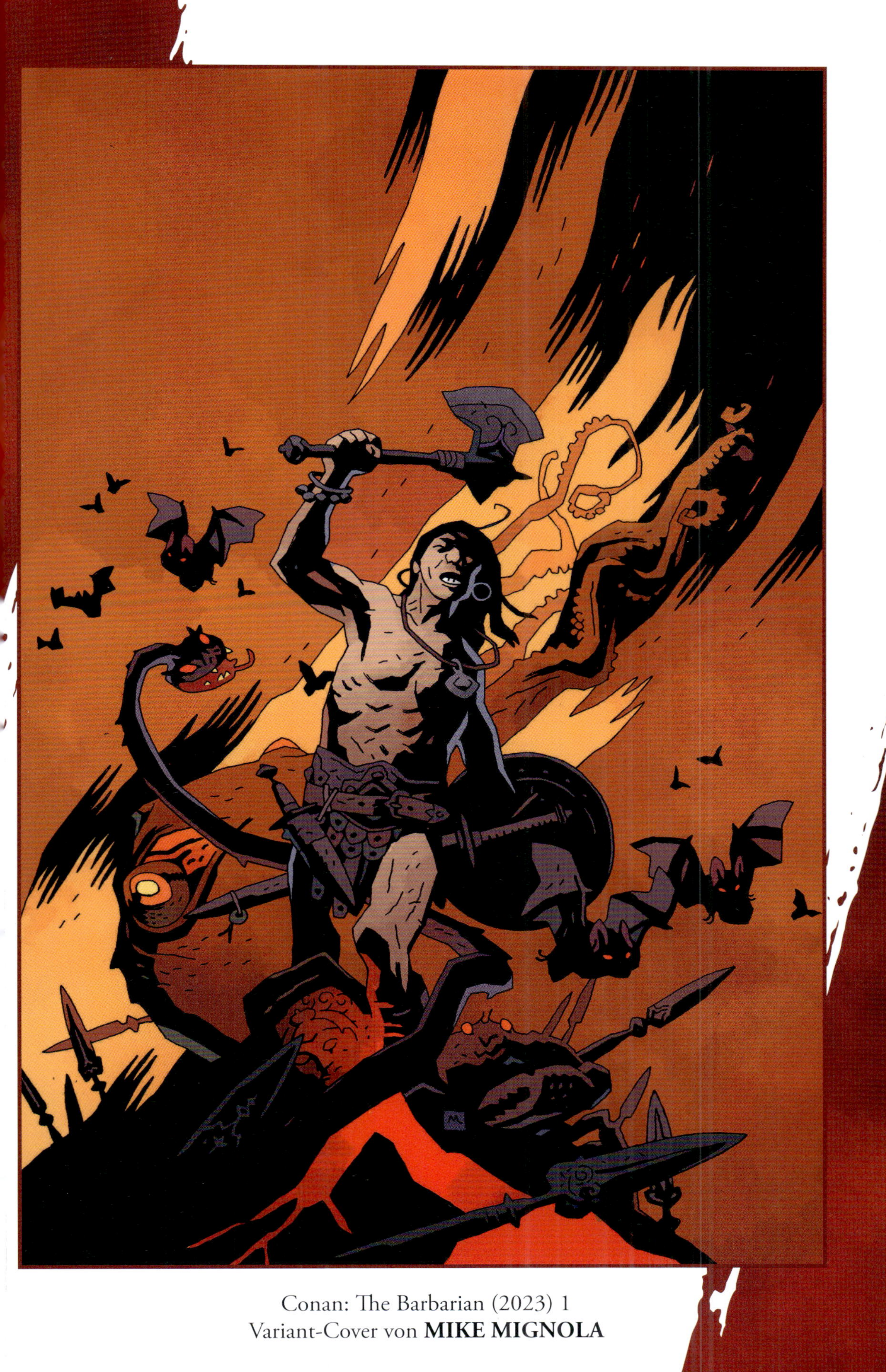

Conan: The Barbarian (2023) 1
Variant-Cover von **MIKE MIGNOLA**

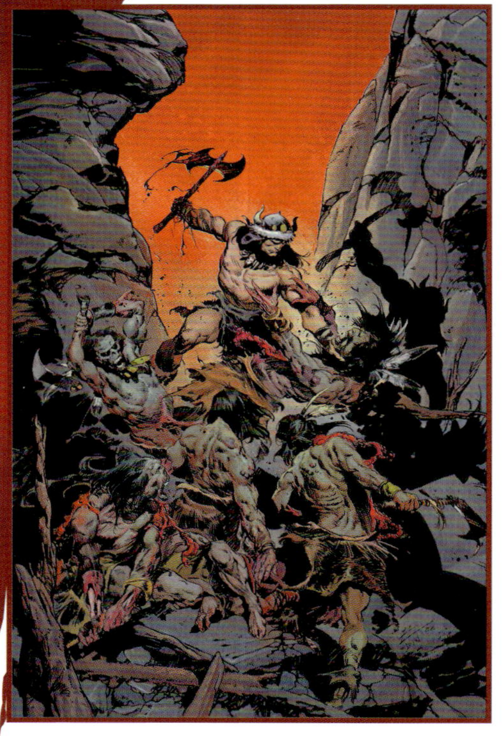

Conan: The Barbarian (2023) 1
Variant-Cover von
ROBERTO DE LA TORRE

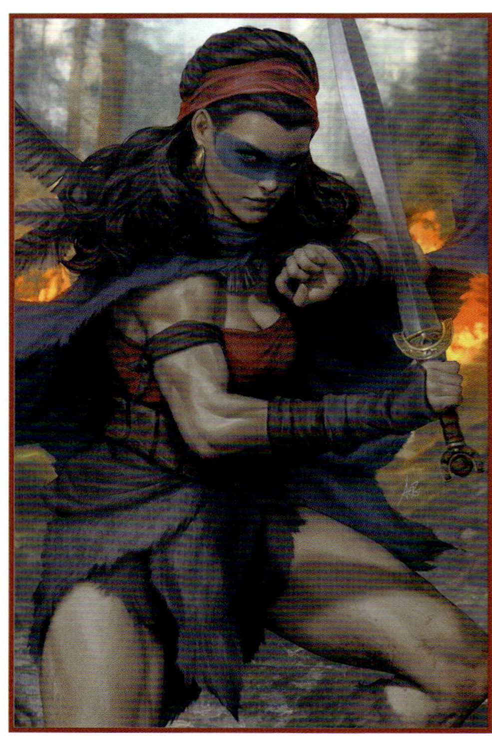

Conan: The Barbarian (2023) 1
Variant-Cover von **ARTGERM**

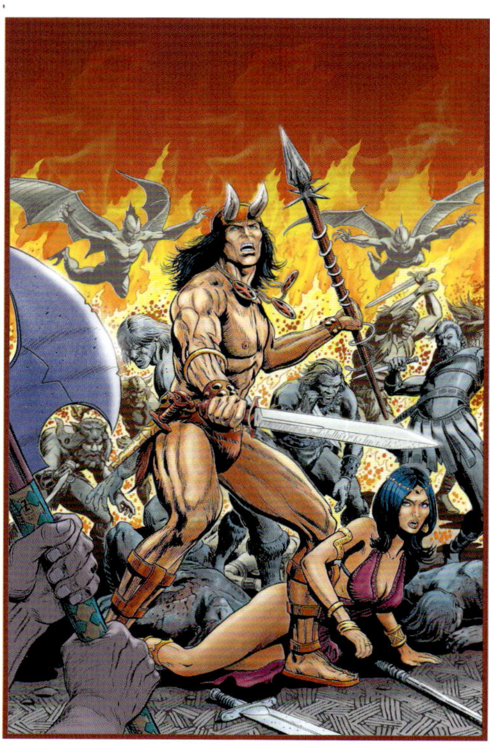

Conan: The Barbarian (2023) 1
Variant-Cover von **PATCH ZIRCHER**

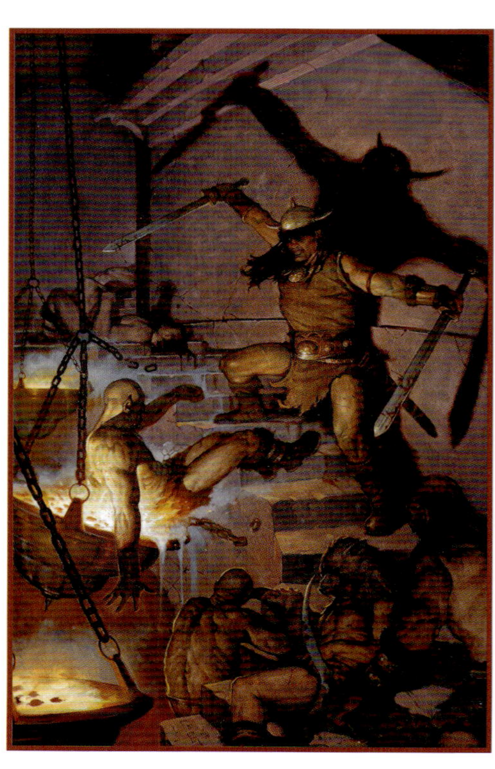

Conan: The Barbarian (2023) 1
Variant-Cover von **E. M. GIST**

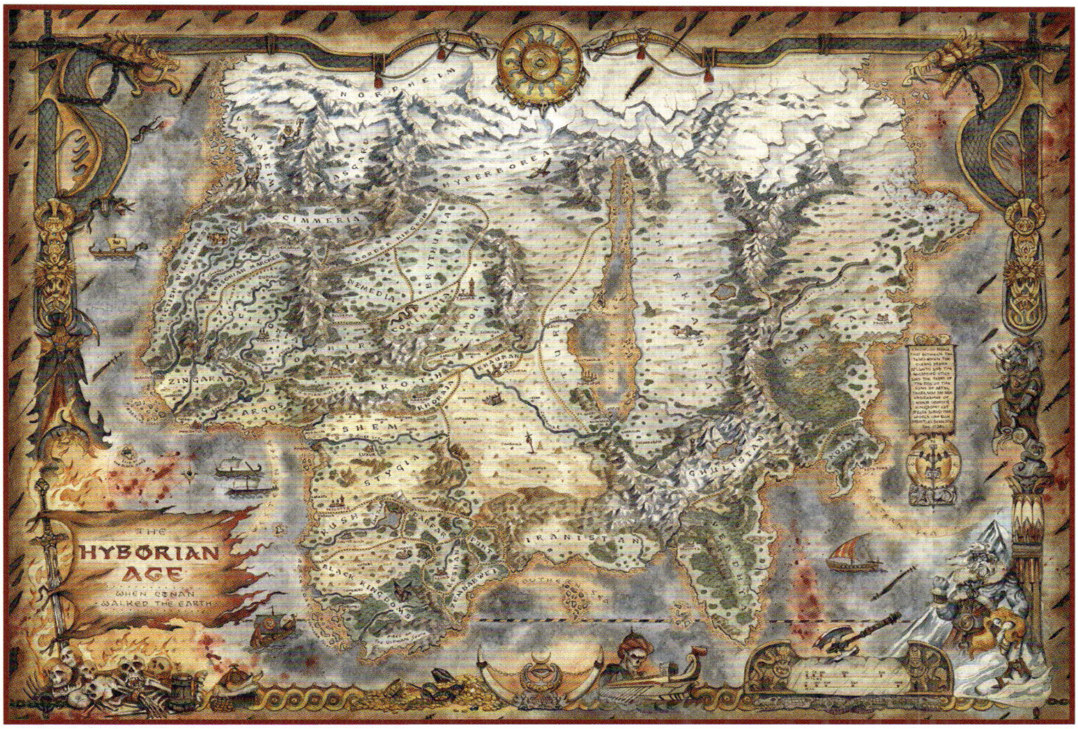

Conan: The Barbarian (2023) 1
Karten-Abbildung von
FRANCESCA BAERALD

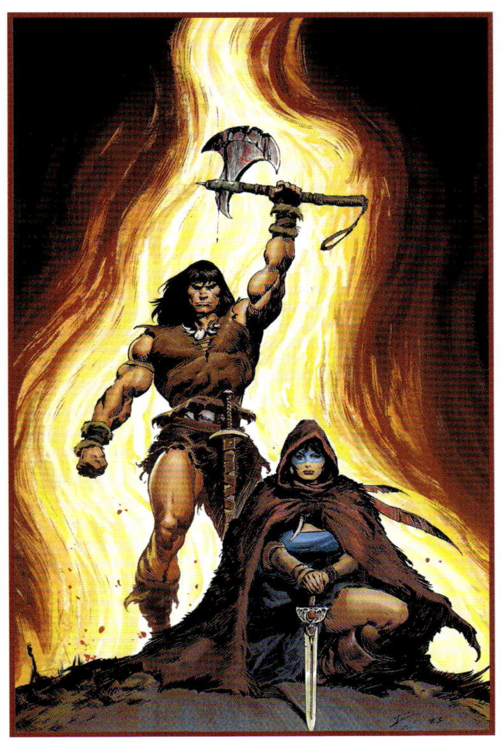

Conan: The Barbarian (2023) 2
Variant-Cover von
ROBERTO DE LA TORRE

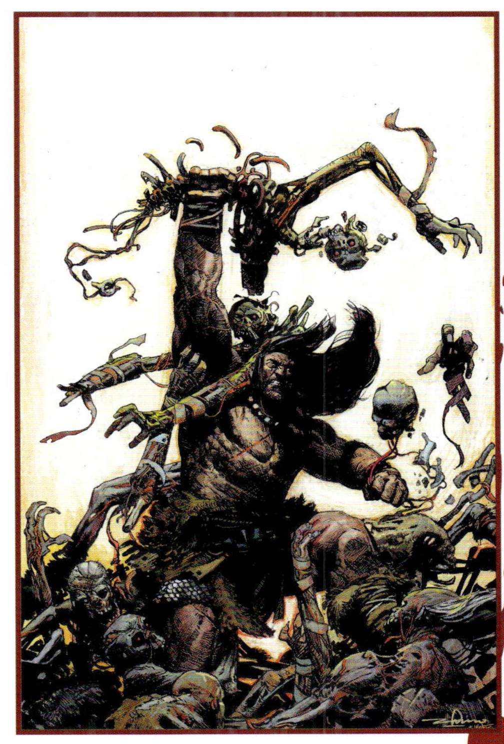

Conan: The Barbarian (2023) 2
Variant-Cover von
GERARDO ZAFFINO

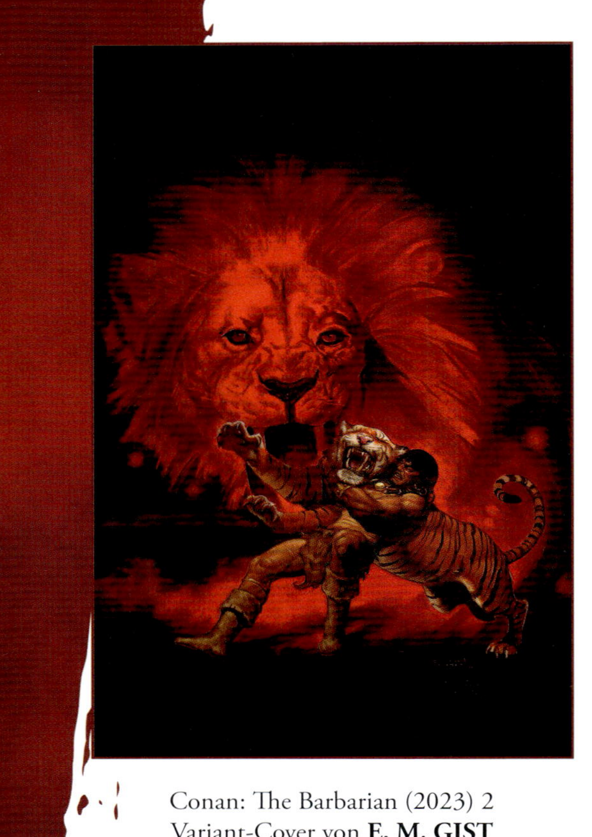

Conan: The Barbarian (2023) 2
Variant-Cover von **E. M. GIST**

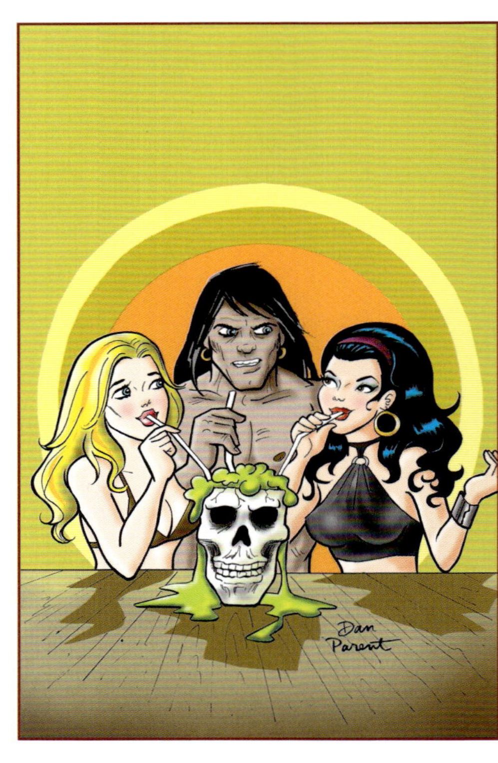

Conan: The Barbarian (2023) 2
Variant-Cover von **DAN PARENT**

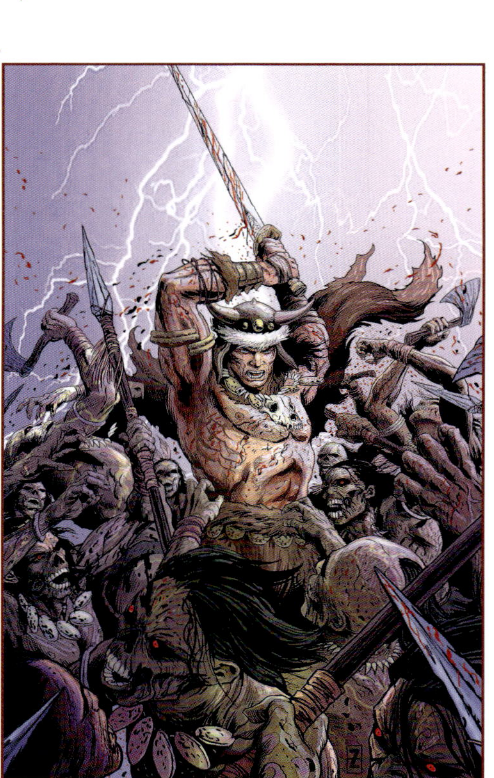

Conan: The Barbarian (2023) 3
Variant-Cover von **PATCH ZIRCHER**

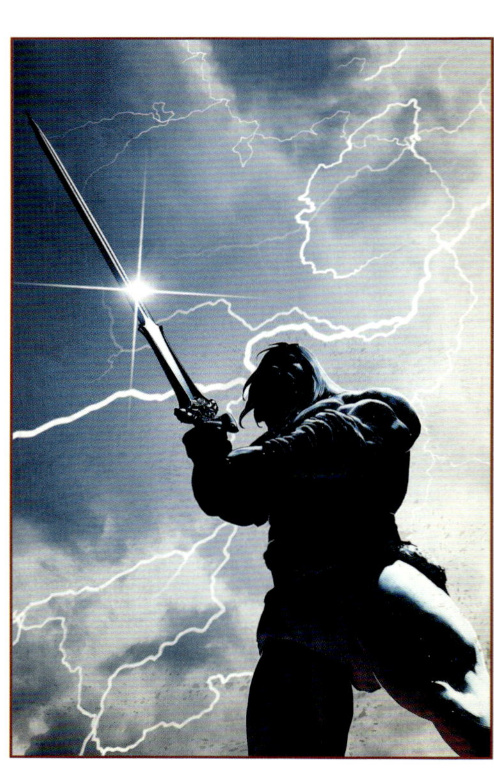

Conan: The Barbarian (2023) 3
Variant-Cover von **MAX VON FAFNER**

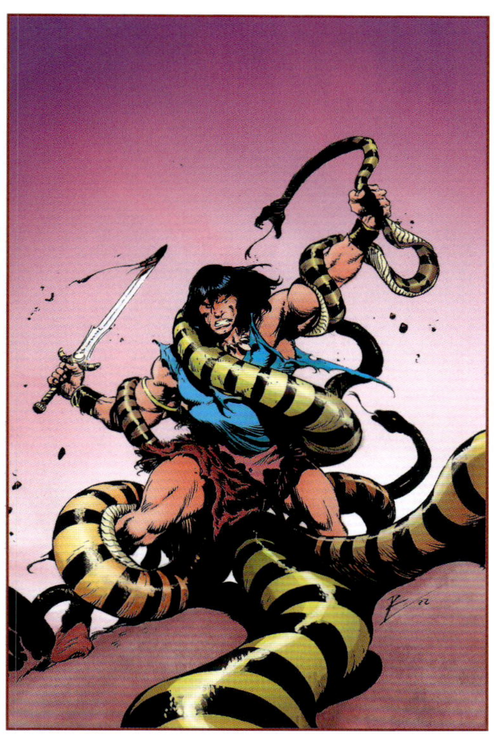

Conan: The Barbarian (2023) 3
Variant-Cover von
ROBERTO DE LA TORRE

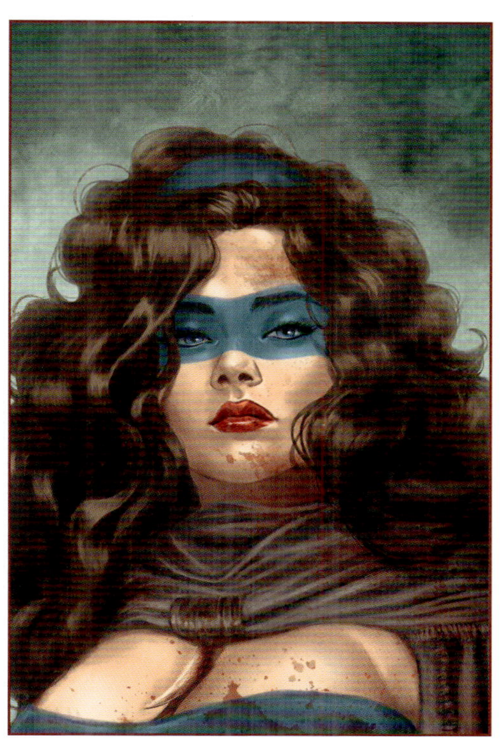

Conan: The Barbarian (2023) 4
Variant-Cover von **GIADA MARCHISIO**

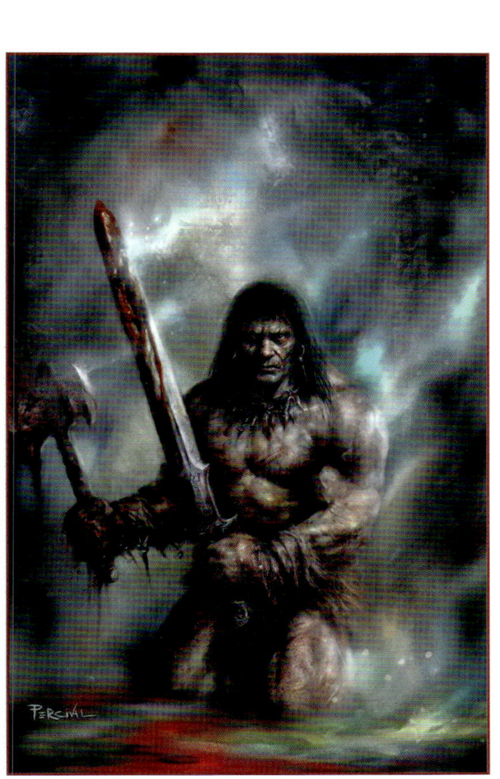

Conan: The Barbarian (2023) 4
Variant-Cover von **NICK PERCIVAL**

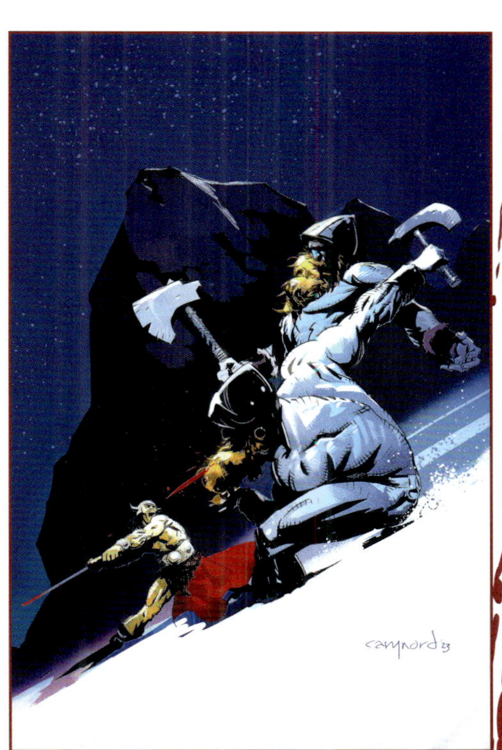

Conan: The Barbarian (2023) 4
Variant-Cover von **CARY NORD**

CHARAKTERSTUDIEN

von Roberto De La Torre

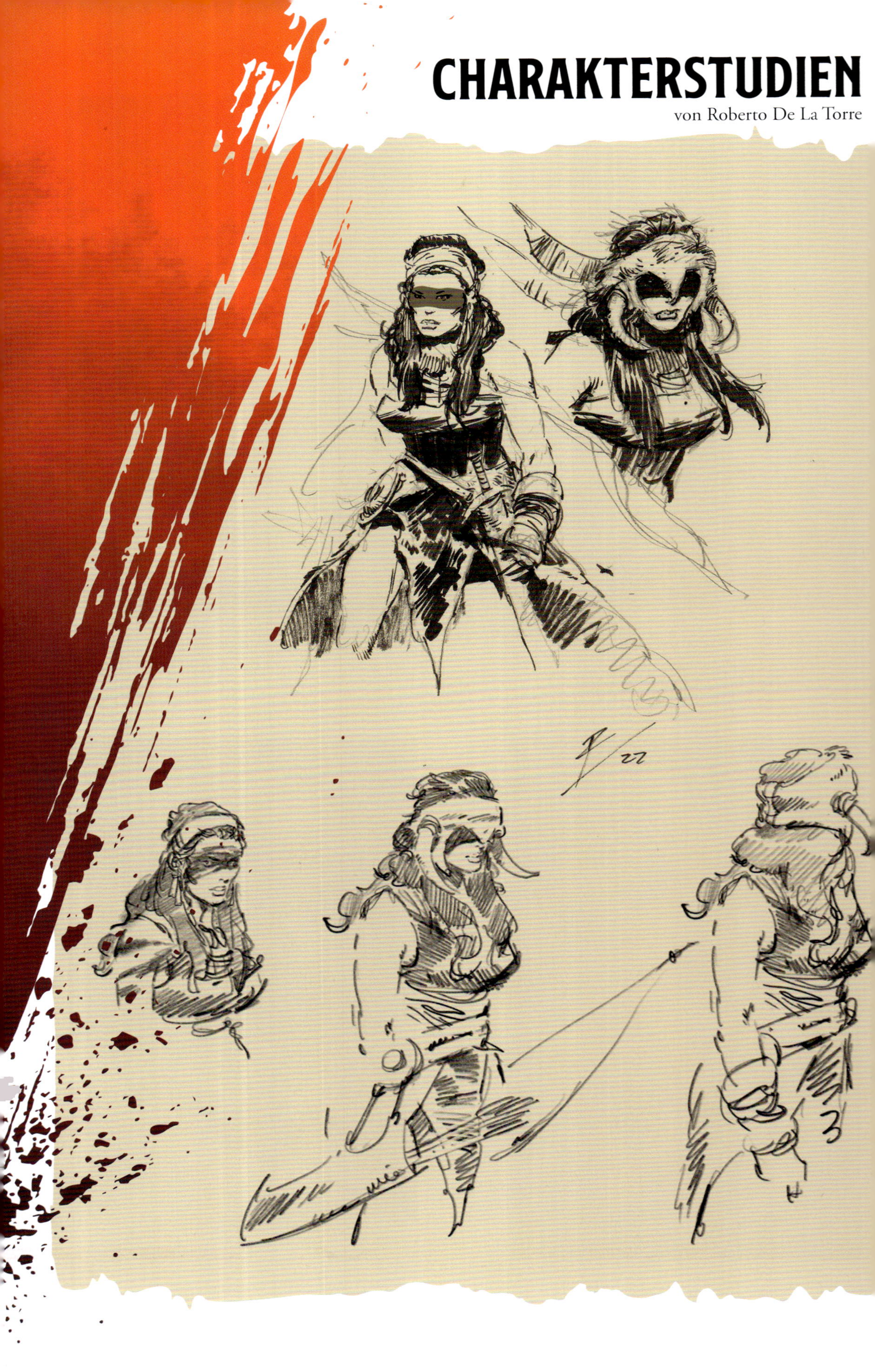

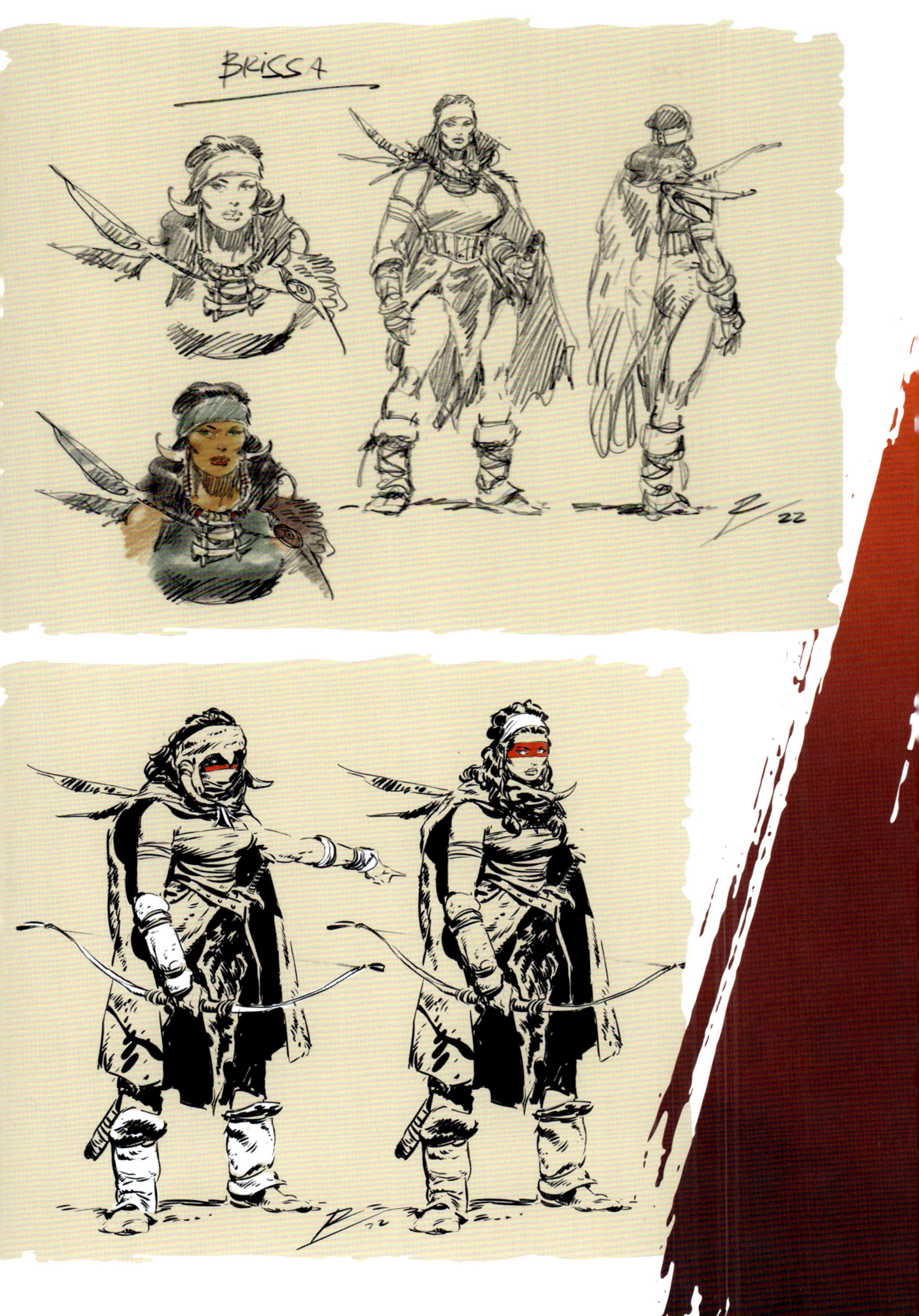
BRISSA

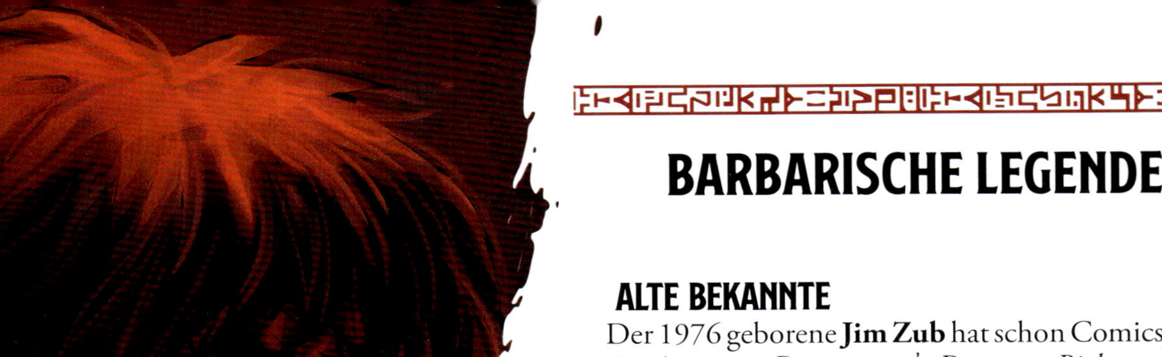

BARBARISCHE LEGENDE

ALTE BEKANNTE

Der 1976 geborene **Jim Zub** hat schon Comics wie *Avengers*, *Dungeons & Dragons*, *Rick and Morty vs. Dungeons & Dragons* (mit **Patrick Rothfuss**) und *Skullkickers* geschrieben. Und während der Kanadier 2003 bei seinem ersten Comic-Job an der digitalen Neukolorierung von Marvels klassischen *Conan the Barbarian*-Comics mitarbeitete, verfasste er 2015 mit **Gail Simone** *Conan/Red Sonja*. Ab 2019 textete er dann mehrere **Conan**-Comics für die letzte Marvel-Inkarnation des Cimmeriers, und zwar gleich in mehreren Titeln, nämlich *Conan der Barbar*, *Savage Sword of Conan*, *Avengers: No Road Home – Kein Weg zurück* und *Conan: Der Schlangenkrieg*. Zubs Beziehung zur Fantasy und zu Conan reicht aber weiter zurück …

ÜBERALL CONAN

Als Kind machte sein älterer Bruder Zub über Romane und RPGs zum Fantasy-Fan. Die Cover der Conan-Taschenbücher versprachen genau die Art Fantasy, von der er laut eigener Aussage nicht genug kriegen konnte. Und natürlich entdeckte er auch früh die Conan-Comics, die damals überall waren, wie der Autor sich in einem Interview erinnert. Conan habe als Kind seine Vorstellungskraft befeuert, und noch heute spreche ihn das Ursprüngliche an – dieses Gemisch aus Intensität und Gewalt während der Erkundung des gefährlichen Unbekannten und dem Überleben von allem, was einem die Welt dabei entgegenwirft. Und obwohl er Conan durch Comics und Filme kennenlernte, zeigten ihm die originalen Prosa-Geschichten von **Robert E. Howard** das Potenzial der Figur.

GROSSE PLÄNE

Roberto De La Torres Artwork klassifiziert Zub als sofortigen Klassiker – in den Augen des Autors setze er das Vermächtnis fort, das mit Künstlern wie **Frank Frazetta** und **John Buscema** begonnen habe. Bei Titan/Heroic Signatures, so Zub schwärmerisch, sei er Teil eines Dream-Teams – alle hegen eine große Leidenschaft für Conan und seine Historie. Trotz der tiefgehenden Liebe für das Quellmaterial soll die Serie aber auch zugänglich für Neuleser sein. Plus: Der Kanadier hat große, weitreichende Pläne! So wisse er schon, wie die ersten zwei Jahre des Comics aussehen werden …

Christian Endres